AMSTERDAMER BEITRÄGE ZUR NEUEREN GERMANISTIK

herausgegeben von

Gerd Labroisse

AMSTERDAMER BEITRÄGE ZUR
NEUEREN GERMANISTIK
BAND 22-1987

BLICK AUF DIE SCHWEIZ

Zur Frage der Eigenständigkeit der Schweizer Literatur seit 1970

herausgegeben von

ROBERT ACKER und

MARIANNE BURKHARD

Amsterdam 1987

Die 1972 gegründete Reihe erscheint seit 1977 in der Form von Thema-Bänden mit jeweils verantwortlichem Herausgeber. Mit Band 8 — 1979 wurde übergegangen zu einer Publikationsfolge von zwei Bänden pro Jahr.
Die Themen der nächsten Bände sind auf der hinteren Innenseite des Einbandes angegeben.
Anfragen über Manuskripte sowie Themen-Vorschläge sind zu richten an den Herausgeber der Reihe: Prof. Dr. Gerd Labroisse, Vrije Universiteit, Duitse Taal- en Letterkunde, Postbus 7161, 1007 MC Amsterdam / Niederlande.

Herausgegeben mit Unterstützung von PRO HELVETIA.

ISBN: 90-6203-829-8

INHALT

Anschriften der Beiträger

Prof. Robert Acker
University of Montana
Dept. of Foreign Languages
    and Literatures
Missoula, MT 59812
USA

Dr. Hans Ester
Katholieke Universiteit Nijmegen
Inst. Duits
6500 HD Nijmegen
Niederlande

Prof. Todd C. Hanlin
University of Arkansas
Dept. of Foreign Languages
Fayetteville, AR 72701
USA

Dr. Johannes Maassen
Blauwe Hof 4069
6602 WV Wijchen
Niederlande

Prof. Dennis Mueller
University of Missouri
German Department
Columbia, MO 65211
USA

Prof. Michael Ossar
Kansas State University
German Department
Manhattan, KS 66506
USA

Dr. Elsbeth Pulver
Neufeldstr. 19
3012 Bern
Schweiz

Prof. Judith Ricker-Abderhalden
University of Arkansas
Dept. of Foreign Languages
Fayetteville, AR 72701
USA

Prof. Hans Wysling
Thomas Mann-Archiv
Schönberggasse 15
8001 Zürich
Schweiz

Elsbeth Pulver

Als es noch Grenzen gab:
Zur Literatur der deutschen Schweiz seit 1970

> Die Heimat — ein leeres, unbewohntes
> Wort. Es gibt sie nicht, sie entsteht. Sie
> entsteht, wo wir unsere Zukunft ansie-
> deln.

"Schweizerisches Selbstverständnis" — Eine offene Frage

"Schweizerisches Selbstverständnis heute", heißt der Titel eines
Vortrags von Karl Schmid aus dem Jahr 1972.[1] Es ist weder sein
glanzvollster noch sein erhellendster — aber vielleicht der
bewegendste. Bewegend: weil der in der Erörterung geistig-
politischer Fragen so erfahrene Autor zu Beginn bekennt, es sei ihm

---

1. "Schweizerisches Selbstverständnis heute." In: Karl Schmid. *Stand-
ortmeldungen.* (Zürich: Artemis, 1973). Vgl. zum ganzen Aufsatz vor allem
die folgenden Bücher und Einzelarbeiten: Beatrice von Matt. *Lesarten. Zur
Schweizer Literatur von Walser bis Muschg* (Zürich: Artemis, 1985); Gerda
Zeltner. *Das Ich ohne Gewähr. Gegenwartsautoren aus der Schweiz* (Zürich
und Frankfurt: Suhrkamp, 1980); Themaheft: *Deutschsprachige Literatur
der Schweiz nach 1945.* In: *Text und Kontext* 11/2. Zeitschrift für
germanistische Literaturforschung in Skandinavien (Kopenhagen
und München: Fink, 1983); John L. Flood (Ed.). *Modern Swiss
Literature. Unity and Diversity* (London: Oswald Wolf, 1985); Manfred
Gsteiger. "Nationales Selbstverständnis in den Literaturen der Schweiz."
In: *Schweizer Monatshefte* 66, Juni 1986, S. 499-507; Anton Krättli.
"Labyrinthe und Höhlen. Beobachtungen an der deutschschweizerischen
Gegenwartsliteratur." In: *Neue Rundschau*, 95/1984, S. 71-87.

noch kein Referat so schwer gefallen wie dieses; er habe während
Monaten Notizen gemacht, Hunderte von Zetteln gesammelt, ohne
Nutzen daraus zu gewinnen. Was als Feststellung im Titel steht,
geht als Frage durch das Ganze; eine Ahnung der Vergeblichkeit des
Unternehmens durchzieht den Text bis zum Schluß, die Vermutung,
ein schweizerisches Selbstverständnis im alten Sinn (und Schmid
meint damit gewiß nichts Enges!) lasse sich nicht mehr formulieren,
ja werde weder von der Jugend noch von den Intellektuellen
überhaupt gewünscht.

Der Vortrag entstand in den Nachwehen der 68er Unruhen;
Schmid setzt sich darin mit einer Haltung auseinander, die er, als
Folge dieser Unruhen, bei der Jugend festzustellen glaubt, die aber
für ihn mehr ist als ein Merkmal einer Generation: eine
Zeitströmung, ja, so etwas wie ein "säkularer Prozeß". Ein
wachsender Internationalismus — so Schmid — durchkreuze den
Versuch und das Bedürfnis, eine nationale Identität überhaupt
festzustellen; wachsende Gleichgültigkeit gegenüber der schweizerischen Vergangenheit führe zum Verschwinden eines bisher
selbstverständlichen nationalen Geschichtsbewußtseins. Die Dimension des Raumes, früher bestimmend im schweizerischen
Geistesleben (Gotthelf als das herausragende Beispiel) verliere an
Bedeutung gegenüber jener der Zeit. Genauer: auch die Zeit gebe es
fast nur mehr unter dem Zeichen der Zukunft.

Beispiele für diese Feststellungen lassen sich unschwer finden; es
gibt sie in der Literatur nicht nur bei den jungen Autoren. Heimat
sei "ein leeres, unbewohntes Wort", sagt Gertrud Wilker im letzten
Kapitel ihres Amerikabuches *Collages USA*: "Es gibt sie nicht, sie
entsteht. Sie entsteht, wo wir unsere Zukunft ansiedeln."[2] Das
schreibt eine, die heimkehrt und die in der Fremde nicht die
Sehnsucht nach vertrauten Landschaften verlernt hat, wohl aber
das Vertrauen in eine Geborgenheit, die den Menschen selbstverständlich erwartet. Heimat wird geschaffen, vielleicht geschenkt. Sie setzt
nicht einfach einen heimatlichen Raum voraus, sondern — und hier
wirkt der Satz wie eine vorweggenommene Antwort an Karl Schmid
— den Glauben, es werde eine Zukunft geben.

Daß ein Karl Schmid die Vermutung wagt, es sei in Bezug auf

---

2. Gertrud Wilker. *Collages USA*. (Zürich: Flamberg, 1968), S. 150.

unser Selbstverständnis ein "säkularer Prozeß" im Gang, ist für uns von Wichtigkeit, auch wenn — darauf wird einzugehen sein — nicht alle seine Beobachtungen zutreffen oder von der Zukunft bestätigt werden. Wenn Schmid etwa bei der Jugend eine generelle Ablehnung sowohl der bürgerlichen Ordnung wie auch des Friedens festzustellen glaubt, so faßt er zwei Phänomene zusammen, die in der Sicht der Jugendlichen wie der Intellektuellen nicht zusammengehören. Abgelehnt wird — das werden die nächsten Jahre zeigen — mit der bürgerlichen Ordnung v.a. die schweizerische Scheinharmonie, der allzurasche Ausgleich von Gegensätzen, die "voreilige Versöhnung" (Ludwig Hohl). Zu einer eigentlichen Explosion kam diese Ablehnung in den Jugendunruhen von 1980, die, völlig überraschend, sich im Lande selber und nicht an einem aus dem Ausland übergesprungenen Funken entzündeten. Wurden damals Ruhe und Ordnung in Tumulten und Unruhen aufgebrochen, die Harmonie merkbar angekratzt, so manifestierte sich, entgegen der Diagnose von Schmid, wenig später in der Friedensbewegung eine Kriegsangst, wie es sie in solcher Intensität seit langem nicht mehr und in dieser Form noch nie gegeben hatte: ohne Besorgnis um die Grenzen des eigenen Landes und deren mögliche Verteidigung; aus Beunruhigung über das Ausmaß an nuklearen Waffen, vor deren Folgen keine noch so schlagkräftige Armee schützen kann. Gestärkt durch internationale Solidarität fand die Friedensbewegung in der großen Demonstration in Bern 1983 ihren Höhepunkt; nach der Aufstellung der Cruise Missiles erlitt auch sie einen starken Einbruch — vermutlich eine der Ursachen für die zunehmende Resignation, die nicht nur bei der Jugend festzustellen ist, bei ihr aber am meisten auffällt. Hatten die Jugendlichen in den Unruhen von 1980 durch Tumulte und Gewalt die Gesellschaft verärgert und verängstigt, so geben sie jetzt, ein halbes Jahrzehnt später, Anlaß zu einer neuen, unerwarteten Besorgnis. Nach einer Umfrage der Eidgenössischen Kommission für Jugendfragen, veröffentlicht in einem Bericht unter dem Titel "Mutter Helvetia und Vater Staat", 1985,[3] präsentiert sich die heutige Jugend in ihrer Mehrheit als ebenso angepaßt wie unengagiert: sie ist optimistisch,

---

3. *Mutter Helvetia und Vater Staat. Zur Lage der Jugendlichen in der Schweiz.* Beschrieben von der Eidgenössischen Kommission für Jugendfragen (Bern: EDMZ, 1986).

4

aber ohne rechte Zukunftsperspektive; konsumorientiert — und fühlt sich in erster Linie für sich selbst verantwortlich. Ein Verhalten, das durchaus nicht in Widerspruch zur gesellschaftlichen Umgebung steht, in der die wachsende Stimmabstinenz zwar lautstark gerügt und beklagt, doch im Grunde das Wohlverhalten der schweigenden Mehrheit dem unbequemen Widerspruch vorgezogen wird.

Es scheint, als hätten die Folgen der Rezession (die zunächst durch die Verminderung des Fremdarbeiterbestandes ausgeglichen werden konnte) die Schweiz erst in den achtziger Jahren, nun aber nachhaltig erreicht; als hätten die verschiedenen "Bewegungen", schweizerische Spielarten der außerparlamentarischen Opposition, die sich in den siebziger Jahren als ein starkes Ferment der Politik erwiesen (Friedensbewegung, Antiatomkraftbewegung, Umweltschutz), an Kraft eingebüßt — vorläufig mit Ausnahme der Frauenbewegung, die, öffentlich zwar weniger sichtbar, vermutlich aber vor allem durch persönliche Kontakte nach wie vor ihre Wirkung hat.

Vor diesem — hier nur flüchtig, gleichsam impressionistisch skizzierten — Hintergrund ist ein Buch zu sehen, das, ein Jahrzehnt nach Schmids Vortrag erschienen, noch einmal, aber auf sehr andere Art, nach einem schweizerischen Selbstverständnis fragt und, von verändertem Ausgangspunkt die Erfahrung der letzten Jahre einschließend, den Versuch einer neuen, einer grundlegenden Antwort wagt: Daniel Lukas Bäschlins *Wehrwille und grüne Kraft* (1983). Aufschlußreich ist schon der Vergleich des geographischen und gesellschaftlichen Standorts der beiden Autoren: Schmid lehrte und schrieb in Zürich, der kulturellen Metropole der deutschen Schweiz; er konnte als hoher Offizier zur Landesverteidigung in der damaligen Form stehen, hatte wichtige öffentliche Ämter inne (z.B. als Präsident des Wissenschaftsrates). Bäschlin dagegen wirkt als Gymnasiallehrer in Biel, an der Peripherie also; seine Werke erscheinen im kleinen, nach wie vor abseitigen Zytglogge-Verlag, und entsprechend ist die Rezeption des erwähnten Buches weit hinter seiner Bedeutung zurückgeblieben. Was Bäschlin in *Wehrwille und grüne Kraft* anstrebt, ist nichts weniger als ein neues Selbstverständnis der Schweiz von ihren alternativen Kräften her; ein starker Wertkonservativismus verbindet sich bei ihm mit einem ebenso starken Erneuerungswillen. Der Titel des

Buches schon, dieses umständlich-eigenwillige "*Wehrwille und grüne Kraft. Die Verteidigung der heimatlichen Substanz*", ist bezeichnend für seine bewußt unzeitgemäße Sprache. Bäschlin braucht das Wort "Heimat", als wäre es nicht abgebraucht — aber ohne Sentimentalität und patriotischen Beiklang; Heimat ist für ihn nichts weniger als "Repräsentant von Erde überhaupt". Er setzt auch, provozierend, das Wort "Wehrwille", aus dem Arsenal der Militärsprache befreit, ein als Chiffre für den Entschluß, sich darum zu bemühen, "daß das eigene Land verteidigungswert und als Folge davon auch im militärischen Sinn die Wehr wert ist...."

Das heißt, daß der Wille zur Landesverteidigung (das Wort in einem neuen, nicht vorwiegend militärischen Sinn genommen) dort gesucht wird, wo das juste milieu Feinde vermutet: bei den Alternativen, Grünen, bei der kritischen Opposition, überhaupt bei Randgruppen, die hier nicht als Bedrohung, sondern, als Repräsentanten neuer Lebensweisen, als Kraft verstanden werden: "Was da gegen innere und äußere Bedrängnis — meist unter dem Namen sogenannter Alternativer — an Wehrwille heranwächst, ist eine Kraft, eine Lebensbejahung, die Gehör verdient. Doch besteht die Gefahr, daß sich diese Kraft wegen der ungebrochenen Harthörigkeit, auf die sie stößt, in Verzweiflung und Resignation umwandelt."[4] Die Sätze beleuchten und erklären die Situation der achtziger Jahre, die zunehmende Polarisierung der Kräfte: Verhärtung auf der einen, zunehmende Resignation auf der anderen Seite — eine Resignation, die jederzeit wieder in unkontrollierbaren Widerstand ausbrechen kann. In Hinblick auf die Ergebnisse des oben erwähnten Berichts der Eidgenössischen Jugendkommission fühlt man sich allerdings zu sagen versucht, die Kraft, die Bäschlin voraussetzt, sei bei der Mehrheit der Jungen in Anpassung erstickt, bevor sie überhaupt an Aufschwung dachten.

4. Daniel Lukas Bäschlin. *Wehrwille und grüne Kraft. Die Verteidigung der heimatlichen Substanz* (Bern: Zytglogge, 1983). Zum ganzen Abschnitt vgl. z.B. Hans Tschäni. "Bewegungen in unserer Demokratie." In: *Reformatio* 34, Dezember 1985, S. 413-15.

Neue literarische Regionen

"Meine Heimat ist bodenlos", so schließt der jungverstorbene Politologe Rudolf M. Lüscher einen kleinen Text zum Thema "Heimat". Radikaler als andere hat dieser Hochbegabte alle Vorstellungen einer mit dem Boden verbundenen, gleichsam agrarischen Heimat über Bord geworfen. Heimat ist für ihn nicht mehr im Raum zu finden, auch nicht in der Zeit. In den Sachwerten der industrialisierten Gesellschaft — so argumentiert Lüscher — kann man nicht zu Hause sein: "Man bebaut ein Feld, aber kein Katasterplanquadrat. Man sät Korn, aber keine Aktien." Was bleibt, läßt sich nicht besitzen, nicht festhalten: es sind "Hände Wörter Augen", vielmehr die Erinnerung daran; was bleibt, ist die Sicherheit, daß das, was sich nicht festhalten läßt, auch nicht entrissen werden kann: "Wenn ich den Zug besteige, über die Grenze fahre, fahren Hände, Wörter, Augen mit."[5]

Das ist eine Vorstellung von Heimat, wie sie einem weltläufigen, einem großstädtischen Lebensgefühl entspricht; sie dürfte, natürliche Konsequenz einer industrialisierten, einer entfremdeten Gesellschaft, bei vielen Jüngeren unterschwellig vorhanden sein. Dennoch ist die unpathetisch-liebevolle Bemerkung Albin Zollingers, die Schweiz sei auf dem Lande zuhause, nicht einfach ungültig geworden, sicher nicht, was die Literatur angeht, die, auch wenn die bäuerliche Welt längst von der industriellen überlagert ist, nach wie vor wesentliche Impulse aus den ländlichen Randgebieten bezieht: aus der Provinz. Den Grund dafür kann man mit Otto F. Walter darin sehen, daß die Autoren in den großen Zentren einem zu starken Beschuß von Eindrücken ausgesetzt sind.[6]

Der Regionalismus ist also nach wie vor eine selbstverständliche Voraussetzung des literarischen Lebens, doch vor dem Hintergrund einer stark veränderten literarischen Topologie: Landschaften, die noch in der Mitte des letzten Jahrzehnts gleichsam in Winterschlaf lagen, sind nun — gleichviel ob schlagartig oder allmählich —

5. Rudolf Lüscher. *Einbruch in den gewöhnlichen Ablauf der Ereignisse* (Zürich: Limmat, 1984), S. 7ff.

6. In: Werner Bucher und Georges Ammann. *Schweizer Schriftsteller im Gespräch*. Bd. II. (Basel: Reinhardt, 1970), S. 32.

erwacht. Das gilt für die Innerschweiz, es gilt, etwas weniger ausgeprägt, für die Ostschweiz. Ein kurzer Rückblick zeigt das deutlich:

Bis in die Mitte des letzten Jahrzehnts war der Jurasüdfuß (neben den großen städtischen Zentren) *die* literarische Region schlechthin. Das "Amrein" von Gerhard Meier, "Jammers" bei Otto F. Walter, "Schilten" bei Hermann Burger sind Chiffren für Örtlichkeiten, die als konkret erfahrene Umgebung auch zum Focus von Weltstoff werden können, und das gleiche gilt, ohne verbale Verfremdung, vom Biel Jörg Steiners, vom Solothurn Peter Bichsels. Der Jurasüdfuß, der Streifen Mittelland, der von Neuenburg über Biel, Solothurn, Olten bis nach Aarau reicht, stellt aber auch insofern eine besondere Region dar, als sich darin ein beachtliches literarisches Leben entwickelt hat: die seit 1981 alljährlich stattfindenden Solothurner Literaturtage, nach wie vor die einzige literarische Veranstaltung mit nationaler Ausstrahlung, seien nur als Beispiel erwähnt.

Das läßt sich auch andeutungsweise erklären. Abseits der Zentren gelegen und doch von ihnen durch keine unüberwindliche Distanz getrennt, ein offenes Gebiet (die nördliche Grenze, der Jura, schließt nicht so schroff ab wie die Alpen), stellt der Jurasüdfuß ein Stück heutige Schweiz dar, mit industrialisierten und mit ländlichen Gebieten: unbelastet von den ältesten nationalen Mythen, weniger spektakulär als die Alpen, dafür auch noch nicht in den Sog der touristischen Vermarktung geraten.

Anders die Innerschweiz. Ihre reiche Vergangenheit als mythenschwere Wiege der Eidgenossenschaft hat sich vielleicht als Behinderung ausgewirkt, wenn es darum ging, neue künstlerische Wege zu suchen. Das hat sich allerdings seit 1975 rasch und gründlich geändert. Gertrud Leuteneggers *Vorabend* war ein erstes, starkes Signal einer neuen Produktivität, und seither traten fast Jahr für Jahr neue Autoren an die Öffentlichkeit: Margrit Schriber (*Aussicht gerahmt*, 1976), Otto Marchi (*Rückfälle*, 1980), Heinz Stalder (*Das schweigende Gewicht*, 1981), Thomas Hürlimann (*Die Tessinerin*, 1982), Dominik Brun (*Notlandung im Entlebuch*, 1982), Martin Stadler (*Bewerbung eines Igels*, 1982), Marcel Konrad (*Stoppelfelder*, 1983). Und auch wenn — anders eben als im Gebiet des Jurasüdfußes — die meisten dieser Autoren außerhalb der Region wohnen, hat sich auch in Luzern etwas wie ein literarisches

Leben gebildet, das neuerdings im Luzerner Literaturfest den deutlichsten Ausdruck findet.

Die Ursache für eine so deutliche Wendung ist natürlich nicht schlüssig anzugeben. Vermutlich kommt der 1979 ins Leben gerufenen Literaturförderung von Stadt und Kanton Luzern dabei eine gewisse Bedeutung zu; Luzern gilt sogar als eine Art Testfall für die sonst so schwer feststellbare Wirkung der Kulturförderung. In einer generell stark von konservativen Kräften bestimmten Region, deren Schriftstellerverband sich explizit die Pflege des einheimischen Schrifttums in seiner ganzen Breite zur Aufgabe macht, konnte die Gründung einer unabhängigen Instanz, wie es die Literaturkommission ist, befreiend wirken, um so mehr, als sie, ein Unikum in der Schweiz, ausschließlich von auswärtigen Experten bestellt ist. Ein experimenteller Autor wie Bruno Steiger (*Der Panamakanal und der Panamakanal*, 1983; *Gurdjieffs Argument*, 1985) hätte wohl sonst kaum den Weg an die Öffentlichkeit gefunden.

Langsamer, später vollzog sich eine Wandlung auch in der Ostschweiz, allerdings ohne daß sich — wenigstens vorläufig — ein entsprechendes literarisches Leben bildete. Dies letzte mag darin begründet sein, daß nicht wenige Autoren außerhalb der Region leben (Hans Rudolf Hilty, Niklaus Meienberg; bis vor Jahresfrist auch Peter Morger). Gerade in den letzten Jahren sind, unerwartet, neue Autorinnen aufgetaucht: unter ihnen Eveline Hasler, die nicht nur mit ihren Jugendbüchern, sondern jetzt auch mit bemerkenswerten historischen Romanen (*Anna Göldin*, 1982; *Ibicaba*, 1985) einen beachtlichen Publikumserfolg hat, und Helen Meier (*Trockenwiese*, 1984), Sensation des Klagenfurter Wettbewerbs 1984, die bisher ein Leben lang ohne Verbitterung für die Schublade schrieb.

Der literarische Regionalismus, in den sechziger Jahren neu entdeckt und entsprechend gefeiert, ist heute eine Selbstverständlichkeit. Das heißt aber auch: die Region ist für die Autoren wichtiger als die Nation — was einer Gewichtung entspricht, die in der Romandie längst üblich ist: insofern gleichen sich die beiden sonst so verschiedenartigen Literaturen einander an. Es ist deshalb begreiflich, wenn Kurt Guggenheim in "Gerufen und nicht gerufen" den Untergang des "Schweizerromans" beklagt und daß bereits 1966 Max Frisch die kritische und ein wenig traurige Frage stellte, ob denn die Schweiz für die Schriftsteller kein Thema mehr sei. Nicht daß keine Romane mehr geschrieben wurden, in denen die Schweiz nicht nur Hintergrund, sondern Thema darstellt. Als Beispiele seien genannt *Albissers Grund* (1972) von Adolf Muschg, und *Die Verwilderung* (1977) von Otto F. Walter: beide Bücher stellen die Schweiz der siebziger Jahre dar, noch aufgestört durch die 68er Bewegung, die in ihren verebbenden Wellen, der einsetzenden Resignation gezeigt wird. Doch verschwindet das Thema Schweiz mehr und mehr aus der Diskussion.[7] Zwar setzt der Roman *Blösch* (1983) von Beat Sterchi wie ein Bauernroman von heute oder gestern ein; aber es ist von der ersten Seite an fühlbar, daß hier die Endzeit der alten bäuerlichen Welt mit einem manchmal leicht verklärenden, meist aber fahlen Licht beleuchtet wird. Und in den Schlachthofszenen, welche die Bauernszenen wechselnd ablösen, geht der alte "Schweizerroman" in einer vielfarbigen Collage, einer wilden Sprachorgie schweizerischer und fremder Idiome unter.

Ob das schwindende nationale durch ein regionales Selbstverständnis ersetzt wird, ist höchst fraglich. Gerade in der Literatur finden sich kaum Spuren davon. Die Region ist Arbeits- und Lebensraum der Autoren; daß ihre Grenzen offen bleiben, durchlässig, ist Bedingung. Und wenn sie ein Gefühl von Heimat vermitteln soll, dann, mit Bäschlin zu reden, als "Repräsentant von Erde": als jener Teil der Welt, den man kennt, der nahe genug ist, um konkret erfahren zu werden, und der auch jene Mischung von Liebe und Zorn ermöglicht, die zum Schaffen unerläßlich ist. Auch wenn die Optik sehr präzis auf das Konkrete, Nahe eingestellt wird, entsteht nie der Eindruck von Enge; die Region bleibt transparent; so begrenzt der Raum ist, er bietet die Möglichkeit, die großen Menschheitsthemen darzustellen. So dürfte es keine Übertreibung sein, gerade für das letzte Jahrzehnt von einem "universellen Regionalismus" zu reden.

Die eigene Umgebung genau wahrzunehmen und sie gleichzeitig durchscheinend werden zu lassen für das Fremde, die Nähe

7. Wie ein Abschied wirkt in diesem Zusammenhang der kleine Text "Das Haus" von Kurt Marti, eine zugleich federleichte und sachliche Beschreibung des Bundeshauses — geschrieben unter dem Eindruck der "Hinfälligkeit des Gebäudes". *Zärtlichkeit und Schmerz* (Darmstadt: Luchterhand, 1977), S. 59.

aufzureißen, so daß das Ferne in sie einfallen kann: das zeigt sich bei Autoren von verschiedenen Generationen. Gerhard Meier gibt einem Roman, der doch ganz in "seinem" Amrein spielt (und aus nichts besteht als aus Gesprächen alter Schulkameraden, einem Spaziergang, einer kleinen Dorffasnacht), den Titel *Borodino* (1982) und blendet damit nicht nur die Weltgeschichte ein, sondern auch, mit Tolstois großem Roman, die Weltliteratur; er faßt beides, das Große und das Kleine, zusammen im Namen einer Schlacht, die dem Sieger kein Glück brachte und den Besiegten nicht untergehen ließ. Und in Gertrud Leuteneggers neuem Roman *Kontinent* (1985) bildet ein verfremdetes und doch kritisch wahrgenommenes Wallis zusammen mit dem vergegenwärtigten China den weiten Kontinent eines weiblichen Bewußtseins. Und kein Zufall ist es, wenn Reto Hänny seinen Kindheitserinnerungen (die in ein abgelegenes, manchmal in dichtem Schneefall eingeschlossenes Bergdorf führen) den Titel *Flug* gibt — und damit den Wunsch bekundet, Grenzen zu überfliegen, und (nach dem als Motto gesetzten Hölderlin-Zitat) aus der "bleiernen Zeit" ins Offene zu gelangen.

Neue literarische Generationen

Wichtiger als *wo* geschrieben wird, ist, *wer* schreibt. Dabei ist der Wechsel der literarischen Generationen selbstverständlicher als die beschriebene Wandlung der literarischen Topologie:

In den siebziger und frühen achtziger Jahren tritt zweimal eine neue Schriftstellergeneration in Erscheinung, die dritte und vierte seit Kriegsende. Um 1970 kamen die Erstlingswerke jener Autoren heraus, die heute bereits zu den bekannten zählen: Nach Urs Widmers Erstling *Alois* (1968) erschienen 1970 zwei Romane, in denen man die Rückkehr des Erzählens, den Einfallsreichtum, den Humor feierte: *Unschlecht* von Gerold Späth und *Kneuss* von Beat Brechbühl; im gleichen Jahr der erste Erzählungsband von Hermann Burger, *Bork*; 1972 dann *Ein Reisender in Sachen Umsturz* von E.Y. Meyer.

Ein knappes Jahrzehnt später wurde mit Reto Hännys *Ruch* (1979) die Schweizer Literatur um einen neuen fiktiven und doch realen Ort reicher; ins gleiche Jahr fiel der erste Erzählungsband von Franz Böni, *Ein Wanderer im Alpenregen*; 1982 erschienen *Max* von Matthias Zschokke, *Notlandung im Entlebuch* von Dominik Brun, *Die verborgenen Gärten* von Martin Dean; 1983 *Blösch* von Beat Sterchi.

In der gleichen Zeit aber gibt es nach wie vor wichtige neue Werke von Max Frisch und Friedrich Dürrenmatt; und ungebrochen ist die Produktion jener Generation, die um 1960, als die "zweite" literarische Nachkriegsgeneration, erstmals an die Öffentlichkeit trat: Jörg Steiner, Peter Bichsel, Jürg Federspiel, Urs Jaeggi, Hans Boesch, Hugo Loetscher, Adolf Muschg, Paul Nizon seien als Beispiele genannt. In dieser Generation sind die ersten Toten zu beklagen, unter anderen Rainer Brambach (1983), einer der wenigen genuinen Lyriker, und Gertrud Wilker (1984).

Vor allem aber nimmt in diesem Jahrzehnt jene Generation Abschied, die, noch im letzten Jahrhundert geboren, ihr Werk vor dem Zweiten Weltkrieg begann, die also, in der Person und im Werk wichtiger Autoren, eine konkrete Verbindung zurück in die erste Hälfte des Jahrhunderts hergestellt hatte: 1971 starb Meinrad Inglin, 1974 Karl Schmid und Carl Jacob Burckhardt, 1975 Jakob Bührer, 1977 R.J. Humm, 1981 Ludwig Hohl, 1983 Kurt Guggenheim.

Doch ausgerechnet in diesem Jahrzehnt des Abschieds von der Vergangenheit wächst in anderer Hinsicht die Aufmerksamkeit gerade für die erste Jahrhunderthälfte; als ob man das, was der persönlichen Erinnerung verloren geht, als historische Überlieferung retten wollte. Ein monumentales Zeugnis solcher Bemühungen stellt die Reihe "Frühling der Gegenwart" dar, die, herausgegeben von Charles Linsmayer, nach 1980 im Ex Libris Verlag erschien; ihr Erfolg bewies, daß der Rückblick einem — gewiß nicht nur nostalgischen — Bedürfnis vieler Zeitgenossen entsprach.

In diesen Zusammenhang gehören auch zwei andere Editionen der letzten Jahre; es handelt sich um Texte aus der ersten Jahrhunderthälfte, aber nicht aus dem "Frühling" der Gegenwart, eher aus dem dunklen Untergrund der schweizerischen Geistesgeschichte, um eigentliche "Kryptogramme", das heißt um Texte, die zur Zeit ihres Entstehens nicht hätten veröffentlicht werden können, weil es kein Publikum, nicht einmal eines unter Kennern, für sie gab: Erstens die *Mikrogramme* Robert Walsers, die, lange für eine Geheimschrift gehalten, im letzten Jahrzehnt durch eine so subtile wie inspirierte Philologenarbeit lesbar gemacht wurden, zuerst durch Jochen Greven, dann durch Bernhard Echte und Werner Morlang. Und zweitens die erste integrale Ausgabe eines Teils der Autobiographie von Adolf Wölfli, der damit auch als "Dichter und Schreiber" bekannt wird.[8] Was Walser angeht: er braucht im gegenwärtigen Zeitpunkt keine Wiederentdeckung, ist er doch seit Jahren der am höchsten geschätzte Autor der deutschen Schweiz, nicht weniger präsent und heutig als die lebenden Autoren, für die er oft wegweisend ist.

Gerade bei den oben genannten jüngsten Generationen hat der Blick zurück eine ungewöhnlich große Bedeutung. Es ist, als ob sie Wurzeln in der Vergangenheit suchten, allerdings ohne Begrenzung durch den nationalen Rahmen. Helvetische Vergangenheit, regionale Mythen mögen vorkommen, aber ohne Grenzen zu setzen; das Ziel der "Rückfahrt" liegt zugleich näher und ferner, ist persönlicher und allgemeiner. Näher: es kann, bei Dante Andrea Franzetti (*Der Großvater*, 1984) etwas so Einfach-Begrenztes wie der großväterliche Dachboden sein, als ein Stück Heimat, das einzige je erfahrene; anspruchsvoller, mit Distanz, Sinn für Nuancen und hintergründige Bedeutungen faltet Christoph Geiser in *Grünsee* (1978) und *Brachland* (1980) die Familiengeschichte auseinander und findet allmählich, ein unheimlich genauer Beobachter seiner selbst, den Mut zur eigenen Wesensart. Und allgemeiner: es gibt einen Weg zurück, der jeden persönlichen oder nationalen Rahmen sprengt: Martin Dean entwickelt in den *Verborgenen Gärten* im Stil der gesellig-gelehrten Konversation eine Geschichte der Gartenbaukunst von den Griechen an, Adolf Muschg beschließt seinen Roman *Das Licht und der Schlüssel* (1984) mit einer Reihe von Briefen über das Stilleben in der Kunstgeschichte. Und in der meisterhaften Erzählung *Der Mensch erscheint im Holozän* (1979) von Max Frisch fällt der Blick aus einer Endzeit geradewegs in die Anfänge der Menschheit.

Zwar ist die Atmosphäre, in der sich diese Rückfahrt vollzieht, oft eine nostalgische; aber die Nostalgiewelle reicht nicht aus, sie zu

8. Robert Walser. *Aus dem Bleistiftgebiet. Mikrogramme 1924/25*. Hrsg. von Bernhard Echte und Werner Morlang (Frankfurt: Suhrkamp, 1985); Adolf Wölfli. *Von der Wiege bis zum Graab. Oder, durch arbeiten und schwitzen, leiden, und Drangsal bettend zum Fluch*. Bearbeitet von Dieter Schwarz und Elka Spoerri (Frankfurt: Fischer, 1985).

erklären. Auffällig scheint mir, daß zwei der Protagonisten (in E.Y. Meyers *Die Rückfahrt* (1978), und bei Martin Dean in *Die verborgenen Gärten*) an einer retrograden Amnesie leiden: sie suchen die verlorene Erinnerung wiederzugewinnen oder zu ersetzen durch Aneignung und Vermittlung der Tradition. Das kann verallgemeinert werden: wo die natürliche, selbstverständliche Verbindung mit der Vergangenheit aussetzt, sucht man den Ausgleich durch eine allgemeine, auf Bildung abgestützte, die deshalb nicht eine künstliche zu sein braucht. Ein Sinndefizit der Gegenwart, erfahren als Lebensdefizit, führt zum Versuch, in der Vergangenheit Muster eines anderen, eines sinnvolleren, umfassenderen Lebens zu suchen. Es ist vielleicht kein Zufall, daß die Suche nach der verlorenen Zeit gerade bei den wichtigsten Autoren (E.Y. Meyer, Hermann Burger, z.T. auch Christoph Geiser) zusammengeht mit einer starken und unabweislichen Todesangst. So ist es wohl zu verstehen, wenn E.Y. Meyer in *Die Rückfahrt* den Denkmalpfleger Effinger, eine exzeptionelle Vorbild- und Vaterfigur, die Hoffnung formulieren läßt, es könnte noch Zeit sein "zur Rückkehr und zur Einsicht, daß nicht der Mensch Herr seiner Zeit ist, sondern bestenfalls der Tod".[9] Das ist kein memento mori mittelalterlicher Prägung, vielmehr ein Hinweis, daß nur in einem als sinnvoll erfahrenen Leben die Todesnähe ertragen werden kann.

Mehr Autorinnen von Rang — aber keine "Frauenliteratur"

Noch einmal: wer schreibt? Eines steht fest: es schreiben mehr Frauen als früher, Autorinnen, deren Begabung vom ersten Werk an auffällt und auch anerkannt wird. Noch immer sind sie eine Minderheit — aber nicht mehr zu übersehen. Daß diese Entwicklung ausgerechnet im "Jahrzehnt der Frau" stattfand, ist gewiß ein Zufall (Kreativität richtet sich nicht nach den Diktaten der UNO!) — und doch nicht nur ein Zufall! Denn die sich rasch vergrößernde Zahl schreibender Frauen wäre nicht denkbar ohne den Hintergrund der Frauenbewegung, die in den verebbenden Wellen der 68er Unruhen zu einer eigenen Kraft erstarkte, wäre nicht denkbar

---

9. E.Y. Meyer. *Die Rückfahrt* (Frankfurt: Suhrkamp, 1977), S. 426.

ohne ein neues, frauenfreundlicheres Klima, — ein Klima, in dem Bücher von Frauen mit größerer Aufmerksamkeit wahrgenommen, von VerlegerInnen und KritikerInnen gefördert und — last not least — von Leserinnen und vermutlich zunehmend auch von Lesern und von Kollegen erwartet, ja gebraucht wurden. Ein äußeres, ja offizielles Zeichen dieser freieren Atmosphäre stellt die Gründung einer Eidgenössischen Kommission für Frauenfragen dar (1976), die seither die Situation der Frau in der Schweiz beobachtet und in laufenden Publikationen analysiert und kommentiert.[10]

Die Schweiz hat allen Grund, mit besonderer Aufmerksamkeit die Lage der Frauen zu beachten und zu verbessern (wie das in den letzten Jahren auf gesetzgeberischer Ebene durch den Gleichberechtigungsartikel und das neue Eherecht geschah), stellte sie doch jahrzehntelang gerade in Bezug auf die politische Gleichberechtigung der Frauen tatsächlich einen Sonderfall dar, einen unrühmlichen: erst 1971, also anachronistisch spät und dadurch schon fast eine Groteske, wurde das Frauenstimmrecht auf Bundesebene eingeführt. Ein direkter Zusammenhang zwischen politischen Rechten und literarischer Produktivität läßt sich zwar nicht nachweisen; doch war die politische Unmündigkeit, in der die Schweizerin weit länger als die Frauen vergleichbarer Länder gehalten war, gewiß nicht geeignet, ihr im künstlerischen Bereich die Zunge zu lösen. Und so falsch es wäre, der endlich errungenen politischen Gleichberechtigung einen direkten Einfluß auf die literarische Produktivität zuzuschreiben, so wahrscheinlich ist doch, daß sie, schon als symbolhaftes Zeichen, entspannend und befreiend wirkte. Und noch einmal wird hier die (deutsche) Schweiz zum Sonderfall: der Anstieg der Zahl schreibender Frauen ist, verglichen mit anderen Ländern, ungewöhnlich steil: er erfolgt gleichsam aus dem Nichts heraus. Und dies ist auch der Grund, warum hier für einmal den Frauen ein besonderer Abschnitt gewidmet wird: nicht um sie in ein Getto einzuschließen, sondern um eine gerade in der deutschen Schweiz auffallend stark von Frauen geprägte Phase der Literaturgeschichte hervorzuheben.

Gewiß gab es schon früher vereinzelte Autorinnen von überre-

---

10. *Die Stellung der Frau in der Schweiz.* Hrsg. von der Eidgenössischen Kommission für Frauenfragen, erschienen in bisher vier Teilberichten 1979-1984. Der abschließende fünfte Bericht soll Anfang 1987 erscheinen.

gionaler Bedeutung und literarischem Rang — aber es gab sie gewissermaßen im Singular, sie blieben Außenseiter im literarischen Leben. Das gilt für Regina Ullmann, Cécile Lauber, Cécile Ines Loos in der ersten Jahrhunderthälfte, für Silja Walter, Erika Burkart und Gertrud Wilker in der zweiten. In den frühen siebziger Jahren dann erschienen die Erstlingswerke von Margrit Baur, Elisabeth Meylan und Erica Pedretti, und seit dem Jahr 1975 (es ist zugleich das Erscheinungsjahr eines Kultbuches des deutschen Feminismus, *Häutungen* von Verena Stefan, aber auch des ersten Romans von Gertrud Leutenegger, *Vorabend*) verging kaum ein Jahr, in dem nicht mindestens *ein* wichtiges Erstlingswerk aus weiblicher Feder herauskam. Eine auswahlsweise Aufzählung mag das zeigen: 1976 erschienen *Flissingen fehlt auf der Karte* von Maja Beutler und *Aussicht gerahmt* von Margrit Schriber; 1978 *Mutters Geburtstag* von Laure Wyss und *Die stehende Uhr* von Hanna Johansen; 1980 *Windgeschichten* von Adelheid Duvanel, *Wettergarten* von Rahel Hutmacher und *Die Insel* von Ilma Rakusa; 1981 *Steinzeit* von Mariella Mehr; 1982 *Anna Göldin* von Eveline Hasler und die *Geschichten vom Fräulein* von Margrit von Dach. Das heißt: es gibt jetzt Schriftstellerinnen im Plural, sie sind nicht mehr Ausnahmeerscheinungen in einer ganz von Männern bestimmten, sondern Teil einer von Männern und Frauen geschriebenen Literatur.

Dabei fällt auf, daß es zwar, vermutlich zunehmend, junge Autoren der deutschen Schweiz gibt — unter ihnen aber kaum Frauen (Gertrud Leutenegger und Claudia Storz sind Ausnahmen): Maja Beutler, Margrit Schriber, Heidi Nef, Adelheid Duvanel, Hanna Johansen waren bereits um die vierzig, als ihr erstes Buch erschien, Laure Wyss über sechzig, als sie das journalistische mit dem literarischen Schreiben vertauschte, und Rosalie Wenger, Kind der Unterschicht, faßte, ihrer ungenügenden Schulbildung zum Trotz, mit über siebzig den Mut, ein Leben der Arbeit und Demütigung in schlichte Worte zu fassen. Und im Klagenfurter Wettbewerb 1984 wurde mit Helen Meier nicht etwa eine junge Autorin ausgezeichnet, sondern das Werk einer über Fünfzigjährigen entdeckt, das bislang, mit hohem Anspruch und einem unzimperlichen stilistischen Eigenwillen geschrieben, in der Schublade geruht hatte.

Diesen späten Produktionsbeginn zu erklären, reicht der

Allerweltssatz "Zuerst müssen die Kinder groß sein" längst nicht mehr aus. Tieferes ist da im Spiel. Ein durch Jahrhunderte geübtes, weil aufgezwungenes Abseitsstehen wirkt vermutlich immer noch nach und erschwert den Schritt zu einer mit Ernst und ohne Vorbehalte gelebten Schriftstellerexistenz. Aber vielleicht ist auch ein neues, bewußtes Zögern mit im Spiel: Zurückschrecken vor einer Rolle, die eben doch nicht ganz neu und nach eigenen Vorstellungen formbar, sondern bereits durch die (immer noch vorwiegend männliche) Gesellschaft geprägt ist, also zum vornherein eine falsche Rolle sein könnte; Angst, in eine Gesellschaft integriert zu werden, deren Gebrechen und Gefahren auch Männer längst festgestellt haben. Vor allem, scheint mir, hat in den letzten Jahren eine neue Reflexion des Phänomens der Macht eingesetzt: die Einsicht, es genüge nicht, einen Teil davon zugeteilt zu erhalten, in männliche Reservate einzudringen; vielmehr sei alles verloren, wenn es nicht gelinge, diese zu verändern. Mit einer Spitze gegen das eigene Geschlecht (aber nicht nur gegen dieses) sagt Mariella Mehr in der spontanen Form eines Interviews:

> Die Frauen haben nie über die Macht nachgedacht, sonst hätten sie schon lange etwas verändert. Es macht eben Angst, über Macht nachzudenken, da muß man selber viel von sich selber ergründen, man muß wissen, was für ein Verhältnis man zur Macht hat, zur Macht, die du ausübst, und zu der, die dir angetan wird. Darüber wollen die Frauen nicht nachdenken. Sie meinen, es sei genug, wenn sie die Macht von den Männern übernehmen.[11]

Macht: mit Schreiben scheint da nicht viel zu holen; der angestrebte literarische Erfolg enthält vielleicht am ehesten einen Abglanz davon. Ein "Erfolgsstreik" (Adrien Turel) ist zwar von Frauen so wenig zu erwarten wie von Männern — aber ein Zurückscheuen vor dem literarischen Erfolg, "der sie nicht selbstsicherer mache", bekundet Erica Pedretti im Anschluß an ihren Sieg in Klagenfurt 1984:

> Manchmal frage ich mich, ob sich da meine wesentlichen Werke durchgesetzt haben oder ob da nicht vielleicht etwas prämiert wird, was mir nicht das Wichtigste ist. Für mich ist Erfolg, eine gute Arbeit zustandebringen — der am allerschwersten zu erreichende Erfolg. Das

---

11. In: *Wochenzeitung*, 5. Oktober 1984.

andere sind zum großen Teil gesellschaftliche Zwänge, eigentliche Gemeinheiten.[12]

So gesehen, ist es einleuchtend, daß das Schreiben von Frauen auch sprachlich etwas mit Zögern, Fragen zu tun hat, mit Offenheit, mit der Bereitschaft, Lücken zu lassen, dem Zurückschrecken vor dem Fertigen; nicht im Sinne einer Schwäche, sondern als bewußte Haltung, als Stil. So Gertrud Leutenegger in *Vorabend*:

> Mein Thema ist, daß ich keines habe.... Ich habe nicht einmal einen fixen Gedanken. Um jeden fixen Gedanken gerinnt die Welt. Ich habe Angst vor den erstarrten Dingen. Sie füllen die Welt auf wie einen Trödlerladen. Sie ist muffig geworden von soviel Abgestandenem. Von soviel eingetrödelter, erstickter Weltgeschichte.[13]

Erica Pedrettis Erzählungsband *Sonnenaufgänge Sonnenuntergänge* (1984), ein Band aus Prosatexten, die weder ganz Geschichte noch ganz Reflexion sind, aber beides enthalten, manchmal grüblerisch verquält, manchmal spielerisch luftig, ist ein besonders schönes, zugleich verstörendes Beispiel für die beschriebene Haltung, ein Beispiel auch des Widerstands gegen einen zu raschen Zugriff durch Sprache, gegen eine Eindeutigkeit in der künstlerischen Wahrnehmung, die andere Sehweisen ausschließt. Erica Pedretti verweist auf ein Beispiel der bildenden Kunst, das sie, die aus Mähren Geflüchtete, zunächst für "typisch schweizerisch" hielt:

> Es fällt nicht leicht, Landschaften, die Hodler porträtiert hat, anders als Hodler zu sehen: klar feststehend, monumental haften sie in der Vorstellung. Aber habe ich Berge nicht unzählige Male so erlebt wie Turner sie malte?[14]

Zögern und Zweifeln und immer neues Differenzieren als eine Form des Widerstands zu erkennen, das widerspricht einer alten Gewohnheit; es setzt die Bereitschaft voraus, sich auf eine neue Art des Diskurses einzulassen, dem scheinbar — aber nur scheinbar — die rechte Entschiedenheit fehlt. Diese kann aber auch darin bestehen, daß man auf Fragen beharrt und sich nicht mit noch so sicheren Antworten zufrieden gibt! Die Texte weiblicher Autoren,

12. In: *Die Hexe im Landhaus* (Zürich: Rauhreif, 1984), S. 114.
13. Gertrud Leutenegger. *Vorabend* (Frankfurt: Suhrkamp, 1975), S. 16.
14. In: *Unsere Kunstdenkmäler*, 1984/1.

auch die eher reflektierten, sind arm an sogenannt griffigen Sätzen, sie weisen kaum Parolen und Programme auf, die sich leicht zitieren lassen. Vermutlich prägen männliche Autoren vorläufig immer noch stärker als weibliche unser Bild der Literatur, weil sie weniger Scheu haben, das Komplexe auf *einen* Begriff zu bringen.

Zu der Frage eines schweizerischen Selbstverständnisses, die Karl Schmid stellt, haben Autorinnen denn auch kaum etwas beigetragen. Sie haben gerade in diesem Punkt guten Grund zur Zurückhaltung. Das erhellt sehr schön der Beitrag von Laure Wyss zur Anthologie *Ich hab im Traum die Schweiz gesehen* (1980): Die Autorin hätte durchaus Lust, einmal das personifizierte Vaterland zu sehen — und vor allem den Wunsch, von ihm als Bürgerin wahr- und ernstgenommen zu werden. Aber wenn sie versucht, eine Begegnung zu arrangieren, dann ist dieser ferne Vater Staat telefonisch so wenig zu erreichen wie ein höherer Beamter oder ein überlasteter Bundesrat. Kein Wunder, daß die durch Jahrhunderte vernachlässigte Tochter sich nun ihrerseits verweigert und darauf verzichtet, sein Porträt zu zeichnen, gar Zukunftsvisionen zu entwickeln, die sich auf die Nation beziehen könnten.[15]

Das heißt nicht, daß den heutigen Autorinnen politische Probleme und Zeitfragen gleichgültig wären; aber sie sehen diese noch weniger als ihre männlichen Kollegen in einem nationalen Bezugsfeld, und sie sind auch nicht eigentlich Regionalisten. Ihr Ausgangspunkt und ihre Ziele sind zugleich allgemeiner und persönlicher; sie meinen den einzelnen Menschen und zugleich, ohne es auszusprechen, die Menschheit. Dazu kommt, daß der weibliche Diskurs konkreter, bildhafter und persönlicher ist als die

---

15. Zur Literatur von Frauen vgl. auch: Marianne Burkhard, "Gauging Existential Space: The Emergence of Women Writers in Switzerland." *World Literature Today* 55/1981, S. 607-612; "Diskurs in der Enge: Ein Beitrag zur Phänomenologie der Schweizer Literatur." In: *Kontroversen, alte und neue.* Akten des VII. Internationalen Germanisten-Kongresses Göttingen 1985. Hrsg. von Albrecht Schöne. Bd. 10 (Tübingen: Niemeyer, 1986), S. 52-62; Elsbeth Pulver und Sybille Dallach (Hrsg.). *Zwischenzeilen.* Schriftstellerinnen der deutschen Schweiz (Bern: Zytglogge, 1985); Ilma Rakusa. "Frau und Literatur — Fragestellungen zu einer weiblichen Ästhetik." In: Christa Köppel, Ruth Sommerauer (Hrsg.). *Frau – Realität und Utopie* (Zürich: Verlag der Fachvereine, 1984).

entsprechende männliche Argumentation. Wenn Frauen dabei mit Vorliebe — und vermutlich mehr als die in die üblichen Redemuster eingeübten Männer — die Vokabel Ich brauchen, so bezeugt das nicht Autismus, eher den Willen zur Relativierung und Offenheit, den Verzicht auf Programme und auf eine Doktrin, vor der gerade jene zurückschrecken, die, als das "andere Geschlecht", jahrhundertelang unter einem Diktat standen, z.B. wie eine Frau sich zu verhalten habe. Es impliziert auch Verzicht auf feministische Postulate im engeren Sinn, so gut wie auf den Entwurf einer strengen weiblichen Ästhetik. Dafür wird die weibliche Perspektive dezidiert genutzt als eine Möglichkeit, die Welt mit einer neuen Offenheit zu sehen:

"Wenn ich schreibe, muß der Blick aus der Perspektive einer Frau kommen", schreibt Hanna Johansen 1983. "Das stand nicht als bewußte Entscheidung am Anfang. Es ist dazu geworden. Als Frauen leben wir mit der Tatsache, daß wir als die Ausnahme gelten und nicht als die Regel. Die Sprache bestätigt mir das auf Schritt und Tritt. Auch die, die ich hier schreibe. Anders beim Schreiben von Fiktion. Männliche und weibliche Sprache zu unterscheiden mag möglich sein. Ich kann es nicht. Trotzdem habe ich beim Schreiben den Eindruck und den Wunsch, etwas Weibliches zu tun."[16]

Veränderung der männlichen Perspektive und ein anderes Frauenbild

Durch die neue Präsenz der Frauen in der Literatur verändert sich deren Gesamtbild: einerseits durch die Wahl besonderer, weiblicher Themen (etwa im Band *Blick auf meinesgleichen*, 1979, von Gertrud Wilker, einem Panorama weiblicher Figuren, Schicksale, Lebensstimmungen, wahrgenommen mit einem durch den Feminismus geschärften, diesen zugleich leicht ironisierenden Blick) — mehr noch durch eine neue Perspektive, wie sie Hanna Johansen so dezidiert wie differenziert beschreibt. Ob dadurch auch das Schreiben der Männer eine Veränderung erfahre — eine solche Frage gehört in den weiteren Rahmen der Frauenbewegung: von ihr

16. "Raum für Erfahrung." In: *Neue Zürcher Zeitung*, 24. Juni 1983; zitiert nach *Zwischenzeilen*, S. 173.

sind viele, wohl die meisten Autoren, als bewußt lebende und wahrnehmende Zeitgenossen, mehr oder weniger stark berührt, ja verändert worden.

Am entschiedensten hat das Otto F. Walter bekundet, in vielen Texten, unter anderem in einem öffentlichen Gespräch mit seiner Schwester Silja, die als Schwester Maria Hedwig im Kloster Fahr lebt. Für ihn — so Walter — sei es wichtig, "daß die Frauen auch draußen für ihre Autonomie und für den Frieden anfangen zu leben, und zwar wirklich mit einem harten Nein, mit einer Absage an die Mächtigen." Walter rechnet mit einer verändernden Wirkung der Frau im politischen Leben, die allmählich auch die Männer zu einem anderen Verhalten veranlassen könnte: zu einem Abrücken von den männlichen Lebensmustern und Leistungszwängen, zu denen — so führt er an anderer Stelle aus — gerade die Frau, in ihrer traditionellen Mutterrolle den Sohn bewegt und erzieht:

Meine Mutter. Wer denn liebevoller als sie hat mich auf dieses triebunterdrückende, disziplinierte Männerwesen hin dressiert, das ich dann zunächst, wie Millionen und Millionen meiner Geschlechtsgenossen, wurde? Sie war gottesfürchtig, war fromm, sie konnte auch lebenslustig sein. Ausgerechnet sie also, diese christliche Frau — auch sie reduziert auf die Rolle, die unser Männersystem ihr zuwies, sie übte intensiver als jeder andere Mensch mich ein in die Ideale des christlichen Mannseins."[17]

Wenn die heutige Frau, gemäß der Aufforderung Walters, ins öffentliche Leben tritt, so stellt sie sich indirekt gegen ihre Vorfahrinnen, welche in dienender Rolle, und doch im vermeintlichen Interesse der eigenen Überlegenheit das Patriarchat gestützt und erhalten haben.

Solche Überlegungen lassen es als sinnvoll erscheinen, zu fragen, ob in der gegenwärtigen Literatur (der Literatur der Männer!) das Bild der Frau sich ändere, ob ihr neue Rollen zugewiesen werden. Anders als in Andeutungen und Vermutungen kann eine solche Frage freilich nicht angegangen werden. Was Otto F. Walter betrifft: es entspricht den von ihm geäußerten Hoffnungen, daß sich die Rolle der Frau in seinem Werk stark verändert. In seinen ersten

---

17. In: Otto F. Walter und Silja Walter. *Eine Insel finden* (Zürich: Arche, 1983), S. 67; und Otto F. Walter. "Der Mann als Held. Über den Männlichkeitswahn." In: *Die Zeit*, 3.2.1984.

Büchern sind die weiblichen Figuren vorwiegend als Opfer, in einer liebenswerten Hilflosigkeit gezeigt. Das ändert sich bereits in den *Ersten Unruhen* (1972), hier allerdings erst andeutungsweise; in den späteren Werken — *Die Verwilderung* (1977); *Wie wird Beton zu Gras* (1979); *Das Staunen der Schlafwandler am Ende der Nacht* (1983) — sind es dann die Frauen, die zum Widerstand aufrufen oder anregen und, als die eigentlich Stärkeren, bei dieser Haltung bleiben.

Nun ist es allerdings weder ungewöhnlich noch neu, daß Frauen in Werken männlicher Autoren im Zentrum stehen. Um wie viel ärmer wäre die Weltliteratur ohne Antigone und Kalypso, ohne Gretchen und Penthesilea, ohne Effi Briest und Frau Regel Amrein. Leserinnen haben sich denn auch nicht einfach falsch orientiert, wenn sie sich selbst in diesen Figuren zu verstehen suchten. Etwas anderes ist es, wenn ein Autor, sich mit einer weiblichen Figur identifizierend, aus ihrem Inneren heraus zu schreiben sucht. Daß dies innerhalb der deutschschweizerischen Literatur in den letzten Jahren häufig geschieht, könnte durchaus mit der stärkeren Präsenz der Frau zusammenhängen, vielleicht auch mit der Publikationsflut über das sogenannte Weibliche, von der sich viele Autoren offensichtlich inspirieren lassen — gewiß nicht zum Vorteil des Werkes. Zurückhaltung und Diskretion in der Gestaltung des "anderen" Geschlechts ist vermutlich nach wie vor von Vorteil, nicht aus moralischen, sondern aus künstlerischen Gründen: zum Beispiel, wenn der Autor den Anspruch erhebt, das besondere Körpergefühl der Frau nachzufühlen und darzustellen (so in mehreren Büchern des Jahres 1985: Urs Berner, *Wunschzeiten*, Walter Schenker, *Gudrun*; anspruchsvoller und differenzierter bei Dinkelmann in *Das Opfer*). Weibliche Leser haben Grund, hier kritisch abzuwehren: die Wahl einer weiblichen Perspektive bekundet nicht immer ein Ernstnehmen der Frau, sondern verbirgt manchmal mehr schlecht als recht den alten, neuerdings in Einfühlung versteckten Besitzanspruch des Mannes.

Es gibt Gegenbeispiele zu der beschriebenen Gefahr. Mit streng gewahrter Zurückhaltung weiß Urs Faes in *Webfehler* (1981) die nötige Distanz zu seinen beiden Protagonistinnen zu wahren, sie ohne falsche Anbiederung und ohne Voyeurismus als Individuen zu zeigen, die, wohl wegen ihres Geschlechts, auf den Druck der gegenwärtigen Gesellschaft besonders sensibel reagieren. Und bewundernswert auch in dieser Hinsicht ist die Erzählung "Die Tessinerin" (1981) von Thomas Hürlimann. Der Autor zeigt das Sterben einer Dorffremden, der Frau des Lehrers, zeigt es am Anfang von außen, aus der Sicht eines mitleidenden, doch immer noch zu genauer Wahrnehmung fähigen Beobachters. Erst in der Mitte des Textes geschieht es, in jäh einbrechenden Sätzen, daß der Autor unvermittelt, ungeschützt gesteht, daß er im Sterben der Fremden das Sterben des eigenen Bruders zeige, "worüber ich schreiben wollte und nicht schreiben kann."[18] Die Frau (das "andere Geschlecht", das immer, bei aller Angleichung der Geschlechter, das "andere" bleibt) ermöglicht hier dem Autor, das Unerträgliche in jene leichte Distanz zu rücken, die es überhaupt erst darstellbar macht.

Ist es ein Zufall, oder ein Rückfall in den alten Antagonismus der Geschlechter, wenn gerade in den letzten Jahren die Auseinandersetzung des Sohnes mit der Mutter (ja: der Kampf gegen die Mutter!) in zwei besonders radikalen, rücksichtslosen Büchern gestaltet wurde? Natürlich sind in solchen Werken persönliche frühkindliche Erfahrungen und Verletzungen ausschlaggebend; doch findet jede Kindheit vor dem Hintergrund der Gesellschaft statt und bleibt von dieser nicht unbeeinflußt. Die oben zitierte Analyse Otto F. Walters läßt es auf jeden Fall verständlich werden, daß in beiden Werken — in Kuno Raebers *Das Ei* (1981) wie in Hermann Burgers *Die Künstliche Mutter* (1982) — die Mater dolorosa genannt und angegriffen wird: die Frau also in der Rolle der Mutter Gottes, eine Symbolfigur, welche durch die Kirche zur Instanz der Fürbitte und Gnade erhoben wurde. Sie spielt vor allem bei Raeber eine zentrale Rolle, in seinem leidenschaftlichen, wohl ergebnislosen Versuch, seine katholische Erziehung zu verarbeiten. Die Pietà des Michelangelo möchte er wenigstens mit Worten, doch lieber mit dem Hammer zerstören; die leidende und liebende Mutter der christlichen Überlieferung wird bei ihm zu einer triumphierenden und grausamen Machtfigur, die Erniedrigung und Qual des Sohnes als persönlichen Sieg erlebt.

Ganz anders der Protestant Kurt Marti; er schreibt, gewiß von

18. Thomas Hürlimann. *Die Tessinerin* (Zürich: Ammann, 1981), S. 105.

der feministischen Theologie beeinflußt und von seiner eigenen Vision eines weiblichen Gottes bestimmt, im Gedichtband *abendland* (1981) ein Mariengedicht ganz neuer Art, sieht Maria als natürliche und spontane, gleichermaßen zu Freude und Trauer fähige Frau, und er befreit schreibend die Lebendige aus der Erstarrung zum Heiligenbild, die ihr aufgezwungen wird; er läßt sie von ihrem Sockel herabsteigen, und sie wird, als Jeanne d'Arc, als Käthe die Kräutermuhme, als Rosa Luxemburg

> vielleibig vielstimmig
> die subversive hoffnung
> ihres gesangs [19]

Es braucht nicht zu überraschen, wenn auch Frauen sich dagegen wehren, von Männern nach alter Tradition auf einen Altar gestellt zu werden. So, selbstkritisch, Maja Beutler in einem Vortrag unter dem Titel "Ohne Träume tritt die Zeit an Ort": "Ist es vielleicht so, daß wir gar nicht richtig wagen, von den Altären herunterzuspringen, die man unserer Weiblichkeit und vor allem unserer Mütterlichkeit, errichtet hat?"[20] Von den Altären herunterspringen, aus der Rolle einer Instanz (gleichgültig welcher Art) schlüpfen, weil beides, die Rolle der Altarfigur wie der Instanz, zu Erstarren im Vorbildlichen, Fehlerlosen zwingt, das Lebendige, Bewegliche zerstört? Wie sollte die Frau die notwendige Auflehnung gegen die Mächtigen vertreten, wenn sie selber sich *neben* diese Mächtigen stellt?

Wie aber, wenn ein Autor heute eine Frau zu einer geistigen Instanz, gleichsam einem literarischen Gewissen erhebt? Das geschieht in der jüngsten Erzählung von Hermann Burger unter dem Titel *Blankenburg* (1986), in Weiterentwicklung und Variation des Grundmusters seines Schreibens. Die meisten seiner Werke sind ja konzipiert als Briefe, in denen ein körperlich und geistig leidender Mensch (ein "Patientissimus") Klage führt, ja Anklage erhebt, sich rechtfertigt und Gerechtigkeit sucht — dies alles begreiflicherweise nicht bei einem gleichrangigen Partner, sondern bei einer übergeordneten Instanz. In *Blankenburg* nun ist diese Instanz erstmals

---

19. Kurt Marti. *abendland*. Gedichte (Darmstadt: Luchterhand, 1980), S. 44.
20. In: *Tagesanzeiger*, 24.8.1985.

weiblichen Geschlechts: eine Kennerin der Weltliteratur, bei der ein durch tiefe Depression in seiner Produktivität gehemmter, ja zu "Leselosigkeit" verdammter Schriftsteller Hilfe, das heißt letztlich Rückkehr ins Reich der Wörter sucht. Daß Burger diese gleichsam aus dem *Stechlin* entsprungene Idealfigur dezidiert als geistiges Wesen darstellt und zur "höchsten Legistin" macht (also nicht etwa zu einer Großen Mutter), dürfte eine Spiegelung der veränderten Stellung der Frau gerade im literarischen Leben sein; wichtiger aber ist die Art ihres Umgangs mit der Literatur, die nahtlos in ihren Alltag übergeht; Bücher sind lebendig, das Leben ist von literarischen Figuren, Namen, Stimmungen durchwirkt. So schließt sie in ihrem Wesen gleichsam den "synaptischen Spalt" (vom Autor, gestützt auf medizinische Fachliteratur, als Ursache der Depression angenommen), hebt die alte Trennung zwischen Kunst und Leben auf. Indem die Instanz ihr Geschlecht ändert, ändert sie auch ihr Wesen: im Gegensatz zu ihren männlichen Vorgängern wendet die "Fürstin" sich dem Leidenden zu, sucht ihn in ihr Lebens- und Bücherreich zu ziehen, am Schluß sogar mit Erfolg. Sie kann das auch tun, denn es ist ihr persönliches Reich: wiederum im Gegensatz zu den männlichen Instanzen, die im Werk Burgers vorkommen, steht sie außerhalb der gesellschaftlichen Institutionen, sie kann deshalb die Distanz hierarchischer Stufung in der Nähe des Humanen auflösen. Eine aus innerer Not geborene Sehnsuchtsfigur — und zugleich eine Chiffre für die erhoffte, erwünschte Veränderung der Gesellschaft durch die Frau.

Sensibilität für das ganze Leben

Die Literatur der siebziger Jahre erhielt ihre Etiketten zugeteilt, als sie erst gerade am Entstehen war — als ob die Kritiker der engagierten Literatur eher überdrüssig geworden wären als die Autoren, als ob sie darauf warteten, mit neuen, gegensätzlichen Begriffen die Diskussion zu beleben. "Neue Innerlichkeit", "Neue Sensibilität", "Ichliteratur": solche Bezeichnungen sind nicht einfach falsch. Es stimmt: man entdeckte "wieder" die Kindheit (Gertrud Leutenegger, *Ninive*, 1977; Erica Pedretti, *harmloses bitte*, 1970); man schrieb über den Vater (Heinrich Wiesner, *Der Riese am Tisch*, 1975), ging der Familiengeschichte nach (Christoph Geiser), verhalf Verstorbenen zum "Nachleben" (Titel eines Romans von Gertrud Wilker aus dem Jahr 1980). Aber hatte man das nicht immer getan? Und wenn Karl Schmid in seiner letzten Vorlesung sagte, das "Individuum sei der Literatur unendlich bedürftiger als die Gesellschaft", meinte er gewiß nicht ein Individuum, das sich aus der Welt zurückzieht! Die Gegenüberstellung "Engagement"/"Innerlichkeit" ist, wenn in sich ausschließender Gegensätzlichkeit gemeint, nicht nur eine Vereinfachung, sondern gerade für die Literatur der deutschen Schweiz falsch, der Unterschied zwischen den sechziger und den siebziger Jahren also gerade hier nicht so groß, wie das gelegentlich behauptet wird. Es kann sein, daß die Schweizer Literatur noch einen schmalen Rest jener Gegenläufigkeit bewahrt, die sie über Jahrhunderte kennzeichnete: die Neigung zu einer komplementären Ergänzung geltender Richtungen.

Wäre die "Ichliteratur" tatsächlich die repräsentative Schreibart des Jahrzehnts, dann müßte man Paul Nizon als ihren repräsentativen Autor bezeichnen, der immer (auch wenn dies nicht den Tendenzen der Zeit entsprach) nahe an seiner eigenen Lebenserfahrung schreibt ("Am Schreiben gehen" heißt der Titel seiner Frankfurter Poetik-Vorlesung (1985), die zu einer eigentlichen Autobiographie eines im Schreiben existierenden Menschen geworden ist); er hat wohl nicht zufällig mit den Romanen *Stolz* (1975) und *Das Jahr der Liebe* (1982), jetzt in Übereinstimmung mit dem Zeitgeist, seine größten Erfolge erzielt.

Aber umgekehrt hat ausgerechnet in diesen siebziger Jahren mit ihrer "Zuckerbäckerei der Innerlichkeit" (Pil Crauer) die moderne Berufswelt erstmals eine literarische Formulierung erhalten, die Berufswelt der Arbeiter wie die der white collar workers, bis zum Computerspezialisten, dessen Nöte von Emil Zopfi früh formuliert wurden (*Jede Minute kostet 33 Franken*, 1977). Die Fabrik übrigens gibt es nicht nur in realistischer Darstellung, sondern als Albtraum in der imaginären und zugleich supernaturalistischen Welt Franz Bönis. Und es gibt Autoren, die unmißverständlich an ihrem Bezug zur politischen Aktualität festhalten: Vor allem Franz Hohler, der seine scharfe Beobachtung, sein Ausgesetztsein als Zeitgenosse hinter einem gelassenen Humor zu verstecken scheint, und seit den "Reportagen aus der Schweiz" (1974) hat die Schweiz in Niklaus

Meienberg einen brillanten Vertreter eines harten, ja aggressiven Journalimus von literarischer Qualität.

Daß Begriffe wie "Neue Innerlichkeit" ungenügend, ja untauglich sind, merkt man spätestens dann, wenn man versucht, einzelne Werke damit zu erfassen. Urs Widmer, einer der wichtigsten Schriftsteller, wird von Etiketten dieser Art nicht einmal berührt: In einer Zeit des No Future entwirft er immer wieder Utopien, illusionslos, auf dem dunklen Grund der Trauer, ja der Vezweiflung; er zeichnet sie in seinem letzten, vielleicht schönsten Buch *Indianersommer* (1985) geradewegs in die Luft: und die Luft trägt, wird zum Land des Indianersommers. Aber auch ein Buch, das ganz autobiographisch geprägt ist, wie etwa Margrit Baurs *Überleben. Eine unsystematische Ermittlung gegen die Not aller Tage* (1981), stellt, dem Untertitel entsprechend, auch eine Diagnose der Berufswelt, die Halbtagsstellen im Zuge der Rationalisierung aufhebt und der Vierzigjährigen ein Universitätsstipendium verweigert.

Und ist der umfangreiche Roman *Der Immune* (1975) von Hugo Loetscher nur ein Selbstporträt und nicht zugleich ein kritischer, ein vielfach zersplitterter und aus Splittern wider zusammengesetzter Spiegel der Zeit? An den stärksten Stellen werden Ich und Zeit sogar zu einer beeindruckenden Einheit:

> Plötzlich stiegen sie in ihm hoch, er hatte sie nicht gerufen und er hätte sie auch nicht gekannt, um sie rufen zu können.... sie waren unterwegs mit Gepäck und Hausrat, Auswanderer im Planwagen und Flüchtlinge, die sich im Zwischendeck stritten, sie flüchteten gleichzeitig vor der Dürre, vor dem Eis und der Überschwemmung.... Sie kamen in ihm hoch und reklamierten beim Immunen ihre eigenen Erwartungen und Hoffnungen, sie seien in ihm und ein Teil von ihm und er könne sie nicht verleugnen, sie würden ihn nicht in Ruhe lassen, kämen wieder und plötzlich seien sie da.[21]

In Sätzen wie diesen wird das Ich zum Schauplatz der Welt, der Weg nach innen führt geradewegs zur Gesellschaftskritik.

Und sind die Bücher von Erika Burkart nur der Innerlichkeit, der alten oder der neuen, zuzurechnen, haben sie nicht, in einer Zeit, da die Natur ein Politikum ist, ganz von selber öffentliche Relevanz

---

21. Hugo Loetscher. *Der Immune.* Roman (Darmstadt: Luchterhand, 1975), S. 76/7.

gewonnen? "Es gibt Menschen, die auf keinen Fall mit ihrer Zeit übereinstimmen dürfen": mit diesem Satz umschreibt sie ihr eigenes Lebensgesetz, das sie während Jahren in einen Elfenbeinturm (ist die Natur, ist die Beziehung zu Menschen ein Elfenbeinturm?) einzuschließen schien, sie aber in den siebziger Jahren zu einer unerschrockenen Anwältin jener machte, die sich nicht selber wehren können:

> An Beamte mit korrekten Frisuren
> schreibe ich offene Briefe,
> unterschreibe Gesuche, ersuche
> (mein Verstummen vor Masken
> mit sogenannten markanten Zügen),
> ersuche Obengenannte
> abzusehen vom Mord an Bäumen,
> die lange wuchsen. Gekrönte, sag ich,
> sie sagen: Holz. Legen um, legen an
> und setzen sich ab
> vom Gott ihrer Jugend.
> Umgesetzt in ihre Sprache
> wird mein Einsatz
> Bettlerpalaver.[22]

Nicht Übereinstimmen: das Wort könnte der Rückzug in die Innerlichkeit andeuten — aber auch ein Zeichen des Widerstands sein ("offene Nichtübereinstimmung": ein Wort von Jurek Becker!). Nicht anders ist die Aufforderung von Kurt Marti (aus *Zärtlichkeit und Schmerz*, 1977) zu verstehen: "Jeder Terror rechtfertigt sich mit objektiven Notwendigkeiten. Um so mehr gilt es, unbeirrt subjektiv zu sein". Ein anderer Satz aus dem gleichen Buch, von einer Frau gehört oder ihr in den Mund gelegt, regt, indem er den Weg ins Innerste weist, zu Widerstand gegen ein falsches Äußeres an: "Ach ihr Männer, seufzte Frau D., stets wollt ihr bis zum Äußersten gehen. Nötiger wäre, umsichtig behutsam bis zum Innersten zu gelangen."[23]

Bezeichnend für die siebziger und auch die frühen achtziger Jahre ist nicht der Rückzug in die Innerlichkeit, sondern der Versuch, den

---

22. Erika Burkart. *Augenzeuge*. Gesammelte Gedichte (Zürich: Artemis, 1978), S. 208.
23. Kurt Marti. *Zärtlichkeit und Schmerz*, S. 63.

persönlichen und öffentlichen Bereich enger zu verknüpfen, die politische Bedeutung des scheinbar nur Privaten deutlich zu machen. Der Einzelne ist ein Zoon politikon auch in seinen privaten Erfahrungen, Ängsten, Träumen; er ist es um so stärker, je entschiedener er deren öffentliche Bedeutung behauptet. Unter den Gründen, die für das Scheitern der 68er Bewegung verantwortlich seien, nennt Otto F. Walter in der *Verwilderung* die "Unterschätzung der psychischen und sinnlichen Kräfte, des sogenannten Privaten."[24] Es gehe, so Hermann Burger, um eine "wachsende Sensibilität für das ganze Leben."[25]

Den Werken weiblicher Autoren auf jeden Fall würde man mit der althergebrachten Trennung des privaten und öffentlichen Bereichs nicht gerecht. Gerade für die Frau ist es wichtig, daß der Lebenskreis, der nach der alten Rollennorm nach wie vor der ihre ist, nicht im Abseits der politischen Irrelevanz bleibt, sondern in seiner Bedeutung für das Ganze der Gesellschaft anerkannt wird. Ein Beispiel, vielleicht das bedeutendste für die Verbindung der beiden Bereiche, ist der Roman *Trocadero* (1980) von Hanna Johansen: ein kulturkritisches, deshalb auch politisches Buch, erlebt aus der Perspektive einer Frau in ihrer üblichen, einer banalen und ganz und gar privaten Rolle, der einer Hausfrau. Aber gerade dieser scheinbar abseitige Standpunkt kann zu einem Zentrum werden, von dem aus die Welt der männlichen Kultur neu gesehen wird — als eine erstarrte Welt, in der es nichts Lebendiges mehr gibt (es seien denn Schnecken, Würmer und Mäuse), da sogar die Beziehungen zwischen Mann und Frau zu grotesken Ritualen erstarrt sind. Es gibt kaum ein zweites Buch, in dem so eindrücklich gezeigt wird, daß alles zusammen gehört, das Private und das Politische, unsere Eßgewohnheiten und der Zustand der Welt.

Allerdings taugen Simplifizierungen auch in diesem Zusammenhang nicht. Der Slogan "Das Private ist das Politische", der in der Frauenbewegung zirkulierte, weckt die Illusion, es sei bereits vollzogen und selbstverständlich, was doch noch geleistet werden muß. Und wenn Otto F. Walter, die ästhetischen Werte mit den politischen gleichsetzend, sagt: "Je höher der künstlerische Rang

---

24. Otto F. Walter. *Die Verwilderung* (Hamburg: Rowohlt, 1977), S. 10.
25. In einem unveröffentlichten Vortrag.

der Literatur, desto größer die gesellschaftliche Relevanz",[26] so darf daraus nicht etwa die Zuversicht abgeleitet werden, Kunst könne die Welt verändern; von einem solchen Vertrauen ist in der gegenwärtigen Literatur nichts zu merken. Eher zeigt sich die Resignation in ihren verschiedenen Spielarten — vor allem aber prägt die Haltung der Verweigerung wie kaum etwas anderes das Jahrzehnt. Die Jugendunruhen von 1980 sind wenigstens teilweise als ein verzweifelter Widerstand einer Generation von Verweigerern anzusehen, denen in einer normierten Gesellschaft die unerläßlichen Freiräume fehlen.

Wer sich radikal genug entzieht, befreit sich von den Zwängen der Gesellschaft; würden viele diesen Rückzug konsequent genug durchführen, liefen die Räder der Gesellschaft leer; in der allgemein entstehenden Ratlosigkeit könnte, ja müßte Veränderung einsetzen. Das sind politische Überlegungen. Sie stehen, unausgesprochen (denn ausgesprochen wären sie schon ein Programm, wie es gerade dem Verweigerer nicht entspricht) hinter Büchern, die zunächst durchaus unpolitisch wirken, so, beispielsweise, bei dem in Berlin lebenden Matthias Zschokke. In seinen Romanen (*Max*, 1982; *Prinz Hans*, 1984; *ErSieEs*, 1986) erscheint Verweigerung in doppelter Form: als Lebenshaltung mit politischen Implikationen, und als Stil. In *ErSieEs*, seinem tiefsten, vielschichtigsten Buch, steht die seltsame Parabel von einem Mann, der mit jugendlichem Elan sich verschiedenen Berufsleuten anbietet, um "die Welt, zur Freude aller, ein Stück vorwärts zu wälzen". Doch wird ihm von allen Seiten deutlich gesagt, daß er mit dieser Absicht unerwünscht ist: "Dies hier wird auf unsere Weise gemacht und basta. So ist es gut. Adieu."[27] Wer dünnhäutig genug ist — und das sind die Helden Zschokkes — erkennt rasch die Aussichtslosigkeit aller guten Absichten und wird zu einem, der, gelassen und traurig, "in der Abendsonne sitzt". Der politische Charakter dieser autobiographisch bestimmten und zugleich getarnten Bücher ist durchaus nicht zu bestreiten — und doch kaum zu erkennen. Denn Zschokke entzieht sich jeder programmatischen Äußerung, verwirrt den Leser mit Witz, skurrilen Einfällen, Kalauern. Verweigerung also auch als

---

26. Zitiert im gleichen Vortrag.
27. Matthias Zschokke. *ErSieEs*. Roman (München: List, 1986), S. 80f.

Stil, gegen eine rasche Vereinnahmung des Lesers und durch den Leser — und sogar gegenüber der Kunst selber, die Zschokke schreibend gleichsam aufheben möchte.

Krankheit als literarisches Motiv

Wie schwer der private und der politische Aspekt eines Themas zu trennen sind, wie eine ganz persönliche Erfahrung als ein Zeitsymptom öffentliche Bedeutung gewinnen kann, das zeigt sich besonders deutlich bei zwei dominierenden Themen der siebziger Jahre: Krankheit und Todesnähe. Sie sind, zusammengenommen und oft untrennbar verbunden, Hauptmotive in der Literatur nicht nur der deutschen Schweiz — aber hier besonders auffallend, weil das vor allem im Ausland geltende idyllische Bild der Schweiz dazu so sehr im Widerspruch steht. Zu diesem Bild gehört Gesundheit in mindestens dreifacher Form: gesunde Luft, gesundes Staatswesen, gesunde Wirtschaft. Und doch entstand ausgerechnet in unserem Land ein Krankheits- und Todesbuch, das zu einem internationalen Kultbuch wurde: Fritz Zorns *Mars* (1977).

Daß dem Sohn der Zürcher Oberschicht durch eine plötzliche ausweglose Erkrankung schockartig sein Lebensdefizit bewußt wurde, traf offenbar eine ganze Generation, und nicht nur in der Schweiz, ließ sie das eigene ungelebte Leben schmerzhaft wahrnehmen, zugleich begreifen, daß die Ruhe der bürgerlichen Existenz nicht nur trügerisch, sondern gefährlich sei. Den sicheren Tod vor Augen, erfährt Zorn, daß er nicht gelebt hat; seinen Krebs bezeichnet er als seine "ungeweinten Tränen". Und gegen alle Vernunft versucht er zu retten, was sich doch nicht retten läßt: das ist der Impuls, der ihn zum Schreiben drängt. Aber er schreibt nicht einfach *gegen* seine Vernunft; vielmehr setzt er seine intellektuellen mehr als die emotionalen Kräfte ein; er verfaßt gleichsam seine eigene Krankengeschichte, als wäre er der Arzt, der alles rational erklären kann: die Krankheit aus dem ungelebten Leben, das ungelebte Leben aus der familiären und gesellschaftlichen Umgebung. Er lehnt sich auf gegen eine alles zähmende Ordnung — und errichtet seinerseits eine perfekte Ordnung rationaler Argumentation. Ausgeschlossen bleibt vermutlich, was er in seinem ganzen

Leben aussparte: seine Gefühle, der Umgang mit dem Inkommensurablen des Lebens.

Erstaunlich, daß ein halbes Jahrzehnt später wieder ein Krankheits- und Todesbuch zum Bestseller wurde: Peter Nolls *Diktate über Sterben und Tod* (1984). Freilich wurde es nicht zum Kultbuch, dazu verlangt es dem Leser zu viel Respekt ab, Respekt vor einem Verhalten, das keiner sich selbst so leicht zutraut; Respekt vor einer realistischen Vernunft, die zum Akzeptieren des Unabänderlichen führt, so gut wie zum Entschluß, das Leben so selbständig wie möglich zu Ende zu leben, sich durch die Medizin "nicht zum Einbaum aushöhlen zu lassen, in dem niemand weiterschwimmt."[28] Die Leser — die gleichsam kollektive Leserpersönlichkeit — die zuerst zum einen, dann zum anderen Buch griffen, haben sich offenbar im Verlauf weniger Jahre radikal geändert (geändert hat sich natürlich die Zeitstimmung!). Die Anklage gegen Familie und Gesellschaft scheint zurückgegangen zu sein, gewachsen dagegen die Einsicht, vor dem Tod sei nicht nur das "ungelebte Leben" zu beklagen, sondern Sorge zu tragen, daß die verbleibende Zeit nicht zum Tod im Leben werde.

Noll sucht seine Krankheit nicht gesellschaftskritisch wegzuerklären; aber er reflektiert bis zuletzt die Gesellschaft, denkt nicht nur als Privatmensch, sondern als homo politicus, ein Intellektueller, der in seiner Extremsituation nicht sein bisheriges Denken auslöscht, sondern es radikaler, rücksichtsloser formuliert. Das schwierige Verhältnis von Macht und Recht, aber auch von Leistung und Macht ist selten so scharf und zugleich konkret analysiert worden wie in diesem Todesbuch.

Krankheit und Tod: bestimmende Themen auch bei Walter Vogt, von den ersten Büchern an, zuerst gesehen aus der Perspektive des Arztes, der beides mit beißender Ironie von sich weg hält und hinter den satirischen Porträts seiner Kollegen lange verstecken konnte, daß er immer auch aus der Sicht eines körperlich und seelisch leidenden Menschen schrieb, wie er schließlich in oft rückhaltlos autobiographischen Büchern (*Vergessen und Erinnern*, 1980, *Altern*, 1981) die Optik bestimmte. Über das Autobiographische weit

---

28. Peter Noll. *Diktate über Sterben und Tod* (Zürich: Pendo, 1984), S. 94.

hinaus weist freilich die Erzählung "Die roten Tiere von Tsavo" (1976) — die zunächst nichts zu sein scheint als ein Therapiegespräch zwischen einem gelangweilten Arzt und einem schwierigen Patienten. Doch der Patient ("der Mensch" genannt) entpuppt sich mehr und mehr als Repräsentant der Menschheit; er sieht die Not der Kreatur und kann seine Schuld (die Schuld der Menschheit) daran nicht von sich weisen. Auch dieser Text ein Gegensatz zur Krankheitsdeutung Zorns: wird in *Mars* die Krankheit eines Einzelnen als Verschulden der Gesellschaft erklärt, so definiert fast gleichzeitig der naturwissenschaftlich geschulte Walter Vogt das Leiden der Natur als Schuld des Menschen.

Wenn Adolf Muschg in seinen Frankfurter Vorlesungen (1981) der Frage "Kunst als Therapie?" nachging, so suchte er gewiß einerseits ein eigenes Lebensthema diskursiv zu meistern; zugleich aber reagierte er, mit sicherem Gespür für die Atmosphäre der Zeit, gleichsam poetologisch auf die neuen Bedürfnisse vieler Leser, die, unter dem Eindruck nicht nur der politischen Bewegungen, sondern auch der mannigfaltigen Therapie- und Heilsversprechungen der siebziger Jahre, der Literatur in einem ganz neuen Ausmaß den Wunsch nach einer therapeutischen "Lebenshilfe" entgegenbrachten. Ein Wunsch, Muschg stellt dies mit der nötigen Härte klar, den die Literatur nicht erfüllen kann; sie bietet weder dem Schreibenden noch dem Leser Rettung; die künstlerische Form übersteigt die Krankheit, ohne sie zu heilen.

Muschg weist in *Literatur als Therapie* mit Nachdruck auf ein Buch hin, das er als eine Art Gegenwerk zu *Mars* auffaßt (obgleich es von der Verfasserin gewiß nicht als solches konzipiert wurde):

> Man muß ein Buch wie Maja Beutlers *Fuß fassen* (1980) daneben halten, um mit Händen zu greifen, was Trauerarbeit sein könnte: Auseinandersetzung mit der eigenen Sinnlichkeit, Sprechenlassen der Phantasie (zuerst, aber nicht allein, der Angst); Antwort auf die Krankheit, die als Frage nicht nur ernst, sondern genau genommen wird.[29]

Man geht gewiß nicht fehl, in den beiden so gegensätzlichen Büchern — *Mars* und *Fuß fassen* — eine "männliche" und eine "weibliche" Reaktion auf eine existentielle Bedrohung zu sehen,

---

29. Adolf Muschg. *Literatur als Therapie?* (Frankfurt: Suhrkamp, 1981), S. 71.

und, entsprechend, zwei Varianten der Auseinandersetzung, Verarbeitung, Sprachgebung. Im Gegesatz zu Zorn wendet sich Maja Beutler kaum der Vergangenheit zu, schon gar nicht, um ihr die Schuld an ihrer Krankheit zuzuschieben. Sie lebt, hellwach und in Träumen, die ihr ihre Ängste erhellen, eine gefährdete, fragile, vielfältige Gegenwart. Und — besonders wichtig! — nicht allein die Vernunft läßt sie gegen die Gefahr antreten, sondern auch die emotionalen Kräfte, vor allem auch den künstlerischen Gestaltungswillen. Dieser prägt das Buch auf jeder Seite und ist ebenfalls eine Kraft des Widerstands gegen den Tod.

Vielfalt der Formen oder 69 Arten den Blues zu spielen

Es geschieht selten genug, daß Literatur Gegenstand der öffentlichen Diskussion wird und einen größeren Kreis als den der direkt Beteiligten berührt. Das mag daran liegen, daß es bei uns — nach Peter von Matt — "sehr auffällig an einer Kultur der öffentlichen Disputation, einer Streitkultur von Rang fehlt, in der sich Härte und Noblesse verbinden und wo der Respekt vor dem Gegner zur Form gehört."[30] Seit dem Zürcher Literaturstreit von 1966, der, geführt mit der Verve alter Theologenstreite, wirklich zu einer öffentlichen Auseinandersetzung wurde, ist es um die Literatur eher still geblieben. Streitgespräche spielen sich im engeren Rahmen ab — Literaten unter sich.

Diese Feststellung mag überraschen, gibt es doch in den siebziger Jahren wie immer diesen und jenen Skandal. Sieht man aber genau hin, sind dabei meist andere Medien stärker involviert als das Buch; sie sind die empfindlicheren, weil publikumswirksameren Instrumente. Als Reto Hänny 1980 bei einer Demonstration als Zuschauer in eine Polizeirazzia geriet und dann, gleichsam aus dem Innern des Polizeiwagens und des Untersuchungsgefängnisses, seinen Bericht *Zürich, Anfang September* (1981) schrieb, da durfte dieser im *Tagesanzeiger* nicht erscheinen — als Buch der Reihe "edition suhrkamp" dann war er ein Stück Literatur, also tolerierbar. Was als Hörspiel nicht gesendet werden darf, kann als

---

30. "Swiss is Beautiful. Vom Vergessen und Wiederentdecken in der Schweizer Literatur." In: *Tagesanzeiger*, 3. April 1982.

Buch erscheinen (Pil Crauer, *Das Leben und Sterben des unwürdigen Dieners Gottes und mörderischen Vagabunden Paul Irniger*, 1981), und Franz Hohlers "Denkpause", im Fernsehen jahrelang ausgestrahlt als Kontrapunkt zum Publikumsliebling "Aktenzeichen XY — ungelöst", erregte Anstoß mit einer Mundartübersetzung von Boris Vians *Deserteur*, die Lesern und Kleintheaterbesuchern seit Jahren vertraut war.

Literarische Streitgespräche dagegen: eine Sache der Spezialisten. Zweimal immerhin gab es eine "Realismusdebatte", 1981 in der *Weltwoche* und in der *Basler Zeitung*, 1983, in breiterem Kreis, bei der *Wochenzeitung*. In unserem Zusammenhang interessiert vor allem das erste kleine Streitgespräch. In Anschluß an die Verleihung des Ingeborg Bachmann-Preises an Urs Jaeggi gab Klara Obermüller, Jurorin in Klagenfurt, den Autoren deutliche Ratschläge, welche Wege zum Erfolg führten und welche nicht. Der Schweizer tue gut daran, "wenn er sich, statt zu experimentieren, auf die herkömmlichen Mittel des Erzählens verläßt und sich bei der Wahl der Stoffe an Dinge hält, die er kennt, an die eigene authentische Erfahrung und Anschauung." Ihr antwortete in der gleichen Zeitung Heinz F. Schafroth, sah sich in der Hochschätzung des Authentischen mit der Redaktorin einig, wies aber, die "herkömmlichen Mittel der Erzählung" als deren Konsequenz und Ausdruck zurück. Zu Recht betont er, daß

> die Deutschschweizer Schriftsteller, die in den fünfziger Jahren zu schreiben begonnen haben, sich sogleich und dezidiert auseinandergesetzt haben mit den literarischen Strömungen in ihrer ganzen Breite und Vielfalt. Hätten sie sich ihnen nicht geöffnet, so wäre die Schweizer Nachkriegsliteratur eine Reservatsliteratur geworden und vielleicht geblieben.

Verärgert (und entsprechend ungerecht gegen die Intentionen Schafroths) betonte Felix Philipp Ingold, der wohl konsequenteste Vertreter einer experimentellen Literatur, daß Schreiben auch künftig "vor allem mit Sprache zu tun — zu *schaffen* habe."[31]

Ein Literatenscharmützel — das nicht nur Meinungsdifferenzen in ästhetischen Fragen vorführt, sondern auch zeigt, wie stark und gefährlich die Präsentations- und Rezeptionsformen, die der

---

31. *Weltwoche*, 1. und 22. Juli 1981; *Basler Zeitung*, 3. Oktober 1981.

heutige Literaturbetrieb hervorbringt und fördert, auf die Autoren zurückwirken können. Klagenfurt als ein Beispiel genommen: die dreißig Minuten Lesezeit, die Sofortreaktion der Kritik, die zusätzlichen Publizitätsreize durch die Fernsehübertragung begünstigen tatsächlich die geschlossene, realistische — wenn auch nicht die herkömmliche — Erzählung und könnten damit zu einer Anpassung verleiten, wie man sie keinem Autor wünschen mag.

Die Literatur der siebziger und frühen achtziger Jahre zeigt allerdings gerade in den wichtigsten Werken nichts von einer solchen Tendenz. Die Behauptung sei gewagt, daß es noch nie so viele Werke gegeben habe, die auch nicht behelfsmäßig in eine Gattung einzureihen sind. Die späte und doch ganz heutige Prosa von Frisch und Dürrenmatt setzt dafür schon die Zeichen. Bei Frisch ist in unserem Zusammenhang vor allem das *Tagebuch 1966-1971* (1972) wichtig — das ja im Grunde aus der noch so weit gefaßten Gattung ausbricht, dabei neue Formen hervorbringt, zum Teil in raffinierter Stilisierung nichtliterarischer Sprachformen (Handbuch, Verhör, Fragebogen). Ungewöhnlich, neu, unnachahmlich ist auch die späte Prosa Dürrenmatts. Zwischen Politik, Philosophie und Dramaturgie entwickelt er ein Denken, das er selbst "dramaturgisch" genannt hat und dem er zutraut, "unideologisch und mit Phantasie" erzählend und reflektierend die Wirklichkeit zu analysieren.[32]

Ungewöhnlich groß ist die Zahl der Tagebücher, die seit Frischs zweitem Tagebuch erschienen sind. Doch wichtiger als deren Zahl ist die Vielfalt der Formen, die beweist, daß gerade eine weitmaschige Gattung wie das Tagebuch den einzelnen Autoren eine freie formale Entwicklung gestattet. Kurt Marti hat in den letzten anderthalb Jahrzehnten drei Tagebücher herausgegeben, dabei sind das erste und dritte klar thematisch definiert und eingegrenzt (als *Politisches Tagebuch* das erste (1973), als *Tagebuch mit Bäumen* (1985) das zweite). Wie kein anderer versteht es Kurt Marti, aus einer ganz unliterarischen Form ein literarisches Werk zu machen, das dann wirklich "sui generis" ist: so das geistvoll zusammengestellte und phantasiereich erfundene Lexikon *Abratzki oder die kleine Brockhütte* (1971). Heinrich Wiesner kehrt zu der

32. Vgl. dazu: *Der Mitmacher. Ein Komplex* (Zürich: Arche, 1976).

aphoristischen Form seiner Anfänge zurück und stellt unter dem
Titel *Welcher Gott ist denn tot* (1984) Religiosität gegen Religion.
Urs Jaeggi geht im *Versuch über den Verrat* (1984) den schwierigen
Weg zwischen Wissenschaft und Literatur, und Walter Vogt
schreibt unter dem Titel *Metamorphosen* (1985), in Blitzlichtauf-
nahmen Augenblicke dieser Verwandlung festhaltend, sein vielleicht schönstes Buch.

Ähnliches gilt für andere Formen. *Unerwartet grün* (1984) von
Jürg Schubiger, weder Erzählung noch Tagebuch, könnte als eine
lockere Folge von Meditationen bezeichnet werden, und wenn Jürg
Federspiel in der *Ballade der Typhoid Mary* (1982), dieser
unheimlichen, ergreifenden und komischen Geschichte eines
Todesengels, eine alte Form verwendet, so nur deshalb so
überzeugend, weil völlig frei gestaltend.

Diskussionen darüber, ob noch erzählt werden dürfe, sind
inzwischen verstummt; auch der Roman hat seine Totsagungen
überlebt, er ist aber auch aus der Fixierung auf das farbige,
"lebensnahe" Erzählen hinausgewachsen. "Was ihn eigentlich
bewege, sei das, was zwischen dem, was geschehe — geschehe",
formuliert Gerhard Meier einen wichtigen Grundsatz seiner
Poetologie[33], und er entwickelt in der Folge ein großes Romanwerk,
das um dies Dazwischen kreist, um die Leerstellen, die doch nicht
das Nichts offenbaren, sondern eine geistige, eine spirituelle Welt,
als eine Gegenwelt zur Ideologie des Machbaren. Gerold Späth
dagegen, bei Erscheinen seines ersten Romans *Unschlecht* (1970)
gerühmt als großer Fabulierer mit dem langen epischen Atem, läßt
nun, z.B. in *Sindbadland* (1984), den Roman in Hunderte von
kleinen Prosatexten, Porträts, Lebensläufe auseinanderfallen, die
alle Ansätze zu neuen Romanen sein könnten.

Gerade Texte von Frauen, auch wenn sie den Umfang von
Romanen haben und als solche bezeichnet werden, verweigern sich
den klassischen Rubriken. Zu wenig beachtet (da vermutlich zu
ungewohnt, in der Machart bei aller Konsequenz zu beiläufig,
unaufwendig) wurden die drei aphoristischen Romane von Margrit
Baur, keiner von ihnen länger als eine Kurzgeschichte, mit

33. Gerhard Meier. *Der andere Tag*. Ein Prosastück (Bern: Zytglogge,
1974), S. 101.

Kapitelchen von wenigen Zeilen (*Von Straßen, Plätzen und ferneren Umständen*, 1971). Und auf verspielte und doch genaue Art entwirft Margrit von Dach in den *Geschichten vom Fräulein* (1982) surreale Szenen, die einen freundlichen Widerstand gegen das Vertraute, nicht zuletzt gegen alte Lesegewohnheiten anzeigen.

Ein Hinweis auf einen poetologischen Text zum Abschluß dieser Aufzählung: Peter Bichsels Frankfurter Vorlesungen *Der Leser. Das Erzählen* (1982): unter anderem ein Beispiel, wie man sich den Erwartungen, die schon durch den Rahmen gesetzt werden, entziehen und doch den Zuhörer gewinnen kann. Bichsel gelingt das Meisterstück, eine ganze Poetologie des Erzählens und zugleich des Lesens nicht nur diskursiv, sondern auch erzählend zu entwickeln. Und er kreiert — ausgerechnet im Rahmen einer magistralen Vorlesung — die Figur eines Erzählers, wie er nur im kleinen Kreis vorkommen kann und herkömmlicherweise die professionellen Germanisten nicht interessiert: den mündlichen Erzähler, der in jedem von uns steckt, die wir — so Bichsel — "das Leben nur erzählend bestehen können."[34] Das Ergebnis solchen Erzählens wird keinesfalls eine herkömmliche Geschichte sein — sich davon zu überzeugen, muß man nur einem zuhören, der mündlich und um sein Leben erzählt. Da könnte man unversehens in die Nähe eines experimentellen Autors gelangen, der seiner "Enzyklopädie der Kurzgeschichte" den Titel gab: *69 Arten den Blues zu spielen* (Jürg Läderach, 1984).

Der Fremde als literarische Figur — und noch einmal die Frage nach einem Selbstverständnis

Mit der beunruhigten Frage Karl Schmids, ob es ein schweizerisches Selbstverständnis überhaupt noch geben könne, habe ich begonnen — und während eines Ganges durch die literarische Produktion des letzten Jahrzehnts kaum etwas anderes als eine implizite Bestätigung seiner Zweifel gefunden. Beschränkt auf die deutschsprachige Literatur, wie ich war, hatte ich keinen Anlaß, die andere Frage: ob es eine schweizerische *Nationalliteratur* gebe, auch

---

34. Peter Bichsel. *Der Leser. Das Erzählen.* Frankfurter Poetik-Vorlesungen (Darmstadt: Luchterhand, 1982).

nur zu stellen; sie ist, ein Paradestück der früheren Literaturgeschichte, seit den sechziger Jahren aus der Diskussion so gut wie
verschwunden.

Um so bemerkens- und bedenkenswerter, daß 1980 Adolf
Muschg noch einmal mit einem schönen Ernst an sie herangeht.
Zwar kommt auch er nicht darum herum, sie zu verneinen; er tut es,
indem er elegant und rasch die bekannten Merkmale nennt, die man
der schweizerischen Literatur stets zuschrieb (Realismus, didaktische Tendenz) und sie gleichzeitig, mit einem Blick auf die Literatur
unseres Jahrhunderts, außer Kraft setzt. Und doch wischt er die
Frage nicht völlig vom Tisch — bringt sogar einen, wie mir scheint,
neuen und äußerst anregenden Aspekt ins Spiel: Ob es eine
schweizerische Nationalliteratur gebe oder nicht, das könne — so
Muschg — nicht losgelöst vom Fragesteller beantwortet werden:
einem Australier gegenüber, zum Beispiel, sei die Frage zu
verneinen (auf so große Distanz fallen unsere kleinen Differenzen
nicht in Betracht!). Dem deutschen Nachbarn, dem "großen
Bruder" gegenüber, sei eher Reserve am Platz, schon nur, um sich
gegen mögliche "Eingemeindungsreflexe" zu schützen. Muschg
argumentiert auf eine ungewohnte Weise, will, zugespitzt gesagt, die
Frage nach unserer geistigen Identität nur im sozialen und
internationalen Kontext sehen. Und diese Perspektive — einfach
wie das Ei des Kolumbus — erweist sich als überraschend ergiebig.
War in den (fast vergessenen) dreißiger Jahren die politische wie
geistige Abwehr gegen einen drohenden Usurpator nötig, so bedarf
es heute, in einer vergleichsweise entspannten Situation, kaum noch
einer besonderen Anstrengung, unsere Unabhängigkeit und auch
die Eigenständigkeit zu behaupten. Es könnte sein, daß sie um so
stärker ist, je weniger wir sie betonen. Es genügt — so der
Schlußsatz Muschgs — "wenn unsere deutschen Freunde sich
benehmen, als gäbe es sie."[35] Eine geistreiche Bemerkung — und
mehr als das. Die Nationalliteratur — einmal verstanden als
literarische Gestalt unserer geistigen Identität — wäre, so gesehen
nichts anderes als eine Fiktion im Konjunktiv, uns bekundet von
außen: das deutet auf ein spürbares Defizit, auf eine Leerstelle hin,
aber auch darauf, daß der Wunsch nach einem nationalen

---

35. In: *Ich hab im Traum die Schweiz gesehen*, S. 175.

Selbstverständnis (das Wort als ein behelfsmäßiges Zeichen genommen) auch bei den weltläufigsten unter den Autoren noch lebt. Wichtig aber ist, noch einmal, der internationale Kontext, in dem Muschg argumentiert, als ließe sich außerhalb seiner keine Klarheit über das eigene Land gewinnen. In die gleiche Richtung zielt die Frage, die der Filmemacher und Schriftsteller Alexander J. Seiler (in einem Vortrag, von dem noch die Rede sein wird) stellt: "Brauchen wir die Fremden, um noch eine Heimat zu haben?"[36]

Allerdings scheint — stützt man sich auf die Abstimmung vom 16. März 1986 (an diesem Tag wurde der Beitritt zur UNO vom Schweizer Volk wuchtig verworfen) — unsere vielgerühmte, vermeintlich in der Tradition des Viersprachenstaates verankerte Weltoffenheit höchstens eine Sache Einzelner zu sein, der Internationalismus sich im übrigen auf die Unverbindlichkeit des Tourismus und des Austausches auf wirtschaftlichem und technischem Gebiet zu beschränken. Doch wenn Alexander J. Seiler nach unserer Beziehung zum Fremden fragt, richtet er sich nicht nach außen, sondern nach innen; er meint den Fremden bei uns, den Fremdarbeiter der letzten Jahrzehnte, den Asylsuchenden heute, und bezieht sich damit auf das vermutlich wichtigste, sicher das am meisten emotionsgeladene Thema unserer Politik: die Überfremdung, vielmehr, tiefer gesehen, die Angst vor dem Fremden, die durch die große Zahl von Flüchtlingen aus der Dritten Welt in der allerjüngsten Zeit eine neue Schärfe gewonnen hat: alte Ängste in einer größeren Dimension.

"Brauchen wir die Fremden, um noch eine Heimat zu haben" — die Frage Seilers, gestellt in einem Vortrag zum Asylrecht, der würdig wäre, den großen Reden Frischs zum Thema Überfremdung an die Seite gestellt zu werden — hat zwiefachen Sinn. Sie spielt, erstens, darauf an, daß nach nur allzu bekannten psychischen Mechanismen gerade ein schwaches Gefühl der Zusammengehörigkeit rasch erstarken kann, wenn ein vermeintlicher Gegner die willkommene Gelegenheit zu Abgrenzung und feindlicher Abwehr bietet. Das mangelnde nationale Selbstverständnis kann so ersetzt werden durch ein freilich brüchiges, da auf Aggressionen und vor allem Ängste abgestütztes Selbstgefühl. Aber die Frage — und

36. In: *Wochenzeitung*, 1. November 1985.

darauf führt Seiler auf überzeugende Weise — macht auch darauf
aufmerksam, daß wir den Fremden brauchen, ihn nötig haben im
Wortsinn, weil er vor Augen führt, was wir verdrängen — zum
Beispiel die Tatsache, daß unser Wohlstand mit der Not der Länder
der sogenannten Wirtschaftsflüchtlinge erkauft ist. Grund genug,
daß wir sie abweisen, und Grund genug, daß die Verdrängung nie
gelingen kann. Seiler schließt seinen politischen Vortrag mit einer
persönlichen Erinnerung: an nächtliche Träume, in denen er, als
Kind, sich bedroht und verfolgt sah von einem Fassadenkletterer —
bis er begriff, daß der bedrohliche Fremde niemand anderes war als
er selbst. "Die Angst vor dem Fassadenkletterer" heißt denn auch
der Titel des Vortrags; er wird komplementär ergänzt durch den
Titel eines Buches von Aurel Schmidt *Der Fremde bin ich selber*
(1983).

So gesehen könnte ein neuer Umgang mit dem Fremden, der sich
im Innern des Landes selbst befindet, tatsächlich ein Weg zu einem
neuen Selbstverständnis sein; er wäre also eine nationale, nicht
"nur" eine humane Aufgabe. Den Anderen wahr- und ernstnehmen, hieße, auch uns selber wahr- und ernstnehmen, hieße,
vielleicht, ein Selbstverständnis gewinnen, ohne es explizit zu
kennen. Ein Selbstverständnis im Konjunktiv!

Um so erstaunlicher, daß die langjährige politische Auseinandersetzung in der Literatur wenig Spuren hinterlassen hat. Nicht daß es
den "Fremden" als literarische Figur nicht gibt (als ein solcher
erfährt sich vermutlich der Schriftsteller ohnehin) — aber er kommt
kaum vor in der Rolle des Fremd*arbeiters* und natürlich nicht in der
des Asylanten. Dafür gibt es viele Gründe — einer unter ihnen ist
die mangelnde Vertrautheit mit den Arbeits- und Lebensumständen
der Gastarbeiter und gar der Asylanten (vermutlich ist der Film das
bessere Medium, sich einer nicht vertrauten Welt zu nähern). Ein
anderer Grund: der Aktualität des Tages, auch und gerade wenn sie
Wichtiges betrifft, ist mit Protesten, Pamphleten, Recherchen und
Reden besser und leichter zu begegnen; künstlerische Gestaltung,
die den Namen verdient, braucht Zeit, setzt jenen Abstand voraus,
der erst Nähe ermöglicht. Nicht zufällig hat Raffael Ganz in seiner
Erzählung "Der Zementgarten" (1971) — einer der ganz seltenen
und einer besonders bewegenden Gestaltung des Themas — einen
Journalisten als Icherzähler eingesetzt, der mit professioneller

Neugier an die Sache herangeht und erkennt, daß die Sache ein Mensch ist, und der so nahe an diesen heranrückt, bis er schließlich aus seinem Inneren heraus schreibt, in eigentlicher Identifikation mit dem verstorbenen Fremdarbeiter, der zugleich ein Künstler und ein wahrhaft guter Mensch ist. Aus Distanz wird Nähe, aus Reportage Literatur.

"Hiroshima ist ein Dorf in der Schweiz": ein Satz aus einem Gedicht von Jörg Steiner: eine vielzitierte Zeile, eine gültige Formel für die (durch keine Volksabstimmung aufzulösende) Verstrickung der Schweiz mit der Welt, die bis zur Austauschbarkeit der Namen und Orte geht. *Als es noch Grenzen gab* heißt ein Gedichtband und darin ein Gedicht des gleichen Autors aus dem Jahr 1976. Es sei zum Schluß zitiert. Sein Standort, so will es der Titel, ist die Zukunft, vielleicht eine utopische, ohne Grenzen; aus ihr fällt der Blick zurück in unsere Gegenwart, deren Realität an dem, was möglich wäre, gemessen wird. Und der Fremde, der Mann, der fehlt, zeigt vor allem das, was *uns* fehlt; wirft uns unser Bild zurück:

> Ich möchte berichten von einem Mann,
> der schwarz über die Grenze kam,
> der von uns nicht verfolgt wurde,
> der hier Arbeit fand, eine Wohnung,
> und Aufnahme.
>
> Ich möchte die Wörter bekanntgeben
> die er bei uns nicht gelernt hat:
> Fremder, Polizei, Ausweis —
> und sein erstes Wort in unserer Sprache
> sei das Wort Freude gewesen.
>
> Ich möchte behaupten:
> seine Bedürfnisse sind gedeckt worden,
> Mitleid hat er nicht gebraucht,
> und wir haben uns nicht kleiner gemacht
> als wir durften.
>
> Aber es fehlte der Mann
> von dem ich berichten kann,
> der Mann fehlt,
> der Mann.[37]

37. Jörg Steiner. *Als es noch Grenzen gab*. Gedichte (Frankfurt: Suhrkamp, 1976), S. 7.

Auch ein Gedicht wie dieses ist ein Beitrag zu unserem Selbstverständnis, zu einem neuen, sehr unsicheren. Der Historiker (Karl Schmid als Beispiel) kann uns die Kontinuität des Geschichtlichen in Erinnerung rufen; der Umgang mit Literatur könnte uns lehren, uns aus unseren Defiziten und Träumen zu begreifen.

Dennis Mueller

Overcoming the Obstacles: Contemporary Swiss-German Writers and their Country

Hugo Leber begins his essay on recent literature in Switzerland with the term: "Schweizerisch." For him this is more than just a geographical concept, it is one that is weighed down with history and pathos. "Der Autor hat ein bestimmtes Verhältnis zum Land, in dem er schreibt; und er will von seinen nächsten Nachbarn akzeptiert werden." (*Gut zum Druck*, p. 221) He goes on to say that in recent years the term has been used in a deprecatory way, even by Swiss authors themselves. At the end of the previous century the naturalists stressed the significance of heredity and environment in the lives of their characters; the present generation of Swiss writers must learn to accept these same concepts and apply them to their own writing, so that they can retain their integrity and find indigenous sources of creative inspiration.

Among many authors today there seemingly has been a tendency to repudiate their heritage, that is their Swissness, to achieve a greater appeal for their works. Dieter Fringeli, a noted Swiss critic, has shown that this phenomenon is not new for Swiss authors. His *Dichter im Abseits* is a collection of essays covering Swiss writers of this century who experienced isolation and unhappiness, largely because they were from Switzerland. The authors whom he writes about include Jakob Schaffner, Hans Morgenthaler, Ludwig Hohl and Jakob Bührer. To this list we might include the contemporary novelist, Adolf Muschg. Not only did Swiss writers turn away from their cultural heritage, they also turned away from their physical environment and searched for themes and influences outside of the narrow borders of their country. Such an uncertainty and insecurity about oneself is one of the many crises which the post-war generation of Swiss-German writers has encountered in its attempt to establish itself.

All Swiss writers face the hurdle of not being able to write primarily for their own country. Because of the small market for literary works within Switzerland itself, writers have always been compelled to seek their audiences in the cultural lands of their native languages: the Swiss-German writers in Germany, the Swiss-French writers in France and the Swiss-Italian writers in Italy. This has often meant that an author in Zürich sought and nurtured closer literary contacts with colleagues in distant Hamburg than with Swiss colleagues in nearby Lausanne. Switzerland's neutrality during the war created another hurdle for writers, particularly for Swiss-German writers who were completely cut off from the enormous readership in Third Reich Germany. Regaining an audience in the neighboring countries to the North was viewed as the key to success for Swiss-German writers after the war. The emergence and dominance on the literary scene of Frisch and Dürrenmatt as world renowned writers brought a further impediment for other authors, in that the fame of those two overwhelmed aspiring young writers in German-speaking Switzerland.

In view of this competition, how was a young writer to gain success other than to follow in the footsteps of such successful models as Gottfried Keller and Robert Walser who went to Germany to earn a name before eventually returning to the native soil? And then there is the challenge to writers presented by Swiss society itself, a society that is very traditional and prosaic, a land of shopkeepers, banks and precision factories, not a land of "Dichter und Denker;" a country whose conservatism seemingly stifles creativity. Together with the issues already cited, there is the problem of the Swiss dialect. No one in Switzerland speaks "Schriftdeutsch". That is the language which is used in books and newspapers, not the language which is spoken on the streets. This represents a linguistic encumbrance which some authors consider very formidable, since they are essentially not writing in their native idiom.

We never become as defensive of our own country as when we are abroad and hear attacks against it. Should these attacks focus on political or social policies with which we disagree, we will invariably support those policies if we realize that the attacks stem from misinformation or, even worse, from maliciousness. On the other hand, if we are at home and looking at the same political ineptitude or social injustice, we will feel free to attack it and have no compunctions about what impression this makes on others. Imagine the mental state of the citizens of a small country who are trying to defend that country vis-a-vis outsiders' attacks. Since the boundaries of the country are so limited, they will spend much time outside of its borders and frequently will hear others criticize their land. They will then feel obliged to defend aspects of their society of which they do not even approve. If they were at home they would probably be even more vehement in their criticism than the outsiders dare to be, but since they are abroad they constantly assume a defensive stance.

Writers in Switzerland are troubled in multiple ways by the situation that has been described. As long as they are writing for a home audience, it is safe to assume that they will feel free to rebuke their state. But seldom can the writer of a book in Switzerland actually write for a home audience. Because of the limited sales potential in the Swiss market, the writer inevitably writes for a foreign audience. How does this affect the author's desire to criticize his state? It would seem that it acts as a restraining influence. The foreign audience should not be brought fully into the intimate spheres of the Swiss home and should not be allowed to view all the skeletons in the closet. Those same authors who are outspoken in their attacks on their surroundings when addressing readers in their country, become cautious when they write for an outside audience. Thus the censure of Swiss society found in the works of Swiss-German writers is often restrained. We might call it an unwritten *modus operandi* for Swiss writers not to be too harsh in their attacks on their fellow citizens. The teasing and nonabusive irony expressed by Gottfried Keller in *Die Leute von Seldwyla* might be taken as the model that most writers have followed in criticizing Swiss society. This is basically good-natured and not excessively critical, most often attacking the provinciality and narrow-mindedness of the Swiss. Remember the poor tailor, Strapinski in *Kleider machen Leute* who was initially treated with a largesse that is not ordinarily a commonly found Swiss trait, because of his noble bearing and clothing? What could have evolved into a bitter rebuke of Swiss pettiness becomes — in Keller's hands — a relatively mild scolding. Undoubtedly, this is because Keller, in writing the story, knew that many non-Swiss would read it.

The pattern established then, more than a century ago, has prevailed with Swiss-German writers ever since, that is, until most recently. Expressions such as "Unbehagen im Kleinstaat"[1] and "Diskurs in der Enge"[2] have been used to describe the status of Swiss-German writing today. The discomfort in society experienced by characters in contemporary novels usually is viewed by the characters themselves as a personal problem and the solutions they usually find take the form of withdrawal or flight. Indeed, Dieter Fringeli has said: "Es ist erschreckend, wie viele unglückselige Ausreisser, wie viele stachlige und ratlose Durchbrenner und Querschläger die helvetische Romanliteratur des 20. Jahrhunderts aufzuweisen hat." (Fringeli, *Von Spitteler zu Muschg*, p. 15)

All of the Swiss-German authors writing in the period after the heyday of Frisch and Dürrenmatt have encountered one or more of the challenges enumerated in the foregoing. In this paper I have sought out five authors as a representative sample of Swiss-Germans who, I feel, have successfully met and overcome the obstacles in different ways. I could have chosen any of the 82 Swiss-German authors anthologized by Bruno Mariacher and Friedrich Witz in their book of 1964 *Bestand und Versuch* or the 97 Swiss-German authors included by Dieter Fringeli in his book of 1974 *Gut zum Druck*. The five that I chose were taken largely at random. However, I did exclude from my final list writers who use exclusively Swiss dialect.

The oldest of my authors is Hans Boesch, who was born in 1926. The constraint experienced by his characters rests in the commonly held view of Switzerland as a paradise on earth. Boesch wonders how average human beings are able to adapt their lives to such an earthly paradise. Paul Nizon, born in 1929, finds the need to break

1. The title of a book by Karl Schmid, published by Artemis, Zürich, Stuttgart, 1963.
2. The title of Paul Nizon's collection of esssays on Swiss art, published first by Kandelaber, Bern, 1970, then by Ex Libris, Zürich, 1973.

out of the confines of Switzerland to be his greatest longing. The narrowness of his native country became an obsession with him and he is credited with popularizing the concept of "Enge." Erica Pedretti, the only woman in our group, was born in 1930. She came to Switzerland as an immigrant from Czechoslovakia. The search for a "Heimat" in a country that has traditionally been wary of outsiders is the theme which we frequently encounter in her works. Urs Brenner was born in 1945 and grew up in the generation of the sixties, when even Swiss youth was in crisis. The formal structures of Swiss society, together with rampant capitalism have a smothering effect on the young people of his stories. Finally, the youngest author of our group is Franz Böni, who was born in 1952. He did not personally experience the war or even its after-effects. For him the challenge presented by Swiss society is an existential one, in that the conservatism and bureaucracy are constant hurdles which must be met and overcome, if one is to survive.

In his recent assessment of Swiss literature Hugo Leber notes that there has been a conscious effort on the part of the younger generation of writers to avoid the inclusion of Switzerland as a theme in their works. "Flüchtig diese Situation betrachtend, müßte man sagen: Die Schweiz hat keine engagierten Schriftsteller." (*Gut zum Druck*, p. 222) He goes on to explain that these young authors no longer suffer from being Swiss, as did their predecessors who began writing during the war. Authors then were literally confined within Switzerland's borders and their only escape lay in their dreams. The world is obviously open to today's writers, so they no longer limit their social involvement and criticism to their native country. This is reflected in the works of the five authors I have chosen to discuss. Hans Boesch uses contemporary, technological society as the setting for his works; this is a society that can be found anywhere in the industrialized world. Although he uses Switzerland as the locale for his stories, he neither affirms nor rejects it as a theme. For Paul Nizon, Urs Brenner and Franz Böni Switzerland is an essential thematic element of the works I will discuss. They most certainly would have to be classified as "engagierte Schriftsteller." Erica Pedretti does not set the action of her stories in Switzerland per se, but we shall see that in her own life Switzerland played a major role by giving her the security which she had sought.

While Hugo Leber is correct in his statement that "Schweizerisch" has been used pejoratively of late by some younger generation writers, the cross-section of writers that I have chosen is proof that Swiss literature is alive and dynamic. There is no reason why they or their colleagues should feel anything but pride in their own heritage and environment.

Hans Boesch is perhaps best known for his prose collection of 1960 *Das Gerüst*. Although he is one of the most critically acclaimed Swiss-German writers, his works have not enjoyed as wide a public reception as expected. (Fringeli, *Mein Feuilleton*, p. 219) In his most recent novel, *Der Kiosk* (1978) the protagonist is Boos — note the similarity of the name to that of the author — an aging paraplegic who lost his legs in an accident, when he wandered onto a busy street after witnessing the death of his beloved Eva. We experience the events in the novel through the eyes of this invalid, he is our Beatrice leading us through his surroundings. Those surroundings are Swiss and have the qualities of Swiss life, yet many of the persons whom we meet are as distasteful as the persons in Dante's *Inferno*. Certainly the worst of these is the scientist and computer specialist, Adrien, who has received a large grant from the Swiss military and the civilian government to create a model city, an underwater city that will be a paradise on earth. Everyone in this city will live in a cell and have all physical and material needs provided by the state. The Orwellian nature of this underwater city is not recognized by any representatives of the establishment. Actually, only Boos sees through the dehumanization of the plan and only he, the wheelchair-bound cripple — with his one good hand — halts the continuation of the project when he pushes Adrien into a pond during an outing in the country. The illness that Adrien contracts from this cold-weather swim results in a long convalescence. When Adrien finally returns to his laboratory and his computers, others have had time to see through the flaws in his plan. Most brutal of Boos' acquaintances is a laboratory worker who has taken a special disliking to Boos because of his constant surveillance of the events around him. It is he who finally ends Boos' earthly misery when he sets fire to the kiosk and burns the invalid alive.

The frame of reference that Boesch uses in this novel is

Switzerland itself, the Alpine paradise. Ironically, Boesch has his mad scientist creating an underwater paradise, rather than a mountain city. Boesch's description of this world gives us reason to read between the lines and surmise what the author was symbolizing in them. Adrien's computer is programmed so that it can be viewed like a movie with a man and a woman as the actors:

> Der Mann hatte nun alles. Er hatte die Welt, die er sich wünschte, eine gute und nachsichtige Welt. Eine gehorsame. Das vor allem: eine gehorsame. Die beste aller Welten. Den Traum aller Muttersöhnchen und Generale hatte er. Eine Welt, die sich unterwirft und die, indem sie sich unterwirft, ermuntert. Eine, die selbstbewusst macht und sicher. Ein Schutzwall gegen die Angst ist so eine Welt, eine schönbemalte Tapete vor dem Nichts. Eine Schaubudenwelt. (*Der Kiosk*, p. 127)

Which world could Boesch — characterized by Fringeli as a regional writer — have in mind other than the idealized world of the Swiss Republic, a world with a material well-being so bountiful that its inhabitants would like to believe that they are living in the "beste aller Welten." The adjectives that Boesch uses in this description are strikingly similar to adjectives used by outspoken critics of the Swiss social scene: "gehorsam", "schützend", "nachsichtig", "unterwürfig", "selbstbewusst", "ermuntern", "sicher". The utopia which Adrien would like to create is a world that Boesch hints is, in part, already in place in his native land.

The one thing that is still lacking in Adrien's utopian world is the illusion of love that will bring total satisfaction to its inhabitants. Adrien's computer is programmed to create this also. And in programming the illusion of love — as unprogrammable as this may seem — people can be made completely dependent and therefore controllable. Adrien's computer has complete power over love and life. "Denn nur wer liebt leidet. Nur der. Besser noch: der Liebende lässt sich erpressen. Die Mechanismen der Unterdrückung funktionieren ohne Tadel." (*Der Kiosk*, p. 131f.) As Boos thinks these words, he expresses about Adrien an opinion which we share: "Oh, er ist ein Hund, Adrien." (*Der Kiosk*, p.132) The objectionable side of Adrien is that his planned world of the future seemingly has covered all facets of human existence, making us totally predictable, hence controllable. His mechanistic utopia does not permit any of the spontaneity or creativity that makes life human.

Why, we wonder, does only Boos see through the faults in this utopian world? The obvious answer lies in the sedate, contemplative mode of Boos' existence. Because of his inability to do — think of Max Frisch's *Homo Faber* — he observes and thinks. Naturally, the book reminds us of Huxley's and Orwell's utopian societies, but there the opponents to the controlling forces are activists and not semi-paralized invalids. Boesch, in fact, paints a bleaker and more ominous picture of the future. Moreover, the society which Boesch symbolizes transcends the Swiss borders. He is critical of all modern, technological societies — east and west. Additionally, it is worth noting that Boesch is not a young dissident writer, but an established writer of sixty.

Paul Nizon is also not a newcomer to the critics of the utopian side of Swiss society. His novel, *Canto* (1962), was a sharply contested work in Switzerland that still has lost none of its barb. In his *Diskurs in der Enge* (1970) Nizon summarizes his perception of the problem facing Swiss-German writers. "Die moderne erzählende Literatur unseres Landes leidet eindeutig unter Stoffschwierigkeiten oder — genauer — unter Stoffmangel." (*Gut zum Druck*, p. 288) Nizon envies the average writer in the United States, for example, who only has to open his door and walk into the street to find subject matter for his writing:

> Dort... braucht der Schriftsteller bloss in seine Strasse auf sein Pflaster zu tauchen, und schon zieht er riesige Netze voller Lebensstoff an Land. (*Gut zum Druck*, p. 288)

Since the Swiss writer does not find the same abundance of material on his home turf, Nizon contends that the typical thing for the writer to do is to depart from home and seek it elsewhere:

> In unserer Literatur reissen die Helden aus, um Leben unter die Füsse zu bekommen — wie in Wirklichkeit die Schriftsteller ins Ausland fliehen, um erst einmal zu leben, um Stoffe zu erleben. Flucht als Kompensation von Ereignislosigkeit und Stoffmangel. (*Gut zum Druck*, p. 289)

Nizon uses Robert Walser's novel, *Jakob von Gunten*, to illustrate how the author was able to employ the banality of Swiss life as the setting for his hero to create a character who fits perfectly into

Swiss life: "... dieser geborene Anti-Held darf ruhig vor sich hinträumen, kuriose Reden führen und Betrachtungen anstellen — und spazieren gehen." (*Gut zum Druck*, p. 290f.) Walser's untragic hero is predestined to find nourishment in the barren meadows of Switzerland:

> Er ist gewissermassen darauf programmiert, nur das ganz Bescheidene zu leben und erlebend zu entdecken. Er hat die Nüstern, im scheinbar Leblosen Lebensstoff zu wittern. (*Gut zum Druck*, p. 291)

This last sentence is the key to Nizon's solution of the Swiss dilemma. The Swiss writer must come to terms with himself and his surrounding if he is to find meaning in the apparently meaningless.

Nizon's own story *Untertauchen, Protokoll einer Reise* is an example of how this can be achieved. The story tells of a Swiss newspaper reporter on assignment to Barcelona where he meets a chorus girl in a nightclub. After a brief affair with the girl, he returns home to his Zürich apartment. With his wife and children away on a visit, he is struck by the emptiness and sterility of his apartment and his life. Gradually, a resolution takes shape within him to give his life a new direction by quitting his job, divorcing his wife, and moving into a room by himself. In a style reminiscent of Hemingway, Paul Nizon unfolds his tale of our times, depicting the shallowness of human relationships and the loneliness of the individual. Nizon's protagonist realizes that only by dropping out, "Untertauchen", will he be able to discover himself, and thus overcome a crisis of identity that has emerged as the primary concern in his life.

What Nizon says in this story can be applied to any society that is devoid of moral obligations to family and profession. On the other hand, the pangs of conscience felt by the hero are probably more acute for him as a Swiss than they might be for a person living in a more liberal country. The final sentence in the book offers some hope that the hero will escape his desolation, suggesting that he will find satisfaction in the "eigene Arbeit" he expects to pursue. This is probably a self deception, too, since the source of his problem lies far deeper then the external circumstances of his life. Nizon wrote this story shortly after the publication of his essay on the confinement he senses in Swiss life. Although the hero of the story goes abroad, as do many heroes in

Swiss novels, he finds that it is at home and not abroad that he will have to come to grips with his life. The stay in Barcelona and the brief affair with the chorus girl were only stimuli that caused him to view his life with more objective eyes. In short, the story has a theme that is intrinsically Swiss and offers a resolution to the Swiss problem of the search for identity. Nizon, like his model, Robert Walser, has discovered "Lebensstoff" in the drabness of everyday Swiss life. By using the material he knows best, he has come up with a meaningful statement about life.

In his most recent novel *Das Jahr der Liebe* (1981) Nizon goes a step further. Again we are dealing with a semi-biographicaal work that — like *Untertauchen* — is an intimate study in self scrutiny. The protagonist again goes abroad but this time he makes living abroad in Paris his final goal:

> Ich will in die Welt, ich will draussen in der Welt leben, nicht mehr in Zürich sein... nicht auf diesen immergleichen paar Strassen und Plätzen, wo ich meinen Hund ausführe und selber so bekannt bin wie ein bunter Hund. (*Das Jahr der Liebe*, p. 73)

Yet Swiss citizens, no matter how discontent they are with their surroundings, do not feel free to leave them. The sense of home (Heimatverbundenheit) appears to be stronger for a Swiss than for most other nationalities. Nizon has his hero experience pangs of guilt as he is crossing the border out of Switzerland:

> Wovor fürchtete ich mich denn? Ich reiste legal, meinen Pass und die Fahrkarte hatte ich dem Liegewagenschaffner ordnungsgemäss ausgehändigt, und dennoch fürchtete ich mich, fürchtete ich mich vor diesem Exodus? Weil ich die Schweiz verliess und in die Welt fuhr, ich will in die Welt, rief es schon so lange in mir, gerade so als gehöre Zürich nicht zur Welt. (*Das Jahr der Liebe*, p. 74)

We are never really certain why the protagonist feels that he must leave Switzerland and move to Paris. In the course of the book we hear about various experiences he has had at home which convince him of the pettiness of his fellow Swiss, but nowhere is there a convincing justification for the flight abroad. Could it be that Nizon is observing the unwritten rule of Swiss authors not to denigrate one's country too much? The book itself was published by Suhrkamp Verlag in Frankfurt, Germany. It was apparently written and published for German consumption, so why should

Nizon bother to justify the emigration of his hero? After all, every German in the Federal Republic would understand why a Swiss would want to leave the narrow borders of his native Switzerland. We are left with a hint that there is trouble in paradise, but we are not told its full nature.

The crisis of identity and the difficulty of adjusting to life in Switzerland experienced by Erica Pedretti are far different from those of Hans Boesch and Paul Nizon. Given her personal life story, it is inevitable that Pedretti would approach the problem from an entirely different direction. Born in Czechoslovakia and raised there during the years of German occupation, she involuntarily took flight from her home. It is a reversal of the "normal" situation for the Swiss writer. She traveled from country to country, including the United States, England, France, Greece, Italy, and Germany, before finally finding a home in Switzerland. In the narrow confines of Swiss life she found the security that she longed for in her childhood and adolescent years. Most of these personal matters are recorded in her novel, *Heiliger Sebastian*. The only interconnecting link between the paratactic sentences and the isolated episodes comprising the novel is the figure of the heroine, Anne, a lightly veiled autobiographical depiction of the author. The titel refers to the first Christian martyr, St. Sebastian. The martyrdom that Anne suffers is a spiritual and not a physical one. She endures the distress of being without a home, without the roots that an individual needs in the developmental stages of life against which he or she can rebel to establish a personal self-identity. Anne's quest for an identity is not resolved within the novel itself, but at the end of the book we see that she has taken control of her own life: "Anne springt ab. Und weiss dabei, was sie tut." (*Heiliger Sebastian*, p. 186) For Pedretti the personal search ended when she was able to establish her home in Switzerland.

In another work Erica Pedretti addresses a theme related to the identity crisis we have been discussing. This is the short prose piece entitled: "Ich bin Concept-Artist."[3] The tale concerns an artist who has encountered a non-productive, dry period. To overcome

3. The story first appeared in *Weltwoche*, February 12, 1975, and is reprinted in *Literatur aus der Schweiz*, edited by Egon Ammann and Eugen Faes (Zürich: Suhrkamp, 1978), pp. 227-33.

this barren phase of creativity the artist becomes an art dealer, selling the works of other artists. His success as a merchant carries him further and further away from his own artistry. The personal crisis in which this person is involved is not at all unusual for creative artists and is in no way limited to Swiss. Yet because of the prevailing attitudes in Switzerland with regard to earning a living, attitudes that produced initial guilt feelings for Nizon's protagonist, it is unquestionably a problem that is frequently encountered by the literary and non-literary artists in Switzerland. Again Pedretti offers no resolution to this artist's dilemma within the pages of the story. In her own case, we have seen that she solved the identity crisis of her youth by settling permanently in Switzerland. Moreover, she has avoided the arid period experienced by the artist of her tale by continuing to write even when inspiration may have been wanting.

So far we have seen evidence that would tend to confirm one of the postulates made earlier in the paper: recent Swiss authors are dissatisfied with various aspects of their lives in their native land, but they are reluctant to be too open in their criticism, because they are writing for foreign readers. Hans Boesch disguises his criticism of his home-land by shifting his attack to the symbolic plane. Paul Nizon does not express the full reasons for his character's discontentment: he simply lets him flee from Switzerland to find the "world". On the other hand, Urs Brenner gives us some specific issues in the realistic realm that further our understanding of why younger Swiss authors reject the notion that their home is paradise on earth. His novel of 1980, *Fluchtrouten*, picks up the note that Nizon had struck in his *Diskurs*, i.e. the necessity of flight and the search for the best means to achieve it. The protagonist of the story is an older adolescent, Rocky, who is particularly perplexed by the society around him. His mother, with whom he lives, is an office manager at the cosmetic firm of Elizabeth Arden. She is divorced, but presently has a boy-friend, Tobi, whom she wishes Rocky would accept and like. On the other hand, Rocky — a macho type — comments that Tobi wears a diamond ring on his little finger and uses perfume, suggesting that the likelihood of him accepting Tobi as a role model is extremely remote.

The novel traces Rocky's activities during his school vacation.

These read like typical actions of alienated young people in America. They include a brief camping trip with his occasional friend, Hugo, the burglary and vandalism of a shopping center, an affair with a slightly older shop girl, an attempt to run away with the girl by jumping a freight train and finally the theft of a car, climaxing in a wild chase by the police. The dust jacket of the book tells us that Urs Brenner's book has an authenticity and intensity reminiscent of Salinger's *Catcher in the Rye*.

The Salinger book is about American youth in the late 50s, while this book is about the disoriented youth of today's Switzerland, confirming the point made earlier in this paper that young people in Swizerland are experiencing disillusionment and unrest, despite the superabundance of material goods. Early in the novel we are given an insight into Rocky's frustration with his mother and her inability to listen to his inner fears and worries. The novel opens with Rocky dreaming that he is being held prisoner in a metal foundry where he is forced to work on a stamping machine. This is obviously symbolic of the fear that the boy has about his own future. He would like to have the opportunity to tell his mother about the dream, but she is so taken up with talking about herself and the glorious time she had the day before at her office party, that he gives up in despair. The mother, in turn, is disappointed with Rocky when he shows no interest in her narration:

> Sie und nochmals sie. Sie, die leitende Angestellte bei Elizabeth Arden. Sie, die sagte, dank ihrer Position könne er sich alles leisten. (*Fluchtrouten*, p. 14)

This is precisely the source of the boy's frustration. He would like to communicate his feelings to his mother (and to his friends) but no one cares to hear them. He has all the material things he needs, but he longs for more than just material things — just as Holden Caulfield in Salinger's work.

Much later in the novel Rocky thinks about a bar of soap which he and Marianne, his girl-friend, have just shop-lifted:

> Er hielt sie unter die Nase, sog ein, blähte die Nasenflügel... und fühlte wieder die Erregung, in der er vergass, völlig vergass, wozu sie all diese Dinge klauten. Doch nicht zur Bereicherung. Daran dachte er nicht. Da war nur dieser Reiz, als kitzle ihn jemand am Bauch, aber nicht aussen. Innen, tief drin. Die beginnende Vibration in Körper und Gehirn. (*Fluchtrouten*, p. 206)

Again we can take this as a clear indication of trouble in the paradise of Switzerland, a country that up to now has not frequently witnessed this form of rejection and dissatisfaction by young people.

The central theme of the novel comes near the midpoint, during a conversation with Frau Kleinberg, an elderly lady who has given Rocky and Marianne temporary quarters in a spare room. Frau Kleinberg tells about a little six-year-old who has caused 50,000 Franks damage to the shopping center when he broke windows to hear the tinkling of the glass. She says:

> Wie sollen sich diese Kleinen in dieser Umgebung überhaupt ausleben können? Die Hausordnungen schreiben vor, was verboten sei. Du darfst nicht. Du sollst nicht. Fast alles sei verboten. Wen wundere es da noch.... Solche Aggressionen können sich auch manchmal nach innen richten. Vielleicht sei dieser sechsjährige Knirps bereits ein Kandidat, um in späteren Jahren auch ein Selbstzerstörer zu werden. (*Fluchtrouten*, p. 156)

Rocky understands completely what the boy felt and attributes many of the problems young people experience to modern society's misuse of the environment: "Auch draussen, wo man hinsieht, entdeckt man die Zerstörung des Tales. Das kommt hinzu, das steckt an," he says. (*Fluchtrouten*, p. 157)

Frau Kleinberg does not believe that the mingling of old and new has been successful. A shopping center built in an old village has caused a clash between old and new. She says:

> Das Dorf war dieser Entwicklung nicht gewachsen. Das ging rasend schnell. Es wurde überrumpelt. Das Dorf ist alt, sehr alt. Wie ich.... Ich bin wie das Dorf ein Überrest. Ich passe gut hierher, ich wüsste nicht, wohin ich sonst gehen sollte. Überreste wollen sie nirgends mehr. (*Fluchtrouten*, p. 159f.)

The conflict between old and new in the construction of the shopping center lies at the heart of the conflicts that the youth of Switzerland are encountering today. They do not aspire to the same goals as their parents and elders and yet they have not found any new goals to serve as replacements. Urs Brenner pictures this conflict well in his novel. Furthermore, he offers no easy solution to it. The novel ends as Rocky and Marianne are being marched off to jail after a wild chase in the stolen car. Brenner seems to be saying that the young people will have to work out their problems by themselves.

Franz Böni's first stories were published long after the height of the Frisch and Dürrenmatt era and even after other Swiss writers had begun establishing themselves on the literary scene. Böni seems to have taken to heart the message that Paul Nizon expressed in his essay on life in Switzerland, for the subject matter of the story that we will consider is drawn from his own environment. The story is entitled *Hospiz* and was published in 1980. The Alps provide the setting and the major source of conflict in this short narration. The narrator, a peddler, describes his travels through sparsely populated regions of Switzerland as he sells his wares. The popular slogan of travel agents: "Getting there is half the fun", finds an inverse variation in this tale, where the peddler encounters one obstacle after the other in his attempt to get there. We are naturally reminded of the frustrations experienced by Kafka's characters and Franz Böni indicates an indebtedness to him by prefacing his book with a Kafka quotation. Böni's narrator seems to be haunted by some external force that is determined to make his arduous journey through the mountains even harder. This is not the Switzerland or proverbial cleanliness and efficiency the trains are dirty and do not run on time, the buses depart at random times and the drivers are not able to traverse snow-covered passes. The narrative has the atmosphere of a dream, a bad dream. Even an ordinary event, such as traveling by bus from town x to town y, becomes a major undertaking when the bus does not leave on time and the driver gets stuck in an early winter snowstorm. The difficulties confronting the peddler must be read as symbolic of the trials facing all of us in today's world.

In this story Böni has gone beyond the narrow boundaries of Swiss life and has no need to refer to the crises of Swiss writers who cannot find enough subject matter at home. He realizes and puts into practice the fact that there is more than enough material for literature on one's very own doorstep and it is up to the artist to use all his talent to transform familiar subject matter into literature. It is not necessary to travel abroad for inspiration, that must come from the surroundings that the author knows best. Ultimately, the narrator reaches an inn on top of the mountain, a "Hospiz", and there he must wait to be led down the other side.

The "Hospiz" provides him with a temporary refuge, a respite
before he continues his journey. There is no doubt that he will
pursue his travels and eventually reach his destination.

We have examined recent works by five Swiss-German authors
who address the problems being experienced by people living in
their native country. Hans Boesch pictures Switzerland symbol-
ically in his novel, *Der Kiosk*. The idealized paradise on earth that
the scientist and computer genius, Adrien, conceives is not brought
to its realization, thanks to the intervention of the crippled Boos.
In this confrontation between science and the humanities, the
latter is victorious. Paul Nizon has his frustrated Swiss writer
resort to what is probably the easiest resolution of the problem
faced by those living in the limited expanses of the Alpine republic,
he has him flee. The fact that this is necessary at all represents the
true tragedy of this story. Erica Pedretti is not concerned with the
glorified image which the Swiss have of their own country or with
the narrowness of the Swiss borders. Switzerland for her is the
home she so urgently needed to find. Urs Brenner deals with the
exasperation felt by Swiss youth in the land of surplus and plenty.
They steal and destroy for the thrill, in an attempt to fill their
empty lives with some sort of meaning. Franz Böni is a
combination of a socially engaged author and one who transcends
the fundament of daily reality. The impediments to reaching a
goal, encountered by his characters, are tied to the frustrations and
pettiness of Swiss society — and all other societies in the
industrialized world — but this is merely the impetus for his
characters to confront the challlenges. Böni is an author who is not
embarrassed to be "Schweizerisch" and who is not hesitant to
depict the full scope of Swiss life. He is an excellent example of a
young writer who has met the obstacles and overcome them.

Works Cited

Ammann, Egon and Eugen Faes. *Literatur aus der Schweiz* (Zürich:
    Suhrkamp, 1978).
Boesch, Hans. *Der Kiosk* (Zürich und München: Artemis, 1978).
Böni, Franz. *Hospiz* (Frankfurt am Main: Suhrkamp, 1980).

Brenner, Urs. *Fluchtrouten* (München: Steinhausen, 1980).

Fringeli, Dieter. *Dichter im Abseits* (Zürich: Artemis, 1978).

Fringeli, Dieter. *Gut zum Druck* (Zürich und München: Artemis, 1972).

Fringeli, Dieter. *Mein Feuilleton* (Basel: Jeger-Moll, 1982).

Fringeli, Dieter. *Von Spitteler zu Muschg* (Basel: Reinhardt, 1975).

Mariacher, Bruno and Friedrich Witz. *Bestand und Versuch* (Zürich: Artemis, 1964).

Nizon, Paul. *Das Jahr der Liebe* (Frankfurt am Main: Suhrkamp, 1981).

Nizon, Paul. *Diskurs in der Enge* (Bern: Kandelaber, 1970).

Nizon, Paul. *Untertauchen, Protokoll einer Reise* (Frankfurt am Main: Suhrkamp, 1972).

Pedretti, Erica. *Heiliger Sebastian* (Frankfurt am Main: Suhrkamp 1973).

Schmid, Karl. *Unbehagen im Kleinstaat* (Zürich und Stuttgart: Artemis, 1963).

Hans Ester

Heimat und Identität im Werk Silvio Blatters

Als der Suhrkamp-Verlag 1978 den Roman *Zunehmendes Heimweh* des Autors Silvio Blatter veröffentlichte, erschien als Begleitung ein Literatur-Bogen mit Informationen zum Hintergrund des neuen Buches. Diese Lesehilfe motivierte der Verlag in einem Begleittext mit folgenden Worten: "Damit wollen wir Sie als Leser neugierig machen auf ein Buch, das eben erschienen ist. Textstellen sind mit Fotos aus der Welt des Buches zusammengebracht. Wir wollen nicht Inhalte illustrieren oder Handlung resümieren, sondern Stimmungen vermitteln."[1] Die Stimmung, die mit diesem Roman im Zusammenhang steht, ist der Atmosphäre des im schweizerischen Kanton Aargau gelegenen, sogenannten Freiamtes verpflichtet. Wenn der potentielle Leser noch nichts oder kaum etwas vom tatsächlichen Inhalt des Romans wußte, so lernte er doch zumindest den Schauplatz der Romanhandlung, mit Vertiefung zum Historischen, Sozialen, Religiösen und Landschaftlichen hin kennen. Dieser Schauplatz ist weder zufällig noch verwechselbar, sondern er ist offenbar von großer Bedeutung für die Substanz des vorgestellten Romans.

Die Assoziation mit örtlicher Folklore, mit Stadt und Landschaft als Kulisse des menschlichen Geschehens im Vordergrund wird dagegen vom Literatur-Bogen zurückgewiesen. Durch die Verknüpfung von Bild und subjektiver Aussage einer der Romanfiguren wird deutlich, daß die geographischen und historischen Fakten im individuellen Bewußtsein dieser Romangestalten gebrochen werden. Das Äußere ist erst durch sie da. Die Bewegung beim Lesen dieses Literatur-Bogens soll deswegen vom Text unten zum Bild oben verlaufen und nicht umgekehrt. Mit dieser

---

1. Suhrkamp Literatur. Neuerscheinung 1978. Bogen 1.

Feststellung ist ein wesentliches Moment der Erzählweise Silvio Blatters erfaßt.

Es gibt kaum einen schweizerischen Schriftsteller, der sich nicht mit der Schweiz als Problem oder doch zumindest als Frage befaßt hat. Ich glaube nicht, daß diese nationale Präokkupation eine die europäische Literatur schlechthin berührende Selbstverständlichkeit ist. Die Befangenheit hinsichtlich der Schweiz ist ein auffallendes Phänomen, das einiger Erläuterung bedarf. Als Zeugen zitiere ich Jürg Stenzl:

> Wie für alle Schweizer, besonders alle Deutschschweizer, gibt es auch für mich ein Lieblingsthema. Es kommt in Gesprächen mit Ausländern, und fast immer im Ausland, unweigerlich aufs Tapet. Über nichts reden wir Schweizer so gerne, so ausführlich und mit solch unerschütterlicher Glaubensgewißheit wie über das Schweizersein, über uns selber.[2]

Diese Sätze dienen Stenzl zur Einleitung in eine andere Art der Befangenheit, jene der Literatur.

Daß schweizerische Autoren sich zur Stellungnahme und zur Rechtfertigung ihres Standpunktes gegenüber dem eigenen Land, um das neutralste Wort zu gebrauchen, herausgefordert fühlen, beruht wohl in erster Linie auf der Erfahrung eines Bruchs zwischen dem allseits anerkannten Bilde der Schweiz und der eigenen, subjektiven Sicht auf die komplexe Totalität dieses Landes. Zwischen allgemeinem Bild und Selbstbild dieser Schweizer besteht eine Kluft. Nach außen und innen ist die Schweiz durch bestimmte Vorstellungen und Symbole deutlich und überschaubar definiert. Dieses Bild von außen ist ein Zerrbild der von den Schweizer Autoren selbst erfahrenen Realität.

Daß die Repräsentation nach innen und außen an erster Stelle nicht durch die Kultur im engeren Sinne, sondern durch politische und finanziell-ökonomische Stabilität sowie durch die charakteristischen Reize der Alpenlandschaft geprägt wird, hängt vermutlich mit der sprachlichen und kulturellen Vielfalt dieses Landes zusammen. Diese Elemente tragen wohl dazu bei, daß die Confoederatio Helvetica kulturpolitisch zurückhaltend ist. Nach

---

2. Jürg Stenzl. "Helvetischer Reigen. Bild und Selbstbild der Schweizer: Garstiger Gesang wider die Idylle." *Frankfurter Allgemeine Zeitung* vom 8. Januar 1981.

außen hin läßt sich die Schweiz zweifellos besser durch die tüchtige Wirtschaft und die womöglich noch tüchtigeren Banken vertreten als mittels einer kritischen Kultur. Die kulturelle Profilscheu hat wohl auch damit zu tun, daß dieses zentrifugale Staatswesen Konsensus und Konkordanz braucht.[3] Welche Gründe für diese einseitige Profilierung auch bestimmend waren, Tatsache ist die Dominanz von ökonomischen Stereotypen, die sich im Sinnbild der Armbrust Wilhelm Tells vereinigen. Dabei ist zu beachten, daß eine derartige Einseitigkeit sich beim Umschlag bestimmter Werte auch wie ein Bumerang gegen sich selbst richten kann. Diesen Verlauf haben Ereignisse in den letzten Jahrzehnten auch wirklich genommen.

Der schweizerische Schriftsteller kann nicht mehr naiv sein, nachdem ein Mann wie Jean Ziegler mit seinem Buch *Eine Schweiz – über jeden Verdacht erhaben* (1976) die ökonomische Macht und die weltpolitischen sowie die die ganze Welt umfassenden sozialen Konsequenzen dieser Macht der Schweiz in ein sehr kritisches Licht gerückt hat. Seit T.R. Fehrenbachs Buch *The Gnomes of Zurich*, das 1966 erschien, ist jeder verniedlichenden Typik der Schweiz ein bitterer Geschmack beigegeben. Der Ausdruck "the gnomes of Zurich" wurde in den sechziger Jahren vom britischen Außenminister George Brown geprägt, der die großen Schweizer Banken als Mitverantwortliche für den Fall des britischen Pfundes sah. Inzwischen gilt der Name "Gnomen" weltweit als Bezeichnung für die Bankiers der Zürcher Bahnhofstraße.[4] Jean Ziegler schreibt im Vorwort zur Taschenbuchausgabe seines erwähnten Buches — erschienen unter dem neuen Titel *Das Schweizer Imperium* — folgendes:

Öffentliche Diskussion wird möglich. Die kalten Monster der Zürcher Bahnhofstraße genießen zwar in der Eidgenossenschaft und in ihren Kolonien in Übersee auch heute noch ungebrochene Allmacht. Aber

3. In diesem Sinne äußerte sich Adolf Muschg in einem an mich gerichteten Brief vom 31. Dezember 1981.

4. T.R. Fehrenbach. *The Gnomes of Zurich* (London: Leslie Frewin, 1966). Siehe etwa auch den Artikel Willy Schenks. "Die Gnomen sind Riesen". *Zeitmagazin* 5 vom 23. Januar 1981, S. 22-25. Schenk spricht sogar von "Spar-Gnomen", "Schalter-Gnomen", "Ober-Gnomen" und "Gross-Gnomen".

die Fassade bröckelt. Zitterndes Licht dringt allmählich ins komfortable Halbdunkel der Ali-Baba-Höhlen von Basel, Lugano, Zürich und Genf.[5]

Nicht weniger wichtig ist, daß auch die Unruhen in Zürich um das sogenannte Autonome Jugend-Zentrum und nach dem 30. Mai 1980 um den enormen Kredit für den Umbau des Zürcher Opernhauses die Vorstellung einer harmonischen Gesellschaft zumindest zeitweise zerrüttet haben. Parallel dazu kommt in den sechziger und siebziger Jahren in der Schweiz eine Literatur auf, die das Bild der guten, zuverlässigen, aber auch langweiligen Eidgenossenschaft korrigiert.[6]

Zu den oben genannten Themen hat etwa Max Frisch deutlich Stellung genommen, z.B. in seinem *Wilhelm Tell für die Schule* (1971). Die Schweiz und ihr Bezug zur Tradition, ihr historisches und soziales Selbstverständnis werden von Frisch humorvoll untergraben. Auch für Peter Bichsel bedeutet Öffentlichkeit Begegnung und Konfrontation mit bereits in der Öffentlichkeit bestehenden Bildern. Die Schweiz, die er in *Des Schweizers Schweiz* (1969) zeigt, ist ein Land, das sich der Schweizer mit Hilfe

---

5. Jean Ziegler. *Das Schweizer Imperium. Bankiers und Banditen. Fluchtgeld-Skandal. Profite aus Hunger und Krieg. Kolonialismus im eigenen Land.* Aus dem Französischen von Klara Obermüller (Reinbek: Rowohlt, 1982), S. 13f.

6. Im *Soldatenbuch* des schweizerischen Soldaten, von dem mir die französische Fassung *Le livre du soldat* vorliegt, nimmt die helvetische Geschichte einen besonderen Platz ein. Der Behandlung der verschiedenen Aspekte des nationalen Lebens in einzelnen Kapiteln geht die Erinnerung an die Gründung der Eidgenossenschaft voran. Die ersten Seiten des *Livre du soldat* enthalten den Text des Rütlischwurs 1291, die zehn Prinzipien der föderalistischen Verfassung, den Rütlischwur in der Fassung von Schillers *Wilhelm Tell*, ein Bild Wilhelm Tells von Ferdinand Hodler und außerdem den vom Träger des *Soldatenbuchs* selbst zu leistenden Schwur. Ich erwähne dies hier nicht aus Gründen der Ironie, sondern weil ich kurz den Hintergrund abstecken möchte, vor dem die Literatur der Schweiz der letzten Jahrzehnte erst ihr wahres Profil gewinnt. Siehe: *Le livre du soldat* (Bern: Office central fédéral des imprimés et du matériel, 1959). Über die Jugendunruhen 1980 in Zürich schrieb Reto Hänny einen engagierten und zornigen Erlebnisbericht: Reto Hänny. *Zürich, Anfang September* (Frankfurt: Suhrkamp, 1981).

bestimmter Vorstellungen angeeignet hat. Die Schweiz ist ein Konglomerat von Bildern. In seinem Buch *Schulmeistereien* (1985), einer Sammlung von Reden und Essays stellt Bichsel helvetische Selbstverständlichkeiten zur Diskussion, ohne allerdings selber einen entgegengesetzten politisch-moralischen Standpunkt einzunehmen. Das Bezeichnende an der kritischen Distanz der beiden genannten Autoren zum schweizerischen Vaterland ist die Balance von Kritik und Zustimmung. Es liegt keine totale Distanz vor. Die Zugehörigkeit verschwindet nie ganz. Zumal, wenn die äußeren Grenzen des Landes wiederum sichtbar werden, ist auch die tragende, obwohl kritische Loyalität wieder stärker vorhanden. Wenngleich bei Autoren wie Franz Böni, Kurt Guggenheim, Walther Kauer, Thomas Hürlimann, Margrit Baur und Beat Sterchi andere Töne zu hören sind, so meine ich dennoch, daß die skizzierte Wahrnehmung der Ambivalenz gegenüber der eigenen Schweiz allgemeine Geltung beanspruchen darf.

Franz Böni ist, zusammen mit E.Y. Meyer, ohne Zweifel derjenige, der sich am weitesten von einer positiven, oder doch zumindest relativ verbindlichen Weltsicht und der damit verbundenen differenzierten Auffassung der Schweiz entfernt hat. Er ist von allen jüngeren Autoren derjenige, der am stärksten "heimatlos" geworden ist und groteskes Nebeneinander als sein literarisches Medium braucht. Die Natur ist bei Böni trotz seiner einladenden Titel wie z.B. *Die Alpen* (1983) kein Fluchtraum mehr, in dem der Mensch zu sich selber kommen kann. Die Landschaft ist ein verfremdeter, die Angst der Menschen widerspiegelnder, künstlicher und bedrohlicher Schauplatz. Bei diesem Autor steht der Wanderer im Mittelpunkt, der nirgendwo zu Hause ist. Der Mensch ist bei ihm ein bestimmungsloser Wanderer. Hier ist die Schweiz kein bewohnbares Land, kein ländliches Idyll mehr, sondern eine rohe Landschaft ohne Geborgenheit. Bönis Menschen sind Fremde in dieser Welt und können sich nicht auf ihre Sinne verlassen. Es fehlt jede positive Bestimmung der Heimat.

Der Autor Kurt Marti verdient in diesem breiteren literarischen Zusammenhang der Schweiz besondere Beachtung. Marti ist ein vehementer, aber auch witziger Kritiker der bedrohlichen Riten und Stereotypen seiner und unserer Gesellschaft. Seine Sammlungen *Bürgerliche Geschichten* (1981) und *Dorfgeschichten* (Neuauflage 1983) etwa gehören auf den ersten Blick in einen schweizerischen

Kontext, gehen jedoch in ihrer Geltung weit über ihre primäre Lokalisierbarkeit hinaus. Martis echt schweizerische Themen betreffen uns alle. Er kritisiert, Haß ist ihm aber fremd. Seine Texte sind dem Leben stark verhaftet. Er nimmt zunächst genau zur Kenntnis, um anschließend mit Fragezeichen und skeptischen Relativierungen aufzuwarten. Als Pfarrer an den Konsequenzen gesellschaftlicher Mißstände direkt beteiligt, erspart er seinem Land seine Kritik nicht. Die Schweiz ist bei ihm ein in vielen Variationen vertretenes Thema, sie ist eine Lebenswelt individueller Menschen, die den einzelnen zugrunde richten kann, oder auch eine "Ideologie", ein Komplex stereotyper Bilder.

Das Ziel dieser allgemeinen Einleitung war es, nachzuweisen, daß eine Analyse der deutschsprachigen schweizerischen Literatur nicht möglich ist, ohne die besondere Beziehung der Autoren zum eigenen Land zu berücksichtigen. Es gibt keine Schweizer Literatur, die unbekümmert über den Menschen schreibt, ohne den vorgegebenen helvetischen Kontext mit einem großen Fragezeichen zu versehen. Mehr Suche als Endstation, aber dennoch keine aussichtslose Suche, das ist die literarische Situation des Prosaschriftstellers Silvio Blatter aus Bremgarten im Freiamt.

Nach der Veröffentlichung seines breit angelegten Romans *Zunehmendes Heimweh* im Jahre 1978 hat Silvio Blatter auch in der Literaturkritik außerhalb der Schweiz eine gewisse Anerkennung gefunden. Mit diesem Roman ist Blatter der Durchbruch als Romancier gelungen.[7] Zur Charakteristik des genannten Romans hat die Kritik zum Begriff "Heimatroman" gegriffen und die Tragweite dieser belasteten Gattungsbezeichnung sofort wieder abzuschwächen versucht. Silvio Blatter habe, so lautet das allgemeine Urteil, einen Heimatroman geschrieben, der sich jedoch in positiver Weise vom traditionellen Heimatroman abhebe.

Unleugbar spielt die Landschaft, oft eine klar umrissene Landschaft, in Silvio Blatters Werk eine gewichtige Rolle. Es handelt sich um eine Landschaft, die auch ihre historischen Eigenheiten besitzt. In den früheren Werken dieses Autors, etwa

---

7. Zur Anerkennung Silvio Blatters trug die positive Kritik Heinrich Bölls wesentlich bei: "Aussichten für Zwanzigjährige". *Der Spiegel* 39 (1978), S. 220f.

Schaltfehler (1972) und *Genormte Tage, verschüttete Zeit* (1976) geht es eher um die Welt der Arbeit und um die Frage nach dem Bewahren der Menschlichkeit in einer bedrohlichen Arbeitssituation; in *Mary Long* (1973), *Zunehmendes Heimweh*, in *Love me tender* (1980) und *Kein schöner Land* (1983) umfaßt die Welt nun auch die Landschaft in ihren mannigfachen Aspekten. Die panoramaartig aufgebauten Romane *Zunehmendes Heimweh* und *Kein schöner Land* sind beide im Freiamt, einem katholischen Teil des westlich von Zürich gelegenen Kantons Aargau angesiedelt. Diese Romane wollen die Lebensbedingungen einer Zeit umfassend beschreiben und sind fast chronikartig aufgebaut. Für alle auftretenden Figuren gilt, daß sie nicht ohne das Freiamt, ohne seine Natur, die Stadt Bremgarten, die dort verwurzelte Religiosität, die Geschichte des Freiamtes und auch nicht ohne die anderen Menschen verstanden werden können. Ort der auf den Ich-Erzähler konzentrierten Handlung in *Love me tender* ist das Städtchen Meldorf. Auch hier ist die Landschaft ein wesentlicher Faktor für das menschliche Leben.

In Silvio Blatters Werk bildet das Verlangen der dargestellten Figuren nach Geborgenheit und Verwirklichung ihrer wahren Identität ein konsequent durchgehaltenes Thema. Dies gilt sowohl für das frühe Werk, als auch für die großen Romane und für den noch nicht erwähnten Roman *Die Schneefalle* (1981).

In den beiden großen Romanen, auf denen der Akzent dieser Untersuchung liegt, scheint es sich anfangs um die lockere Struktur einer Aneinanderreihung von geschlossenen Porträts zu handeln. Die einzelnen Lebensläufe sind aber kompositorisch miteinander verflochten. Die familiäre Verwandtschaft ist darin nur sekundär. Für viel bedeutsamer halte ich das alle Figuren verbindende Bewußtsein der Nicht-Identität, der Krise, und ihr Streben, zu sich selbst zu kommen. Sie befinden sich in einer schmerzlichen Ambivalenz zwischen Entfremdung und Verlangen nach konkreter Heimat. Die Frage, die hier im Mittelpunkt steht, ist die nach der Komposition der einzelnen Werke dieses Autors im Hinblick auf die grundlegende Identitätsproblematik seiner Figuren.

Die beiden frühen Werke Silvio Blatters, *Schaltfehler* und *Mary Long* sind höchst bezeichnende Schöpfungen dieses Autors, besonders, wenn man sie im Lichte späterer Werke betrachtet. *Schaltfehler*, ein Buch, das zum Teil eine Verwandtschaft mit

Niklaus Meienbergs *Reportagen aus der Schweiz* aus dem Jahre 1975 aufweist, besteht aus fünfzehn Lebensberichten. "Erzählungen" nennt ihr Verfasser diese Lebensskizzen aus der Welt der maschinellen Arbeit. Auf jeweils einigen Seiten werden dem Leser in konzentrierter Form Menschen vorgestellt, deren Erinnerungen, Enttäuschungen und Hoffnungen sich im Spannungsfeld ihrer täglichen Arbeit befinden. Die Maschine bildet das Zentrum ihres Lebens. Die Arbeit an der Maschine bedingt ihr Denken und Fühlen, auch im Bereich jenseits der Arbeit. Obwohl die Kritik des Erzählers an den Bedingungen und Konsequenzen der Arbeit deutlich vernehmbar ist, überwiegt ein nüchterner, sachlicher Ton. Gewiß, die Arbeit kann verletzen und zerstören, die Akkordarbeit zwingt die Menschen zu einem unnatürlichen Arbeitstempo. Aus dieser Tatsache macht der Erzähler kein Hehl. Aber der Erzähler ist kein zudringlicher Moralist. Er überläßt es dem Leser, aus dem Ensemble der individuellen Lebensberichte seine Schlußfolgerungen zu ziehen. Wir finden im vierzehnten Kapitel den folgenden Satz: "Diese Arbeit, und das schätzt Heinz L. besonders, läßt ihm genügend Zeit, den eigenen Gedanken nachzuhängen."[8] Im nächsten Kapitel heißt es dagegen: "Doch die Arbeit. Ihn macht die Arbeit fertig. Fritz H. verabscheut sie richtig, merkt, wie sie ihn abstumpft, ihn von innen her aushöhlt. Seine Widerstandskräfte schwinden zusehends, während sein Ekelgefühl entsprechend ansteigt." (S. 135) Die Thematik von Arbeit und Verlangen nach Glück und Identität beherrscht auch die spätere Erzählung *Genormte Tage, verschüttete Zeit* über den Arbeiter Stöhr. Man könnte sagen, daß das letzte Porträt aus *Schaltfehler* in dieser Erzählung zu einem selbständigen literarischen Werk geworden ist.

Das Übergewicht hat in *Schaltfehler* aber letztlich nicht die verbildende Arbeit an der manchmal das Leben gefährdenden Maschine, sondern das Bild der menschlichen Totalität, das sich allmählich entrollt. Der Erzähler vermag dem Leser nicht nur Einsicht in die Macht der Maschine über Zeit und Raum zu vermitteln, sondern er erzeugt auch Respekt vor diesen arbeitenden Menschen und vor den Einzelheiten, aus denen sich ihre gemeinsame Arbeitswelt zusammensetzt. Die Fabrikhalle ist eine

8. Silvio Blätter. *Schaltfehler. Erzählungen* (Zürich: Flamberg, 1972), S. 124.

höchst unpersönliche, nicht gerade auf das Heil und Glück der Menschen bedachte Sphäre. Und trotzdem wird Humanität sichtbar in diesen Berichten, die sich ergänzen und den Leser Schritt für Schritt in diese Welt einweihen. Der Leser wird vom distanzierten Zuhörer zum interessierten Beobachter. Der Charakter einer Porträtgalerie von Menschen an ihren Maschinen bleibt gewahrt, aber es wird gleichzeitig bereits ein Element sichtbar, das in den beiden großen Romanen dominieren wird: ein Nebeneinander, das sich zusehends mehr und mehr als sorgfältig integriertes Erzählmuster erweist.

Als zweites typisches Beispiel von Silvio Blatters früherem Schaffen ziehe ich den 1973 erschienenen Roman *Mary Long* heran. Dieser Roman ist ein Spiel mit der Fiktion, mit Möglichkeiten, Varianten, Freiheiten und Zwängen des Erzählens. Der Roman lotet auf raffinierte, geistreiche Weise die Mechanismen aus, die ein Text, oder die Suggestion eines Textes, im Leser aktivieren kann. *Mary Long* ist auch ein Spiel mit denkbaren Manipulationen des Lesers. Der Roman stellt ein hervorragendes Demonstrationsobjekt für eine literaturwissenschaftliche Methodenlehre dar. Er ist sogar noch mehr.

Mary Long präsentiert dem Leser selbst mehrere Interpretationshilfen. Zur Vielfalt von Einstiegsmöglichkeiten gehört die Lektüre als Kriminalroman. Für diese Lektüre bietet der Roman einen breiten Spielraum. Die Mordgeschichte ist in die Entwicklungsgeschichte des nachdrücklich als erfundener Held vorgestellten schweizerischen Bürgers Markus Springer eingebettet worden. Prägend für das Leben Markus Springers sind seine Sportaktivitäten, seine dreijährige Emigrationszeit in den U.S.A. und die aus dieser Zeit stammende Bekanntschaft mit seiner Lebensretterin Mary Long. Interessant wäre ein Vergleich von Springers amerikanischen Jahren mit Kafkas *Amerika*-Roman. Der Name der zentralen Figur — Markus Springer — ist ein sprechender Name. Sein Leben steht im Zeichen von Unruhe und Suche: "Er mußte weg, versuchen, sich selbst wieder zu finden."[9] Bei seiner Rückkehr nach dem Vaterland läßt Markus Springer seine Kleidung in Frankreich zurück und schwimmt nackt über den Rhein bei Basel.

9. Silvio Blatter. *Mary Long. Roman* (Zürich: Flamberg, 1973), S. 223.

So wäre das Heterogene des Romans vielleicht auf den Nenner der Identitätssuche dessen zu bringen, der das wesentlich Eigene nicht mehr aus äußeren Attributen ableiten kann, sondern der gezwungen ist, über Identität als Wert in sich nachzudenken. Der Roman *Mary Long* potenziert seine Fiktionalität, indem er auf *Stiller* von Max Frisch zu sprechen kommt: "ICH BIN SPRINGER, sagte Markus Springer. Und es wäre sinnlos gewesen, hätte er dem Beamten die Geschichte des Mannes erzählt, der behauptete: ICH BIN NICHT STILLER." (S. 81)

Dieser Roman klingt harmonisch aus, nicht ohne jedoch in der Harmonie die spielerische Hand des Erzählers zu verraten. Entfernung und Annäherung der Hauptfigur Markus Springer bilden ein primäres Interpretationsniveau des Romans. Die Distanz von der Heimat endet mit einer restlosen Identifizierung, zu der Mary Long, die amerikanische Geliebte, offenbar den Schlüssel besitzt. Die Entwicklung Springers findet in einem genau identifizierbaren Raum statt. Die Assoziationen dieses Raumes betreffen auch seine Entwicklung:

> Die Schweiz ist ein Bundesstaat, eine föderalistische Demokratie. In der Schweiz hat das Volk etwas zu sagen und sagt auch meist ja, zu dem, was ihm vorgelegt wird. Weil die Schweiz auch ein neutraler Staat ist, ein bewaffneter neutraler Staat, muß ihre Politik diplomatisch sein. Man hat Rücksichten zu nehmen und nimmt auch Rücksicht. Man will beliebt sein. (Wer ist wohl man?) Ein Touristenland braucht ein sauberes Image. (S. 50)

Daher ist es nur folgerichtig, daß der vom Erzähler entworfene Steckbrief Markus Springers eingebettet ist in einen Steckbrief der Schweiz, der acht Seiten umfaßt (S. 48-55). Die Ironie ist an diesem Teil des Romans deutlich abzulesen und wird nicht erst am Schluß der Charakteristik im Wort "Amen" sichtbar.

In *Mary Long* ist die Schweiz Gegenstand des Erzählens. Die Freude an der Akrobatik des Erzählens hat aber zur Folge, daß der Akzent mehr auf dem Thema der epischen Möglichkeiten und Unmöglichkeiten als auf der Identitätssuche der Hauptfigur in Verbindung mit der Aneignung von "Heimat" liegt. Rückschauend ist *Mary Long* eine frühe Palette der späteren erzählerischen Möglichkeiten Silvio Blatters.

Der Titel der großen Erzählung *Love me tender* drückt das Verlangen des Ich-Erzählers nach Zärtlichkeit und Geborgenheit aus. Elvis Presleys Song bildet die Hintergrundmelodie dieser Erzählung über die Grenzen des Ich, im Körperlichen und im Menschlichen. *Love me tender* handelt von der Ich-Suche eines jungen, fast gescheiterten Mannes. Es gelingt dem Ich-Erzähler jedoch nicht, ein neues Gleichgewicht zu finden. Vielleicht gelingt ihm das in Zukunft. Vorläufig kennen wir als Leser nur seine Entscheidung, unter das Bisherige einen Schlußstrich zu ziehen, neu anzufangen, sich Bestehendem zu verweigern.

Für seinen Roman *Die Schneefalle* verwendet Blatter eine wahre Begebenheit in Zürich, die die schweizerische Öffentlichkeit sehr erschütterte. Der Roman fängt damit an, daß deutsche Terroristen eine Bank in der Zürcher Bahnhofstraße, der Herzstraße der Bankgnomen, berauben. Sie erschießen einen alarmierten Polizisten. Ein Terrorist kommt um, eine später als Anna Schnell identifizierte Terroristin entgeht der Verhaftung. *Die Schneefalle* beschreibt, wie nach dem Bankraub eine Polizeimaschinerie in Gang gesetzt wird. Walker, der Schweizer Polizist, und Jansen, der aus Deutschland entsandte Fahnder, kommen gemeinsam zum Einsatz. Der Roman bildet nicht die spannungsvolle Inszenierung eines zwischen politischem Terrorismus und schlichter Kriminalität liegenden Raubüberfalls. Der Überfall an sich interessiert den Erzähler kaum. Dieses Ereignis ist für den Erzähler nur insofern von Bedeutung, als es das Leben bestimmter Menschen in Berührung bringt, die nun die Rolle des Fahnders übernehmen müssen. Dem Erzähler geht es nicht um die Hintergründe des Verbrechens oder um die dank der Fahndung ermöglichte Rückkehr zur gesellschaftlichen Ordnung vor dem Überfall. Seine Aufmerksamkeit gilt den Echos, die dieses schockierende Ereignis im Fühlen und Denken individueller Menschen zur Folge hat.

Die Schneefalle reiht alltägliche Gefühle und Wahrnehmungen aneinander. Der Erzähler hat ein menschliches Interesse an den Zusammenhängen, in denen individuelle Menschen fühlen und denken. Fesselnd an der hier demonstrierten Erzählweise ist, daß dem Leser immer klarer bewußt wird, daß die Einzelheiten ihren oberflächlichen Charakter verlieren und ein Muster ergeben, in dem jedes Detail eine verknüpfende Bedeutung hat. Der Erzähler tritt wiederholt als Regisseur des Erzählten auf. Die Spannung soll nicht die Oberhand gewinnen. Der Fiktionscharakter soll offenbar nie ganz aus dem Bewußtsein des Lesers verschwinden. Wir werden stark an *Mary Long* erinnert.

Von vornherein ist der Leser des Romans *Zunehmendes Heimweh* geneigt, einen Schlüssel zur Bedeutung des Titels zu suchen. Die Frage nach dem Warum und dem Wonach des Heimwehs begleitet das Lesen. Aus diesem Grunde fiel mir auf der zweiten Seite nach dem Romananfang das Wort "eigentlich" auf:

> Eigentlich hatte Margrit die Messe besuchen wollen, und während die Kirchenglocken den hellen Tag mit ihrem Geläute metallisch durchwirkten, war sie an der Kirche vorbeigegangen und hatte, ohne nach Gründen zu fragen, den Weg an die Reuss genommen; es war eine plötzliche Laune gewesen, der sie nachgegeben hatte.[10]

Mit dem hier noch relativ unauffälligen Wort "eigentlich" ist eine Gebrochenheit, eine Diskrepanz zwischen Wirklichkeit und Verlangen gegeben, die für die junge, schwangere Frau Margrit Fischer kennzeichnend ist. Obwohl das Verlangen nicht in eindeutige Begriffe zu fassen ist, wird es in Margrits Vorbehalt gegenüber den Karrierevorstellungen ihres Mannes, in ihrer Suche nach Einsamkeit und in ihren Gedanken über Vergangenheit und Zukunft sichtbar. Vergleichbares gilt für Margrits Tante, Anna Villiger, für deren Neffen, den dreißigjährigen Lehrer Hans Villiger und auch für Lur, Pep und Anita, die etwa zwanzig Jahre alt sind und Probleme mit der bürgerlichen Ordnung haben. Der Titel formuliert ein gemeinsames Verlangen der genannten Romanpersonen nach Gemeinschaft und menschlicher Geborgenheit.

Wer sich als Leser vorgenommen hat, auf Signale zu reagieren, die einen Zusammenhang mit dem Titel versprechen, dem fällt auf, daß die Worte "Sehnsucht" und "Wunsch" an strategischen Stellen im Roman begegnen. Der Titel selbst taucht als Leitmotiv in der Nähe der bedeutendsten Romanfiguren auf.[11] Infolgedessen bezieht

10. Silvio Blatter. *Zunehmendes Heimweh. Roman* (Frankfurt: Suhrkamp, 1978), S. 10.
11. Hans Villiger hatte zusammen mit Maria Cohen ein Jahr in Amsterdam gelebt: "In Amsterdam hatte er ein zunehmendes Heimweh verspürt und war darum auch zurückgekehrt, obschon ihm der Abschied von Maria und der Stadt zu schaffen gemacht hatte." (S. 29) Über Anna Villiger wird erzählt: "Immer häufiger war es in der letzten Zeit vorgekommen, daß sich ihre Eltern in die Bilder drängten, wenn sie in der

sich der Titel auf jene Erfahrungen der menschlichen Existenz, die mit der Verwirklichung der humanen Identität in Zeit und Raum oder mit deren Verhinderung verknüpft sind.

In erster Instanz umfaßt der Roman *Zunehmendes Heimweh* acht Tage aus dem Leben einiger Menschen aus der schweizerischen Stadt Bremgarten, einer im Freiamt gelegenen Stadt, das von jeher von Krieg und Unruhen heimgesucht wurde. Das Freiamt liegt im südöstlichen Teil des Kantons Aargau. Der Roman geht jedoch über diese acht Tage weit hinaus. Die Zeit, die mittels der Wiedergabe von Begebenheiten, von Gedanken und Gesprächen evoziert wird, läßt die konzentrierten acht Tage zu einer umfassenden Darstellung von Gegenwart, persönlicher Vergangenheit und "nationaler" Vergangenheit werden. Graduell gewinnt die erinnerte, zunächst nur flüchtig angedeutete Vergangenheit schärfere Konturen. Das Reflektieren über die Vergangenheit, das nicht Zusammenfallen mit dem Hier und Heute findet seine Ursache im Verlangen nach dem Anderen, der Alternative, einer jeweils anders formulierten oder fragmentarisch gedachten Form menschlicher Geborgenheit. Alle vorgestellten Romanfiguren bekommen Tiefe und Dichte durch das stufenweise Entdecken ihrer Vergangenheit. Abhängig von den Erfahrungen und Wünschen hat jedes persönliche "Heimweh" seine individuelle Prägung.

In allen Facetten ihrer Persönlichkeit scheint mir Anna Villiger die wirkungsvollste Figur des Romans zu sein. Das Leben hat sie

---

Vergangenheit kramte. Seit ein paar Jahren verspürte sie ein zunehmendes Heimweh nach den Tagen ihrer Kindheit." (S. 167) Dieses Wort vom "zunehmenden Heimweh" umschreibt auch das Lebensgefühl des aufsässigen Lur: "In seinem Elend kam ihm der Gedanke, seine Mutter aufzusuchen. Seit Jahren hatte er sie nicht mehr gesehen; doch er wußte, daß sie in Wohlen mit einem Geleisearbeiter zusammenlebte. Seinen Vater kannte Lur nicht. Er wollte sie aufsuchen, ganz plötzlich überkam ihn ein zunehmendes Heimweh". (S. 232) Das vierte Mal fällt dieses Titelwort im Zusammenhang mit dem "Langen", Anna Villigers Vater, an dessen Mobilisationszeit während des Ersten Weltkriegs sie sich erinnert: "Der Lange empfand Heimweh bei diesem Anblick [der Oberländerberge], zunehmendes Heimweh." (S. 344) Das Wort "Heimatlosigkeit" begegnet auf S. 116, während das Wort "Heimat" etwa auf den Seiten 318 und 327 zu finden ist.

mürbe gemacht. Einprägsam sind von ihrer Lebenssituation aus gesehen die Rückblicke auf das Leben ihrer Eltern, besonders auf die schweren Jahre während der Mobilmachung im Ersten Weltkrieg. Die Erfahrungen von Annas Vater sind durch das Verhältnis des Individuums zur helvetischen Obrigkeit und zum Vaterland allgemein bestimmt. Dieses sehr nuancenreich dargestellte problematische Verhältnis korrespondiert mit den Ereignissen, die der Lehrer Hans Villiger in einem historischen Aufsatz über den Aufstand, den Freiämtersturm, aus dem Jahre 1841 beschreibt. So sehr diese Ereignisse auch historisch bedingt sind und so stark sie deswegen einen einzigartigen Charakter haben mögen, so liegt es doch auf der Hand, durch die unverkennbaren Parallelen eine gewisse Verwandtschaft mit der an erster Stelle von Pep, Lur und Anita vertretenen Generation und der von ihnen getragenen Lebenshaltung zu sehen. Für diese drei Jugendlichen ist das Problem lebenswichtig, in welchem Verhältnis sie zur schweizerischen Obrigkeit und zu der von dieser Obrigkeit repräsentierten und geschützten bürgerlichen Gesellschaft stehen. Das Leben der Arbeiterin in einer Mohrenkopffabrik Anna Villiger wird entscheidend von wirtschaftlichen Zwängen geprägt. Ihre in Frage gestellte Existenz entrollt sich für ihr eigenes Bewußtsein jedoch eher an Hand ihrer Fragen zu Leben und Tod. Dort liegen ihre existentiellen Nervenknoten.

Der Erzähler der sich durch die Blickrichtung der jeweils im Vordergrund stehenden Fokalisator-Romanfigur lenken läßt, bringt alle Hauptfiguren in einem dramatischen Schlußgeschehen zusammen und läßt seine unsichtbare Hand dadurch um so deutlicher zum Vorschein kommen. Lur und Pep bekämpfen sich in einem Duell auf ihren Yamahamotorrädern. Das Duell findet nach den strengen sozialen Regeln der Jugendbande statt, der sie angehören. Die von Anita alarmierte Polizei schießt Lur ins Bein. Er wird ins Krankenhaus transportiert. Dort befindet sich auch sein früherer Lehrer Hans Villiger, den Anita um Hilfe gebeten hatte. Ins gleiche Krankenhaus wird die Leiche der während einer Bahnfahrt gestorbenen Anna Villiger übergeführt. Der Kreis schließt sich damit, daß Margrit Fischer in diesem Krankenhaus an jenem Abend ihr erstes Kind zur Welt bringt. Das Schlußbild vereinigt Tod und Leben.

Es ließe sich darüber streiten, ob dieser Schlußakkord trivial sei oder nicht. Offenbar sind wir als Leser empfindlicher im Hinblick auf den Zufall in der Fiktion als auf den Zufall im Leben. Wie dem auch sei, ob penetrant oder natürlich, die Verwobenheit der einzelnen Menschenleben hat der Erzähler auf eine sehr explizite Weise demonstriert. Im Grunde geht es bei der Schlußszene um eine nur äußere — vielleicht sogar unnötige — Verflechtung dieser Lebensläufe. Viel wesentlicher scheint mir die Tatsache, daß aus den Umrissen dieser Menschenleben das Bild einer Gemeinschaft von Menschen in Erscheinung tritt. Es geht letztlich um dasjenige, was hier in individueller Brechung (und Gebrochenheit) an Gemeinsamem sichtbar wird, an Geist und Menschlichkeit, die dazu permanent gefährdet sind. Der Schauplatz ist nicht verwechselbar. Es kostet wenig Mühe, Bremgarten auf der Karte zu suchen. Aber darüber hinaus steht Bremgarten in aller Individualität Modell für die Schweiz schlechthin. In Bremgarten steht die Schweiz zur Diskussion, buchstäblich und in übertragenem Sinne. Es wäre gewiß auch noch an weitere Kreise der Deutung zu denken. Wenn wir uns auf die Schweiz beschränken, dann verschafft *Zunehmendes Heimweh* ein nuancenreiches Bild der vielfach verästelten und gespiegelten Wirklichkeit. Luise Rinser hat die Schweiz in ihrem Tagebuch *Grenzübergänge* als "superlativisch vernünftige, abgestaubte, frisch gebohnerte Welt" bezeichnet.[12] Peps Auffassung lautet anders: "[...] was hieß schon Vernunft, dieser Tumor in Bürgerköpfen." (S. 257)

Scheint *Zunehmendes Heimweh* also anfangs als eine Art "Vielheitsroman" mit der anspruchsvollen Breite des Romans des neunzehnten Jahrhunderts, mehrere, oberflächlich liierte Menschenleben darzustellen, so zeigt sich jedoch immer deutlicher, daß dieser Roman einen festen und soliden Aufbau hat, daß jeder Lebenslauf Ergänzung und Kommentar zu den anderen bildet.

Diese Struktur trägt mit dazu bei, daß das traditionelle Bild dieses Landes nicht gegen ein aus neuen Klischees zusammengesetztes Bild eingetauscht wird. Der dauernde Wechsel der Perspektive, die Vielfalt der menschlichen Zugänge zur erfahrenen, erinnerten, gedachten und erwünschten Wirklichkeit verhindert eine Reduktion mittels stereotyper Bilder. Es findet keine Demaskierung der

12. Luise Rinser. *Grenzübergänge. Tagebuch-Notizen* (Frankfurt: Fischer, 1977), S. 92.

Schweiz statt, obwohl der Erzähler andererseits sehr bewußt das "Reservat Schweiz" (S. 200) hinter sich läßt. Im Hinblick auf Arbeitsumstände und auf Gemeinschaftssinn ist *Zunehmendes Heimweh* an manchen Stellen ein desillusionierendes Buch. Es ist vom Zusammenspiel der Figuren her gesehen kein Zufall, daß Hans Villiger, der als Erzähler innerhalb des Romans der Bruder des im Hintergrund befindlichen Erzählers ist, sich einmal so prinzipiell zum Leben äußert, daß der Gedanke der Kongruenz von Lebenserfahrung der Romanfigur und Romanerfahrung des Lesers naheliegt: "Es war ein Tag, der plötzlich aufgezeigt hatte, wie sehr alles ineinanderlief, wie sehr es verhängt, verknotet und verzahnt war, wie verquer die Fäden liefen. Doch einen, der diese Fäden in der Hand hielt, sah er nicht." (S. 370) Der Leser wird auf diesen Agnostizismus eine Frage nach der gemeinsamen humanen Mitte der Romanfiguren, nach ihrer Identitätssuche, folgen lassen.

Auch der vorläufig letzte Roman Blatters, *Kein schöner Land*, spielt wie *Zunehmendes Heimweh* im Freiamt des Kantons Aargau. Wiederum handelt es sich um einen Vielheitsroman. (Waren *Love me tender* und *Die Schneefalle* nur Fingerübungen?) Der Erzähler beleuchtet das Leben einiger Einwohner der Stadt Bremgarten, die verschiedenen Generationen angehören. Er verschiebt den Blickpunkt von Figur zu Figur. Anfangs wirkt diese Erzähltechnik nicht so überzeugend, stufenweise wird jedoch ein Netz von menschlichen Verbindungen und thematischen Zusammenhängen sichtbar, das jeden einzelnen Lebenslauf in eine übergreifende Fragestellung nach den Lebensmotivationen des Menschen aufnimmt. Der Erzähler versucht hinter der Oberfläche von Sprache und Zusammenleben die authentischen Emotionen und Hoffnungen der Romanfiguren erkennbar zu machen. Auf diesem humanen Interesse beruht das Erzählte. Die positive Aussage des bekannten Abendliedes, auf das der Titel verweist, steht zur Debatte. Der Roman stellt die Suche nach einem Ort der Geborgenheit, einer Heimat, dar und mündet nicht in eine unumstrittene Gewißheit. Höchstens gibt es Ansätze dazu.

Der Lehrer Hans Villiger, der jetzt mit Maria Cohen und ihrem Kind in Bremgarten lebt, ist von allen Romanfiguren am ehesten als Orientierungspunkt zu bezeichnen. Seine Gedanken und Fragen haben eine umschließende Funktion und bekommen somit eine diesen individuellen Menschen übergreifende Bedeutung. Villigers

Überlegungen bilden Ruhepunkte des Romans, eine Art Bestandesaufnahmen, und kommen vermutlich auch deswegen der Bedeutung des ganzen Romans am nächsten.

Leben, Liebe, Schuld, Zwang, Angst, Krankheit, Sterben im Freiamt im schweizerischen Kanton Aargau, um diese existentiellen Themen geht es in *Kein schöner Land*. Die Lebensgeschichten des Mädchens Jo, der aus Amsterdam stammenden Maria Cohen, des Priesters Francis Fischer, des Pferdehändlers Goldfarb und vieler anderer werden im Laufe des Romans zusehends konturreicher, bis die individuellen Lebensgeschichten nur mehr in ihrer gegenseitigen Bedingtheit verstanden werden können und auch die Gegenwart durch Einbeziehung des Vergangenen und durch gedankliche Vorwegnahme des Zukünftigen eine zeitliche Vertiefung erfährt.

Auch in diesem Roman ist das Wort "Heimat" nicht mit diffuser Sentimentalität verbunden. Das schließt jedoch nicht aus, daß *Kein schöner Land* die Wechselwirkung zwischen Mensch und Landschaft akzentuiert. Seine Figuren leben in ständigem Dialog mit ihrer Landschaft, die kaum anders als eine von Menschenhand berührte Landschaft in Erscheinung tritt. Zur selben Zeit wird das Leben der Romanfiguren von ihrer Suche nach politischen Werten und moralischer Integrität bestimmt:

> Du lebst hier, dachte er [Hans Villiger] manchmal, du hast dich eingerichtet, einrichten müssen... hier ist deine Heimat, und er verstand das weder ironisch noch zynisch, er war nicht dem Irrtum unterworfen, hier sei alles gut, im Freiamt sei es gut und besser als an anderen Orten. Er dachte jedoch auch nicht im mindesten daran, auf Heimat zu verzichten, den Ort und den Begriff aufzugeben; auf Heimat beharren, auch wenn sie oftmals Hölle (Ghetto) ist.[13]

Und etwas weiter heißt es über Hans Villiger:

> Hochoben am Himmel ein Punkt, ein Flugzeug, das einen Kondensstreifen hinter sich zurückließ, schnurgerade im Blau. (Vielleicht hat das, was Heimat ausmacht, mit dem Fluß zu tun, mit den Spielen am Fluß, mit dem Bauen einer Landschaft aus Kieseln, Holz, aus Sand und abgeschliffenen Glasstücken.) So wie sich jetzt in seinem Kind, das selbstvergessen spielte, Heimat bildete. [...] Was das Kind sinnlich wahrnahm, blieb haften im Gedächtnis. Es schuf ein Gleichnis für

13. Silvio Blatter. *Kein schöner Land. Roman* (Frankfurt: Suhrkamp, 1983), S. 435.

Sehnsucht und Zeitlosigkeit — bildete Schutz vor Verlusten, Alpträumen, Angst. (S. 436)

Gegenüber den Zeilen "Kein schöner Land in dieser Zeit / als hier das unsere weit und breit" des Abendliedes stehen in *Kein schöner Land* viele Zweifel und Fragen. Die ganze Skala der Ängste unserer Zeit ist in diesem Roman enthalten. Die Konsequenz der wirtschaftlichen Bedrohungen und der sozialen Intoleranz kann darin bestehen, daß nur noch die Emigration nach Kanada als Existenzmöglichkeit übrigbleibt, wie das Leben Francis Fischers und seiner Geliebten Lea beweist. Für den Pferdehändler Goldfarb nimmt die Geschichte einen noch viel bedrohlicheren Lauf. Er wird auf dem Flughafen von Zürich angeschossen.

Und dennoch entläßt *Kein schöner Land* den Leser nicht ohne Trost:

> Wenn alles einen Sinn nicht nur zu haben schien, sondern hatte. Dann fühlte er sich sicher. Gefestigt. Als wäre er ein Puzzle. Das fiel immer wieder auseinander. Aber das brachten Maria und das Kind ins Bild mit ein paar Handgriffen. Zusammengefügt fand er sich selbst. Erkannte es und nahm es an: das Bild, das sie ihm gaben von sich. Ja, du kannst ohne Sinn und Zusammenhang nicht leben... (S. 444f.)

Das Ethos der zentralen Romanfigur Hans Villiger und das Ethos des Romans kommen an diesem Punkt zusammen. Hoffnung und Vertrauen scheinen trotz allem gerechtfertigt. Auf die Frage, was unbedingt notwendig sei, das Leben in gefährdeter Zeit zu bestehen, antwortet Hans Villiger:

> [...] er brauche, um eine Lebenszuversicht immer wieder aufzubringen trotz des beängstigenden Zustandes der Welt, von dem man ja auch im Freiamt wisse, den man am Freiamt mit ablesen könne... um nicht in Verzweiflung und Angst zu geraten, sondern sich zu einem Lebensmut geradezu auch durchzuringen, sei er darauf angewiesen, verläßliche Menschen in seiner Nähe zu wissen, Menschen, die ganz zu ihm stünden. Er hatte die Pfeife aus dem Mund genommen. Ja, dies benötige er vor allem... Rückhalt. (S. 545)

Das könnte für manche Leser ein dürftiges, für einige sogar ein triviales Resultat des großen epischen Gebäudes sein. Es geht Silvio Blatter aber nicht um eine positive epische Bilanz, um Lebenshilfe im Sinne einer moralischen Sentenz, die für ein Dichter-Brevier zu verwenden wäre. Der zitierte Schluß des Romans, wenn das Wort

"Schluß" hier überhaupt angebracht ist, ist nur ein Übergang vom gelesenen Leben zum erfahrenen Leben des Rezipienten. Silvio Blatter hat in seinem Werk primär Menschliches vermitteln wollen. Dem großen Regisseur des menschlichen Geschehens kommt der Erzähler nicht auf die Schliche. Von diesem Punkt aus gesehen sind *Zunehmendes Heimweh* und *Kein schöner Land* durchaus Zwillinge. Die beiden großen epischen Werke zeigen in ihrer breiten Vielfalt von menschlichen Lebensläufen, die miteinander verknüpft sind, die Voraussetzungen, unter denen Menschen nach ihrem wahren Selbst, ihrer Identität suchen.

Das individuelle Geschehen kann bei Silvio Blatter offenbar noch zur Authentizität führen. Die Skepsis hat ihre Grenzen. Im Mittelpunkt steht das Verlangen nach Identität. Durch diesen jeweils anders vorhandenen Lebensimpuls sind die schweizerischen Kleinstädter Silvio Blatters gekennzeichnet. Wenn das keine echte helvetische Eigenheit sein sollte, dann verrät sich darin doch auf jeden Fall die ordnende Hand des Erzählers. Ihr Suchen ist Geist von seinem Geiste. Wer als Leser für diese Sicht auf das menschliche Leben empfänglich ist, wird dem Erzähler Silvio Blatter einen Wert zusprechen, der sich nicht mit Hilfe eines Landesteils der Schweiz begrenzen läßt. Aus helvetischen Schicksalen lassen sich offenbar sehr wohl universale Lebensgeschichten ableiten.

Todd C. Hanlin

Individuality and Tradition in the Works of Gerold Späth

> In unserer Gegend wird unplanmäßig
> gestorben und geboren, der See bringt
> Unruhe in die Statistik: da ersäuft der
> eine im Sommer sang- und klanglos,
> möchte zwar schreien, strengt sich an,
> will Laut geben, kann aber nicht, japst
> nur, schluckt, verliert dabei sich und
> seine galoppierenden Sinne. Säuft ab;
> das ist eine Art Tradition...
> (*Unschlecht,* p. 11)

For centuries, Switzerland has enjoyed a unique position among the nations of Europe. Unique in size, topography and geographical location, political neutrality, social and economic stability, Helvetia has been admired — and often envied — by her neighbors. More than three hundred years ago, Grimmelshausen's Simplicissimus proclaimed those qualities which continue to elicit our admiration (and envy) to this day:

> Das Land kam mir so fremd vor gegen andere teutsche Länder, als wenn ich in Brasilia oder in China gewesen wäre; da sah ich die Leute in dem Frieden handlen und wandlen, die Ställe stunden voll Vieh, die Baurnhöf liefen voll Hühner, Gäns und Enten, die Straßen wurden sicher von den Reisenden gebraucht, die Wirtshäuser saßen voll Leute die sich lustig machten... ein jeder lebte sicher unter seinem Weinstock und Feigenbaum, und zwar gegen andere teutsche Länder zu rechnen in lauter Wollust und Freud, also daß ich dieses Land vor ein irdisch Paradies hielt...[1]

---

1. [H.J.C. von] Grimmelshausen. *Der abenteuerliche Simplicissimus* (Darmstadt: Wissenschaftliche Buchgesellschaft,1967), p. 391.

This utopian vision of abundance, tranquility, and social harmony has been enthusiastically perpetuated by tourists, visitors, pilgrims, and other itinerants. There is much to be said for a country that can provide safety in perilous times, and plenty amidst scarcity. But life in paradise may be more problematic than the outsider could imagine. From the viewpoint of the native Swiss, the "irdisch Paradies" can often resemble a "heile Hölle," for peace and prosperity alone do not guarantee a satisfactory national climate.

To protect this Edenic community from contamination or destruction, specific conditions have evolved to exorcise the unwanted or unproductive, and to encourage each citizen to productive efforts. As a result, those factors determining acceptance, success, and even happiness in modern Swiss society are related to these limitations. Inevitably, tensions arise from the constant friction between personal desires for individuality or social change and a tradition-oriented, conservative community, resulting in a love/hate relationship which constitutes a unique facet of "Swissness." For those who cannot conform to the demands of society, the outcome is frequently dissatisfaction, resulting in various forms of protest; for those who can find no accommodation, the alternative is flight or the ultimate escape through suicide.[2]

It appears an historical imperative that the Swiss be identified *with* something (country, principle, or tradition), rather than *as* something (painter, watchmaker, or diplomat). In this context, one might surmise that the only pervasive Swiss trait is an underlying inferiority complex, principally in regard to the country's European neighbors, a collective with which the Swiss cannot identify. Several factors are frequently enumerated to justify these circumstances, though most have become clichés which must be re-examined. Switzerland's size, topography, and four languages, for example, may merely be symptoms of its isolation, not the cause itself. For despite its location at the heart of Europe — where the four languages would actually support the role of active mediator and initiator of supranational policy — Switzerland's neutrality and

2. A recent complaint, as registered in Fritz Zorn's *Mars* (1977), blames society for this incompatibility; accordingly, fatal diseases such as cancer are only symptoms of the community's deleterious effects on the individual.

self-isolation has effectively encapsuled and isolated her for centuries from any meaningful participation in European affairs. Her pristine beauty and uninterrupted prosperity can only contribute to this feeling of guilt from avoidance of responsibility within the community of nations; to host international conferences on world issues is not to mediate their resolution. (Here one is tempted to mention the national referendum of 1986, in which three-fourths of the voters vetoed Swiss membership in the United Nations.)[3]

In the absence of a European identity, the Swiss must of necessity revert to a national identity. Yet according to Otto F. Walter, this too is problematic: "Was verbindet uns hier alle, so können wir fragen, in dieser Genossenschaft Schweiz? Die zum Teil unterschiedlichen, zum Teil gemeinsamen geschichtlichen Erfahrungen der vier verschiedenen Sprachgruppen? die gemeinsame Verfassung? die Währung? Armee? der Schweizerische Bankverein?..."[4] In

3. Many critics have labeled this attitude as "Geschichtslosigkeit als Komfort," most notably Max Frisch in his *Achtung: Die Schweiz* (1955), with the words: "Wir wollen die Schweiz nicht als Museum, als europäischen Kurort, als Altersasyl, als Paßbehörde, als Tresor, als Treffpunkt der Krämer und Spitzel, als Idylle; sondern wir wollen die Schweiz als ein kleines, aber aktives Land, das zur Welt gehört" — as quoted in Hans Bänziger. *Zwischen Protest und Traditionsbewußtsein: Arbeiten zum Werk und zur gesellschaftlichen Stellung Max Frischs* (Bern: Francke, 1975), p. 12. This inferiority complex also extends to cultural matters and perhaps explains the frequent complaint that to be recognized in Switzerland, fame must first be established outside the country. As formulated by Peter Bichsel in *Schweizer Schriftsteller im Gespräch*. Ed. Werner Bucher and Georges Ammann (Basel: Friedrich Reinhardt, 1970/71): "Ein Schweizer, der in der Schweiz gelesen werden will, muß zuerst exportieren, um dann wieder zu importieren. Wird er nur von Schweizer Kritikern gelobt, so hat er überhaupt nichts davon, es braucht den Erfolg in Deutschland — oder eben in Frankreich, bis man in der Schweiz auf ihn aufmerksam wird" (20).

4. From an interview with Otto F. Walter in *Literatur aus der Schweiz: Texte und Materialien*. Ed. Egon Amman and Eugen Faes (Zürich: Suhrkamp, 1978), p. 505. An allegedly serious utterance from a French-speaking colleague underlines the difficulty of establishing common national traits: in a 1937 letter, C.-F. Ramuz recognizes only two

view of the tone, these questions are clearly rhetorical; no answer is given here, perhaps no answer is possible. In all likelihood the only opportunity for national identity is through universal conscription and the common, personal experience in military service — while the military itself has become clearly ceremonial, like the Swiss Guards in the Vatican.[5] Thus the vacuum of a meaningful national identity often leads to a regional identity or "Kantönligeist," rooted in medieval history or myth.

But, in fact, the individual Swiss identifies primarily with an even smaller entity: the local community or hometown. From Keller's fictional Seldwyla to Hesse's Nimikon and Dürrenmatt's Güllen, the hometown is frequently referred to as a provincial "Nest" or "Kaff," a personal inheritance and liability that must be overcome. The community is thus an extended family (with many of the same blessings and curses as normal families), where the individual is tolerated and nurtured. The local landmarks and landscape, customs and people form a bonding agent, resulting in a relationship reminiscent of that between parents and their children; raised in a comprehensible, protective environment, the younger generation must sever the umbilical cord and attain individuality (often with criticism or protest of the parent generation), later rejoining the community as a peer. Ultimately to return to one's origins, preferably as a successful (and here success must not necessarily be measured in monetary terms) and thus respected member of the community becomes the goal of the vast majority of Swiss, to uphold and foster the unique sense of community, to take one's place as a new "parent" for future generations.

While this problem of individuality within a chosen community is scarcely new (or unique) to Switzerland, it appears that the conflict

commonalities, the mailboxes and military uniforms, "les boîtes aux lettres et l'uniforme de nos milices." Quoted in Fritz Ernst. *Späte Essais* (Zürich: Atlantis, 1963), p. 95.

5. This explains the exaggerated public reaction to even the vaguest criticism of the military, such as that resulting from the publication of Frisch's *Dienstbüchlein*.

has intensified in this century, if we are to judge from its treatment in Swiss literature. To quote Dieter Fringeli:

Die 1937 von Albin Zollinger beschworene 'große Unruhe' und das 1963 von Karl Schmid analysierte 'Unbehagen im Kleinstaat' kennzeichnen weitgehend die schweizerische Literatur unseres Jahrhunderts. Unruhe und Unbehagen bestimmen das Verhalten der markantesten schweizerischen Romangestalten. Es ist erschreckend, wie viele unglückselige Ausreißer, wie viele stachlige und ratlose Durchbrenner und Querschläger die helvetische Romanliteratur des 20. Jahrhunderts aufzuweisen hat — wie viele verhetzte und tragische Identitätssucher à la Frisch/Stiller.[6]

By inference, Gerold Späth would belong to this list. His original perspective, in style and scope drastically different from his contemporaries, provides a glimpse into the vitality and vehemence of the on-going debate concerning life in modern Switzerland. Späth was born in Rapperswil in 1939 to naturalized Swiss parents, originally natives of Swabia and the Upper Palatinate. With the exception of various frequent journeys, he has spent his entire life on the "Zürchersee," first in the family's organ factory and since 1968 as an independent writer. At the age of 46, Gerold Späth is respected today as a prolific author, a novelist of merit who has received numerous literary awards.

The characters in Späth's prose represent various types of outsiders, both protesting and evasive types,[7] who must make peace

6. Dieter Fringeli. *Von Spitteler zu Muschg: Literatur der deutschen Schweiz seit 1900* (Basel: Friedrich Reinhardt, 1975), p. 15. Indeed, Peter Bichsel would insist that it is an inevitable topic for every Swiss author. "Schon seit zwanzig Jahren sprechen wir nun über Literatur und Heimat.... Wir [Schweizer Schriftsteller] sind alle in einem gewissen Sinn Heimatautoren, weil wir über die uns umgebende Realität schreiben. Es gibt wohl kein anderes Land in Europa, das mit ebenso vielen Heimatschriftstellern gesegnet ist wie die Schweiz, unter ihnen Ulrich Bräker, Jeremias Gotthelf, Gottfried Keller, Friedrich Glauser, Max Frisch, Friedrich Dürrenmatt. Übertreibend könnte man sogar sagen: Noch nie hat einer ausgeschert, wir hatten noch nie einen Nicht-Heimat-Autor." From an interview with Peter Bichsel, in *Literatur aus der Schweiz: Texte und Materialien.* Ed. Egon Amman and Eugen Faes (Zürich: Suhrkamp, 1978), p. 507.

7. According to the categories established by Hans Wysling in his article

with their respective communities. His early first-person biographies, relating the individual's quest for identity, acceptance, and happiness within Swiss society, are satirical in essence. In *Unschlecht* (1970),[8] for example, the titular hero's attempts to define himself begin in the initial chapter; with the attainment of legal maturity, he receives a new passport and discovers, to his dismay, the notation "Besondere Kennzeichen — Keine." With the aid of a ball-point pen, Unschlecht corrects the entry with the following bold assertion:

Große Füße schöne Augen graugrün gesunde Zähne stark und noch alle.... Lange Beine.... Sehr stark kennt See und jeden Fisch. Kann tauchen auch schielen mit beiden Augen oder nur mit einem und singt hoch und tief.... Kann furzen wenn er will laut und tief tauchen auch ohne Luft. Mit den Ohren wackeln mit beiden oder nur mit einem Ohr. Erstklassiger Schiffer kennt jede Strömung.... Kann gut fluchen: Huereseich! Schofseckel! Tumme Siech! Pfyffeteckel! Herrgottschternechaib! Leck mich am Arsch! (37-38)

This first act of independence begins a long process in which Johann Ferdinand Unschlecht assumes literally dozens of names and personalities. Unschlecht hopes to escape his reputation as "größter Tropf am Platz," hopes to become instead a respected member of the community. Yet when duped by his fellow citizens, his protest becomes ever more violent; Unschlecht, the perpetrator of youthful pranks, ultimately becomes a thief, philanderer, arsonist, dynamiter, and murderer. His one-man protest may have caused temporary embarassement to some individuals but has not changed the community. After numerous adventures during a self-imposed exile, the rich and influential Unschlecht (in the ironic guise of one

---

"Zum Deutschschweizer Roman von 1945 bis zur Gegenwart," *Schweizer Monatshefte* (May 1984), p. 344. Those who protest are represented as "Oppositioneller, als Anklagender oder Angeklagter," while the evasive would be a type "des Gammlers, des Kommunarden oder des religiösen Träumers." Actually, Späth's protagonists fall somewhere between these two groups, more concerned with establishing their own identity and a degree of personal freedom within the community.

8. Gerold Späth. *Unschlecht* (Frankfurt: Fischer, 1978). In this paper I will refer to the Fischer editions, since they are more readily available than the first editions published by the Arche Verlag of Zürich.

"Maximilian Guttmann") has a single, overwhelming desire — to return to his hometown on the lake. His many journeys, acquaintances, and experiences cannot erase the community's importance for his ultimate well-being. Now he must scheme, using his wealth and incognito, to be allowed to return to his hometown, to live as a foreigner among his former friends and neighbors.

Balzapf oder Als ich auftauchte (1977)[9] varies the theme of a picaresque hero who must establish an identity within his local community. Späth's generational novel attempts to document the hero's heritage and thus support his claims to citizenship, of belonging in the town. The opening protest pokes fun at the pompous pretentions of established families, mocking the notion that ancestry alone deserves respect; as Balthasar Zapf relates of his own (questionable) origins:

> Ich bin niemand ab dem Karren gefallen, ich habe meine Mutter gekannt, ich weiß, woher ich komme: Vater, Großvater, Ur, Urur, und so weiter und einer wie der andere alles andere als ein verknorzter Schleicher, sondern jeder sein langes Leben lang ein immergrüner Knüppelausdemsack. Ich kann das in aller Ruhe sagen, viele können das nicht. Wahrscheinlich stammen wir einerseits von Riesen und andererseits von den Zwergen ab, und das bringt's mit sich, daß man es früher oder später mit allerlei Durchschnitt zu tun bekommt. Ich kenne hier in nächster Nähe ein paar Ganzschlaue, die sich seit der Mutterbrust genauso vorkommen. Wenn Sie bei denen am Stammbäumchen rütteln, kann allerhand Unerwartetes aus der Krone plumpsen und Ihnen direkt aufs Haupt donnern. Drum läßt man bei uns das Schütteln und Rütteln im allgemeinen bleiben. (11)

The protagonist, Balzapf, is willing to forfeit property (and inherited wealth!), to exchange his isolation for a permanent position as city lifeguard at the local bathing pavilion. Like Unschlecht, Balzapf must first establish his own identity, defining himself and his own relationship to his community. Ultimately a compromise must be struck, to accommodate the town's own expectations of the individual. If this uneasy truce appears to be the most for which one can hope, why, then, would these characters settle for such a minor victory after such soul-wrenching struggle?

9. Gerold Späth. *Balzapf oder Als ich auftauchte* (Frankfurt: Fischer, 1983).

What are the unnamed benefits derived from life within the community?

While Späth's literary works are varied in tone, style, and content, they do exhibit certain commonalities: inevitably they confront life in present-day Switzerland, concerned with the possibly stifling provincialism and traditions prevalent in Swiss life. To this end, Späth's works seldom are situated in Basel, Bern, or Zürich; these cities are equated with Amsterdam, Paris, or London — in short, with any other international metropolis. Community, as portrayed in Späth's prose, is invariably Rapperswil (or its various literary manifestations as "Seestadt," "Barbarswil," "Molch-güllen," and "Spießbünzen"). Only in the smaller towns and villages like Rapperswil, thus on a small but distinct scale, can the reader discover the true blessings and curses of Swiss society. For this reason Späth's works invariably portray and celebrate the environment he knows so well. This intimate knowledge enables Späth to create a viable literary milieu,[10] at once exposing the limitations of "Swissness," yet alluding to the beneficial aspects of community and tradition.

Tradition is a complex concept and thus can have many meanings in Späth's works. In an immediate sense, it may define a specific custom or aspect of life. For example, the protagonist's hometown celebrates typical Catholic holidays, common to many of its European neighbors. However, Swiss tradition is prominent in local celebrations and in their local color, even when fondly exaggerated in *Unschlecht* (94) by the overabundance of typical cloth emblems:

10. Bernd Neumann. "'Schwyzerisch und weltoffen' — Gerold Späths Roman Unschlecht: oder Gottfried Keller in Yoknapatawpha Country," *Schweizer Monatshefte* (May 1984), pp. 415-429. Neumann knowledgeably describes the literary milieu which Späth has created in his portrayal of Rapperswil.

Fischmarkt, Hauptplatz, Vortreppen, Burgaufstieg. Das ganze Städt-
lein stand weißrotblaugoldgelbsilbergrün im
   Flaggenschmuck
   fluggenschmack
   schmackenflugg
   schluggenflagg
   schlackenfluck
   schmuckenflack
   schmackenfluck
   schmaggenflagg
   schmuggenflugg
   fluggenschmugg
   flaggenschmagg
   fuggenschmack
   flackenschmuck
   schmaggenflugg
   schluggenschmagg
   schlaggen schluck
   schnucken schlack
   fluggen   fuggen
   schnick   flack
   schnack   muck
   mack   fugg
   muck   magg
   mu   la
   g   g
   g   g

Distinct local customs and historical sites give flavor and meaning
to life in this community, especially if they date back to medieval
times and relate Swiss events, as represented in *Unschlecht* by the
pageantry of "Eis, zwei, Geißebei" (44), in the history of the
"Ufenau" (174-177) or the "Galgenchappeli" (273). Institutions
such as the "Wirkliche und Redliche Sankt Gallische Kantonal-
bank" cannot be ignored, while childhood memories, such as those
fondly depicted in Späth's short story "Wenn wieder Weihnachts-
zeit war," (1982) are also to be found in abundance within his
prose.[11] Most unforgettable, however, are the personalities, the

11. Both stories are included in *Heisser Sonntag: Zwölf Geschichten*
(Frankfurt: Fischer, 1982), pp. 141-147 and 128-140.

characters who, for better or worse, inhabit and define Späth's world: Pfarrer Ochs, the teacher and nocturnal nudist Meil, Zachi Zünd the reporter, the invisiable burocrat and mayor Jos. Schott, and the weatherbeaten fisherman Pankraz Buchser first encountered in *Unschlecht*. All these characters appear in various reincarnations in subsequent works.

Broadly speaking, tradition will encompass all of life in a given community; social attitudes and institutions, characteristic manners and habits — the heritage which is, finally, synonymous with community. Both concepts of tradition are vital to an understanding of Späth's works and of the relationship between the individual and the Swiss community.

While Späth provides a detailed, yet satiric critique of tradition and community in the first two novels mentioned, a more somber tone prevails in *Die heile Hölle* (1974) and *Commedia* (1980). *Die heile Hölle*[12] describes a most successful Swiss family. Their representative nature is confirmed by the typical designations "der Vater," "die Mutter," "die Tochter," "der Sohn". They are all victims of a prosperous, sheltered, yet stifling existence. The father, a retired businessman, passes his time in a nether world of voyeurism, masturbation, finally sexual abuse and murder. The mother is obsessed with the fear of cancer, a psychosomatic symptom of an inner guilt relating to prostitution and lesbianism. The daughter must titillate her lifeless marriage with a gigolo, pornographic films, and other erotic accessories which ultimately produce an all-pervasive atmosphere of existential nausea. The son has no such sexual problems — he has no time for them; this successful, conscientious, jet-setting businessman, whose life has lost all meaning, commits suicide in his expensive sportscar, the ironic symbol of his empty success. This "representative" family lives in an unhappy limbo, isolated from each other and from the world around them. They do not belong to a community, and thus they neither contribute to it nor derive any benefits which might give meaning to their lives. Instead, they victimize others or suffer alone. In Späth's obvious inversion of "die heile Welt," the fantasies, nightmares, and frantic couplings cannot disguise the immense void in these four exemplary lives.

12. Gerold Späth. *Die heile Hölle* (Frankfurt: Fischer, 1981).

Commedia[13] is in many respects the ambitious culmination of Späth's previous works. Part One, entitled "Die Menschen," portrays a cross-section of society shown through fictitious interviews with over 200 individual citizens. Purportedly, all are asked to write whatever they wish about themselves and their lives. Rich and poor, young and old, the living and even the dead reveal their hopes and fears, their joys and sorrows. Most are in some way dissatisfied with their lives. Some feel trapped and look forward to deserting their families for a new start somewhere outside the country. Many others, despite material wellbeing, cannot conceal their isolation, loneliness, despair.

In Part Two of *Commedia,* designated "Das Museum," an interesting, knowledgable, if eccentric curator guides tourists through some sort of "Heimatmuseum." They are led through eleven separate halls to acquaint themselves with the various implements and accoutrements of life in this community:

> Die Trachten alle hier, die Festtagstracht, die Werktagstracht, die Hochzeitstracht der Braut, die Kluft des Bräutigams.... Zum Anziehen der Frauenfesttracht wurde die Hilfe zweier Altweiber benötigt, selbst beim Unterzeug gibt's keine Knöpfe, es wurde alles mit Silbernadeln zusammengesteckt, jeder Nadelstich eine Sache blinden Vertrauens, nicht jede Jungfrau hat die Einkleidung überlebt.... (269)

Each of the displays is inextricably linked to the personalities of their previous owners or users. This particular museum houses artifacts, personalities, in short, the traditions and history which lend continuity and meaning to life in this community. However, the tourists take little note. They are preoccupied with thoughts of food or with sexual fantasies and thus fail to recognize the significance of the museum. Finally, they are led to the last room on the tour, down into the old dungeon where the unsuspecting tourists are suddenly imprisoned, to await their doom in darkness and emptiness.

Contemplating this enigmatic novel, one might observe that the inhabitants of Part One are similar to the tourists of Part Two, in that both groups overlook the role, significance, and value of tradition in any given community. Neither group can or will relate

13. Gerold Späth. *Commedia* (Frankfurt: Fischer, 1983).

to this collage of life around them. They unknowingly consign these traditions to the museum, to dusty forgetfulness, despite the animated efforts of the curator (and Gerold Späth!) to bring them to life. Like the tourists in Part Two, the inhabitants are imprisoned, cut off from the light, vitality, and meaning which these traditions can provide. Without an appreciation for these traditions, without insight into their importance for people, the inhabitants themselves become spectators, tourists in their own land, condemned to a meaningless existence.[14] Simply to exist, to prosper materially without belonging to a community and its unique traditions, without a sense of contributing, is ultimately destructive as Späth has shown so graphically in his earlier *Die heile Hölle*.

In conclusion, we must note a prevailing and related theme in Späth's works: sexuality and eroticism. On the one hand, sexuality can represent healthy courtship and conception, thus playing a significant role for stability and heritage; within marriage, a couple can establish a smaller community for nourishment and mutual protection against the outside world. But often sexuality represents an escape or release from social constraints, thus a form of revolt. Here sexuality can assume proportions greater than life, and indeed it does. In two separate novels, Späth creates veritable Earth Mothers who literally engulf their partners. In the first instance, the young hero of *Stimmgänge*,[15] Jakob Hasslocher, weds a pristine

14. Related to these "tourists," Späth's most recent novel *Sindbadland* (Frankfurt: Fischer, 1984) employs a classical analogy to delineate the problem of impatience and restlessness so common to those stifled or bored by Swiss restrictions. According to the *1001 Arabian Nights*, the wealthy merchant Sindbad must periodically leave his home in Bagdad to rejuvenate himself with adventures of new people, places, and things. Like Sindbad, the reader is here transported to distant lands, to experience adventures of an often bizarre, even grotesque nature. In anecdotal form, Späth breathlessly relates over 200 individual scenes, sketches, stories to offer variety, a new perspective, critical distance, even escapist fantasies. But, again, like Sindbad, the reader must eventually return to reality and the present, perhaps relieved to rediscover an indirect affirmation of the virtues of community, of the "warm nest" of security to which one can always return.

15. Gerold Späth. *Stimmgänge* (Frankfurt: Fischer, 1979).

virgin whose sexual demands escalate following the initial postnuptial encounter. Unable to satisfy her voracious appetite, our hero soon discovers that other men have been enlisted to the cause. But to Hasslocher's surprise, his wife's suitors disappear, swallowed up by her all-consuming sexual organs. For the victims, their own rapacious desires become self-destructive: They have used the woman for release and escape, and yet are not able to escape their fate — they are literally enveloped by eroticism. Her loving husband, Hasslocher, is a more moderate type, however. He survives *and* thrives, profiting enormously from this one-woman brothel, to her pleasure and to his financial gain.

The second Earth Mother appears in *Balzapf* in the form of a mammoth, corpulent whore. Balzapf's father, a dwarf, climbs inside her, seeking refuge from an unfriendly world; he traverses the woman's insides, discovering marvelous new worlds of wonder and beauty. When the dwarf finally reappears from her splendid caverns, the townspeople proclaim this an extraordinary birth (while puzzling over the mature features of the "newly born").

This impressive image of the Earth Mother represents the destructive or regenerative elements of sexuality only in a limited sense. In both examples cited here, the extended metaphor of the Earth Mother can encompass a literal and figurative flight from community with fatal outcome, or represent warmth and protection from life's inevitable evils. Analogously, she can also be seen as a gigantic symbol of Tradition, an all-engulfing Tradition which can be either stifling or rejuvenating. For those who would approach Tradition mindlessly or selfishly, it will swallow them — and protest is in vain, as we have seen in an earlier context:

> ...da ersäuft der eine im Sommer sang- und klanglos, möchte zwar schreien, strengt sich an, will Laut geben, kann aber nicht, japst nur, schluckt, verliert dabei sich und seine galoppierenden Sinne. Säuft ab; das ist eine Art Tradition. (*Unschlecht,* p.11)

At this point Tradition encompasses even those "Ausreißer," "Durchbrenner" and "Querschläger" who reject it; their reaction and protest have become so predictable that they themselves become yet another facet of Tradition: the "traditional" outsiders whose rebellion has also become predictable. But this all-encompassing Earth Mother, Tradition, can also nurture and protect. Those who approach it wisely — with respect, understanding, moderation, and not without a healthy sense of humor! — will find accommodation within the community. Perhaps only in this manner can the Swiss avoid the "heile Hölle" and enjoy a true "irdisch Paradies."

Hans Wysling

Die Suche nach dem verlorenen Paradies
Zu Hans Boeschs Roman *Der Kiosk*

Hans Boesch, einer der sprachmächtigsten Autoren der Schweiz, ist gleichzeitig einer der stillsten. Seine bisherigen Arbeiten sind in großen zeitlichen Abständen erschienen: *Der junge Os* (1957), *Das Gerüst* (1960), *Die Fliegenfalle* (1968), dann, nach über zehnjährigem Schweigen, der 400seitige Roman *Der Kiosk* (1978). Dazwischen und danach: ein paar Bändchen Lyrik, ein Bändchen Grotesken, kaum je ein Artikel zum Tage — dies in einer Zeit, wo viele Autoren fast täglich in Zeitungen glauben sich profilieren zu müssen. Das gerade mag er nicht. Schwerblütig, von cholerischer Reizbarkeit und Empfindlichkeit, zum Leiden begabt, setzt er sich seiner Zeit aus, hält er sich seinen Erinnerungen hin. Er bohrt sich mit zäher Beharrlichkeit in die Widerstände ein, bis zu dem Punkt, wo entweder der Blick auf das Licht frei wird oder das Dunkel der Depression über ihm zusammenschlägt. Er kennt unerhörte Aufschwünge, und er kennt die Verzweiflung. Er kann von einer unsäglichen Zartheit sein, aber auch von einer breitschädligen Barschheit und bockbeinigem Ingrimm. Bei aller Verletzlichkeit ist sein Ziel die Restitution der Vernunft und einer lebensmöglichen Kultur.

Vor Jahren hat er das Thema seiner Romane so bestimmt:

Wie verhält sich das Individuum gegenüber all den irrationalen Anfechtungen, denen es dauernd ausgesetzt ist? Wie wird es mit dem Unkalkulierbaren fertig, das sich trotz aller Sicherheitsvorkehren, trotz anscheinender Beherrschung der Natur stets von neuem schrecklich und beängstigend Bahn bricht?[1]

In der *Fliegenfalle* erscheint die Natur mit ihren Sümpfen, Wäldern

---

1. Werner Bucher/Georges Ammann (Hrsg.). *Schweizer Schriftsteller im Gespräch*. Band I. (Basel: Reinhardt, 1970), S. 69.

und Schutthalden, mit ihren Sagen- und Spukgestalten als gefräßiges Ungeheuer, als das Übermächtig-Bedrohliche, Unheimliche, Dämonische. Unter dem Eindruck solcher Bedrohung war der einstige Bauern- und Hirtenbub aus dem St. Galler Rheintal Techniker geworden: die Wirkung der Natur war so mächtig, "dass ich mich zuletzt buchstäblich nach überschaubaren Verhältnissen, nach Ordnung und genau berechenbarer Konstruktion sehnte".[2]

Im *Kiosk* nun wendet er sich mit Entschlossenheit der komplementären Frage zu: Wie verhält sich das Individuum gegenüber den rationalen Anfechtungen? Wie wird der Mensch mit der Technik fertig, die ihn mehr und mehr zum Opfer seiner selbstgeschaffenen Welt macht? Die Technik schlägt nun ihrerseits ins Dämonische um. Die Angst vor dieser Bedrohung ist der Antrieb, der hinter Boeschs jüngstem Roman steht. Was Rettung verspricht, ist in konsequenter Umkehr jetzt die Natur.

Technik und Natur, "Raster" und "Ranke" werden in Boeschs Gesamtwerk als antinomische Mächte gezeigt. Jede der beiden ist ambivalent. Setzt eine sich absolut, dann erscheint sie als destruktives Prinzip. Stehen sie in einem regulativen Verhältnis, dann ist weder die absolute Organisation noch die absolute Wucherung zu befürchten. Sterilität und Verwilderung: beide wären unter Kontrolle gebracht.

Raster und Ranke

Boos, ein beinloser Krüppel, in einen Kiosk eingeschlossen, beobachtet das Treiben seiner Umwelt und erinnert sich an die Landschaften seiner Jugend, seiner Arbeitsjahre, seiner Liebe. Technisch-utopische Zukunftsvisionen, die Ängste und Seligkeiten seiner Erinnerungen gehen in seinen Notizheften durcheinander und wachsen sich zum Roman eines Menschen aus, der den Spannungen oft bis zum Zerreißen ausgeliefert ist. Die Apparatwelt, die seinen Kiosk umgibt, ist ein imaginäres Konglomerat von Spital, Amtshaus und Technischer Hochschule — eine Fabrik zur Leidensbekämpfung, eine Lochkartenadministration, ein Laboratorium für technische Utopien, die aus aller menschlichen

2. Bucher/Ammann, I, S. 57.

Unzulänglichkeit hinausführen sollen. Unten der Kühlraum mit aufgebahrten Leichen, oben in den Computer-Räumen der Entwurf einer leidensfreien Zukunft, eines programmierten Paradieses. Wissenschaftler arbeiten an einem visionären Projekt, das die wuchernde Menschheit unter Kontrolle bringen soll. Möglich wäre das nur, wenn es gelänge, Teile davon in einem Riesenlabor, einer keimfreien "Unterwasserstadt" anzusiedeln. (Der Rest der Menschheit wäre zu vernichten.) In der geplanten Laborstadt kann dem Einzelnen jeder Wunsch auf Knopfdruck erfüllt werden. Eine "Totalschau" liefert ihm in dreidimensionalen Bildern jede gewünschte Umgebung von Hawaii bis zu den Polen, sie liefert ihm aber auch Mitmenschen, deren Liebe, deren Widerstand — eine illusionäre Surrogatwelt. Diese technische "Arche Noah" wäre eine Art Glücksmaschine. Sie erinnert an den "bio-adapter" aus Oswald Wieners *die verbesserung von mitteleuropa* (1969), in Einzelzügen auch an Huxleys *Brave New World* und Orwells *1984*. Es ist die Utopie einer berechenbaren, machbaren, kontrollierbaren Welt, in der alles zuhanden ist. Die Sprache, die diese Welt beschreibt, ist klischiert, sie erstarrt buchstäblich zu Formeln und läßt sich am Ende durch Organigramme, Tabellen und Ablaufschemen ersetzen.

Die Faszination, die von solcher Weltregelung ausgeht, schlägt in Angst um, sobald die Allmacht des Apparats erkannt ist. Was absolute Freiheit verspricht, erweist sich als absolute Knechtschaft. Raster und Gitter als Grundbilder dieser Welt sind ihrer Bedeutung nach ambivalent: Sie gewähren zwar Halt, Geborgenheit, Schutz vor dem Zerfall. Aber gleichzeitig beengen und beherrschen sie. Das Glatte, Feste, Saubere ist künstlich und steril. Was sich als zivilisatorische Rettung anpreist, kann in tödliche Determiniertheit führen.

Während Boesch in früheren Romanen noch die positiven Aspekte der Technik hervorgehoben hat, bricht im *Kiosk* eine unbezähmbare Technik- und Apparatfeindlichkeit durch. Die Visionen der "Unterwasserstadt" und der "Totalschau" verzerren sich ins Groteske: Die Zivilisation mit ihren Wissenschafts-, Wirtschafts- und Verwaltungsapparaten wird zum gespenstischen Giganten mit unberechenbaren Auswüchsen und Drohgebärden. Sie erfüllt den Menschen mit Angst. Die Dynamik der Apparatmoloche hat sich längst verselbständigt, am Ende steht "star wars". Die Zukunftsvision einer kybernetisch gesteuerten, auch in ihrer

Zerstörungskraft gigantischen Welt kippt ins Absurd-Dämonische um.

Auf der anderen Seite die Natur. Boeschs Menschen haben einen unbezwingbaren Hang zum Boden, zur Erde, zum Dreck, zum Mist, zu den Moosen und Lehmpolstern. Es ist, als wollten sie sich eingraben ins Wurzelwerk. Auf dem Waldboden liegen, im Ried, im Gestrüpp, im Bach: sich an die Erde drücken, sie an der Haut spüren, sich hineinwühlen in sie, versinken in ihr. Da sind Bilder von baalischer Orgiastik. Boesch liebt die am Boden kriechenden Pflanzen, alles, was kraus ist und flauschig, feucht und klebrig, was schwammig riecht, was wuchert. Er liebt die Erlenmulden, die Sümpfe, das Moor, die Flechten, Kerbel, Hahnenfuß, Dotterblumen, Löwenzahn und Wiesenschaumkraut, den Bärlauch, die Nesseln, die Holderdolden und die wilden Brombeeren. Er liebt die erdfarbenen, die erdschweren Früchte, Nüsse, Kürbisse, Kohlrabi, Rüben und Bohnen.

Er liebt den Kälbergeifer, die feuchte Nase des Hundes. Er liebt den Schweiß, das feuchte Haar, den Schoß. Er liebt die Natur als den Ort von Zeugung und Tod. Sie ist Mysterium für ihn und Mythos. Ihr Bild ist die Ranke: alles, was sich schlingt, was sich durchmischt und durchdringt, was aus dem Elementaren kommt und sich wieder mit ihm vereinigt. Er liebt das Chthonische, das Thaletische, das Vegetative. Es gibt bei ihm Augenblicke, wo Pan regiert — wenn das Licht flimmert, der Granit gleißt, das Kraut dampft. Und es gibt Momente der Bewegungsseligkeit: wenn das Bachwasser um die Waldschwärmer quirlt, wenn zwei Skifahrer schwingend in die Tiefe gleiten, wenn Boos im entfesselten Rollstuhl dem aufgewühlten See zufährt, wo die Wellen Vereinigung und Tod winken. Natur ist Heimat, Geborgenheit, mythische Mutter. Sie ist auch das freischaffende Prinzip des Lebens, sie bedeutet schöpferische Potenz: das, was alle Raster immer wieder sprengt. Die ungeregelt wuchernde Kreativität steht dem steril-rationalen Prinzip als positive Kraft gegenüber. Da ist, wie einst im Sturm und Drang, Gefühl alles — Namen, Begriffe, Tabellen, Schemen, Modelle und Systeme sind Schall und Rauch. Der Erdgeist wallt "in Lebensfluten" auf und ab. Die Sprache geht vom Bild aus und vom Rhythmus. Sie drängt zur Lyrik und wird Lyrik. Jedes Kapitel ist von einer eigenen rhythmischen Bewegung durchpulst.

Den Bereichen der Fruchtbarkeit und der Sterilität, der

Vegetation und der Technik ordnet Boesch seine Menschen zu. Sie treten in paarweisen Varianten auf. Zentralsymbol sind dabei die Füße: Das Verhältnis, das einer zum Boden hat, entscheidet bei Boesch über seine Zugehörigkeit zu den Bereichen der Natur oder des Apparats. Er hat eine Zeitlang erwogen, dem Roman den Titel "Die Füße" zu geben.

Da ist Hanselmann, der Abwart, ein Hüne, gütig wie Rübezahl, jederzeit hilfreich zur Stelle. Einer, der einen andern tragen kann, ein Christophorus, naturwüchsig, immer barfüßig, immer mit beiden Füßen auf dem Boden, mit antäischen Kräften begabt. Da ist seine Frau Ruth, die Hebamme, die alle Kinder aufnimmt, eine Urmutter mit schweren Brüsten und gewaltigem Bauch. Der Bierschaum und die Feuchte überreifer Kürbisse gehören zu ihr.

Im Laboratorium dagegen Adrien, der Phantast der sterilen Scheinwelt, ein Dämoniker der Macht, *big brother watching you*. Er trägt eine Prothese. Rauher oder weicher Boden macht ihn hilflos, er kann sich im Elementaren nicht bewegen. Sein Holzbein ist gleichzeitig eine Anspielung auf den Klumpfuß des Teufels. Seine Welt ist satanisch. Er vertritt das Prinzip der Naturfeindlichkeit, die Welt der "Generalkastration", der totalen Organisation. "Machen wir die Gefühle tot!" Anja, seine Frau, ist ein künstliches Geschöpf mit künstlichen Reizen, unfruchtbar, immer nur in geschlossenen Räumen anzutreffen. "Er macht mich zu einer Sache", sagt sie von ihrem Mann. Im Versuch, aus der Rasterwelt auszubrechen, reicht sie Früchte dar, die sie nicht gepflückt hat.

Da ist Mac, der ehemalige Spitfire-Pilot, der seit seinem Absturz in einem Gipskorsett lebt, von Sehnsucht nach dem Leben verzehrt, von niemand beachtet als von der Prostituierten Senta. Ein lädierter Mensch, ein Opfer der Maschine, auch er. Sein Verstand ist stillgestanden. Vergeblich müht er sich, über seinen Unfall ein Buch zu schreiben. Sein Vokabular ist auf zwei Sätze zusammengeschrumpft. Einer davon lautet: "Du wirst betrogen, Jugend Amerikas!"

Im Zentrum steht die traumhafte Geschichte von Boos und Eva. Boesch greift da ein Motiv auf, das ihn schon im *Jungen Os* und in der *Fliegenfalle* verfolgt hat: Das Motiv der Liebe zu einer Frau, die mit einem andern verheiratet ist, das Motiv der naturverhängten Leidenschaft, die sich gegen alle gesellschaftlichen Rücksichten ihr Recht holt, in Schuld und Fieberkrankheit führt und den Menschen im Gitterwerk der Moral zugrunde gehen läßt. Eva hat auf Wunsch ihres Vaters den Oberzolldirektor, einen Funktionär, geheiratet, einen verdienstvollen Mann, mächtig im Amt, mächtig außerhalb des Amtes — ein Von-Instetten-Typ. An seiner Seite verliert sie ihre Natürlichkeit, ihre Spontaneität, ihr Selbstbewußtsein. Er braucht sie, um zu repräsentieren, sie ist für ihn Besitz. Sie bemüht sich, für den Mann und das Kind zu leben. Sie hat Angst vor ihm, ist aber ihrem Kind eine gute Mutter. Die Liebe zu Boos gibt ihr das verlorene Lachen, ihre Kindlichkeit, ihre Herzlichkeit zurück. Er seinerseits ist ein geschiedener Mann, Bautechniker. Seine Frau hat ihn als Versager betrachtet. Seit da hat er niemals mehr musiziert: "Wenn eine Frau sagt: 'Sei ein Mann, endlich', dann spielt man nicht mehr" (35).[3] Auch Boos hat seine Kindlichkeit verloren. Mit einer Frau möchte er sich nicht mehr einlassen, er hat Angst vor einer neuen Bindung. In beiden also ist das Rankenhafte verschüttet. Es bricht bei ihrer Begegnung mit Macht auf, sprengt das Gefängnis der Ehe, stößt die Gedanken der Moral beiseite, führt in höchste Seligkeit und endet mit dem Tod.

Die Stationen dieser Beziehung sind damit bezeichnet. Was Boesch mit dieser Geschichte gelingt, übertrifft in seiner herben Schönheit fast alles, was in unserer Zeit erzählt worden ist. Man müßte da über *Effi Briest*, *Anna Karenina* und *Madame Bovary* zu den *Wahlverwandtschaften* zurückgehen, wollte man sich Maßstäbe holen. Das Skandalon, das berichtet wird, ist nichts anderes als die Rechtfertigung des Ehebruchs im Namen der Liebe — und gleichzeitig die Unmöglichkeit, das Skandalon zu vollziehen, ohne dabei zugrunde zu gehen.

Der Verlust des Paradieses

Es ist eine archaische Geschichte, die da erzählt wird. Sie beginnt im Paradies der ursprünglichen Natur. Als Boos Eva zum erstenmal sieht, steht er nach durchmusizierter Nacht wie ein Faun im Waldbach:

> Wir rieben uns das Wasser über die Brust, über die Oberarme, wir tasteten uns hinaus über umgestürzte Stämme und Felsbrocken, wir

3. Zitiert wird nach Hans Boesch. *Der Kiosk* (Zürich: Artemis, 1968).

spürten die Kiesel unter den Füssen, weiter draussen das Reissen des Sandes zwischen den Kieseln, unter den Sohlen das Saugen und Reissen des Sandes, das Zerbröckeln des Grundes, auf dem wir standen. Und wir liessen uns hineinfallen ins raschfliessende Wasser. Wir trieben hin unter niederhängenden, wiegenden Kronen, unter Weiden. Wir wurden gedreht und geworfen in den Strudeln, wir fielen ins Gurgeln hinab und tauchten zwischen kreisenden Holzstücken und Blasen wieder auf. Und oben, auf dem Uferweg, rannte der Pöstler nebenher, nackt, zog im Rennen die Knie hoch, hüpfte und sprang, stieg über Holzstösse hin, über Steinplatten, drang durch stiebendes, verblühendes Kraut, und blies. (33)

Mit solch vitaler Urtümlichkeit ist seit dem jungen Goethe und dem Maler Müller in deutscher Sprache nicht mehr gefühlt und erzählt worden. Pan selbst wird lebendig. Die tanzenden und dudelnden Gesellen, tast- und bewegungsselig allesamt, tauchen ein ins Wasser, unter die Büsche: Sie erfahren am ganzen Körper die bergende und erfrischende Kraft der Natur. Dann sehen sie das Mädchen an der Mauer:

Die Sonne spielte in seinem Haar; sie nistete in diesem Haar; das Haar war so hell, dass wir das Gesicht erst gar nicht sehen konnten.

Aber dann sahen wir, dass das Mädchen lachte. Es lehnte über die Mauer herab und lachte. (35)

Jahre später erkennt Boos von weitem das Mädchen wieder — an seinen Bewegungen. Die junge Frau lacht und winkt auch diesmal, aber er wagt nicht zurückzuwinken. Indessen holt er, nach Hause zurückgekehrt, das Banjo herab: "Und man erschrak, als es tönte." (37) (Dieses "Man" tritt bei Boesch immer dort auf, wo das Ich vom Gefühl überwältigt wird und sich schamhaft von ihm zu distanzieren, es wegzurücken versucht.)

Von da an folgt er ihr, berührt und gebannt wie er ist. Im Schneegestöber steht er vor ihrem Fenster, es kommt zu ersten Gesprächen. Zu ihrem Selbstschutz nimmt sie das Kind auf den Arm. Dann die erste Begegnung zu zweit, die erste Umarmung: "Ich sah die Schneekörner, die in ihrem Haar, an Haarspitzen hängen geblieben waren." (55) Und von da an das Gefühl des Aufbruchs, des Zerbrechens von Krusten, des Durchströmtwerdens von Wärme, der Unentrinnbarkeit des Eros. Es weht ein mythischer Atem über diesen Szenen: Adams Erwachen, Odysseus beim Anblick Nausikaas. Eros, der Gott, ist präsent im Wasser, im Licht, in der Musik, deren Bewegung selbst die Stimme durchdringt. Vom Eise befreit sind Strom und Bäche. Die Seligkeit und die Schwere des Überwältigtwerdens sind gleichzeitig da.

Der ganze Aufbruch, die Wiederbelebung wird spür- und sichtbar im Gedicht "Fossil" und im Traum vom Pfau:

> Fossil.
> Die Dämonen kastriert.
> Die Lust genagelt
> ans Holzkreuz.
> Und selbst die Sehnsüchte
> gespannt in den Raster der andern.
> Ummauert das Land,
> ein Jericho, gegürtet,
> und taub im Ansturm der Hörner.
> Kein Entfesselungskünstler
> durchbricht diese Sperre.
> Bis du kommst.
> Dein Haar schleift die Festung.
> Was Schild war, fällt.
>
> Gesicht zu Gesicht stehen wir,
> nackt,
> in der Schwärze. (73)

Boos wird nicht mehr länger "in der eigenen Ruine" (73) herumklettern. Er wird aus seinen Versteinerungen herauskommen, er wird lieben.

Der Traum vom Pfau ist ein Traum von der Erwartung des Eros. Die Lindenblätter im Wind verheißen die Ankunft des Gottes. Sie streichen durch die erstarrte Gitterpuppe — die Boossche Ruine. Der Pfau wird aufglühen, und die Messingfarbe wird aufglühen im Haar der Frau, so wie sie am Hals der Ente glüht. Wind, Liebe, Fluß und Glut verheißen die Erfüllung. Boesch hat zu diesem Traum geschrieben:

> Pfau. Ich empfinde ihn hier anders als im David, jedenfalls ist dort seine blutgetränkte Schleppe das Zeichen der Schuld, der Niederlage eines einst voll göttlicher Verheissung Daherkommenden. Pfau ist ja ein Sonnensymbol, eine aufgehende Sonne. Im "Kiosk" ist er aber auch ein Zeichen der Reinheit und Zerbrechlichkeit. Also kein herrisches Siegessymbol, eher ein heimliches; aber heimlich schön, heimlich behütet, heimlich strahlend, heimlich durchdringend — auch die

Gitterpuppe, jenen Korb des Ichs durchdringend, jenes Gefängnis des Ichs, aus dem das Ich des Wartenden getreten ist, — des Wartenden, der noch immer auch ein Betrachtender ist. Das Messingfarbene wäre Abendlicht. Aber auch das unsicher in seiner Realität, zitternd beinah vor Anstrengung, die Farbe eines Gongs, eines Geräts, das im nächsten Augenblick erbeben kann.

Und trotz allem: unter allem und durch alles hindurch die Gewissheit, dass die Geliebte — die immer auch schöpferische Kraft bedeutet, schöpferischer Eros* — kommen wird. Das Unwirkliche in dieser Durchdringung von Unsicherheit (die Erscheinung) und Sicherheit (die Liebe) faszinierte mich.

Übrigens: Pfau bedeutet mir auch Fontäne, also Erfrischendes, Junges, Weiblich-Lebendiges.

[...]

Das ganze Bild, das Kap. 13 heisst eigentlich Warten. Auf etwas, das gewiss ist. So gewiss, dass es wie schon geschehen ist. Und das doch die Ängstlichkeit des Neuen hat. Es ist, als wäre man in der Vorhalle zum Thron eines Gottes. Und man möchte abwehren. Aber man ist ihm verfallen.

------

* somit eigentlich: das Göttliche.[4]

Es kommt zur Liebesbegegnung, zum Spiel mit dem Stein aus der Grotte: "Er ist grün, dunkelgrün, fast schwarz, vom Grün jener Wasserpflanzen, die in Grotten wachsen." (102 ff.) Die Bilder des anfänglichen Paradieses sind wieder da: Das Wasser, das weiche Grün, das Licht im Haar, die Luft dieses Tages. Die Frau, das sagen die Bilder, gehört zur Natur, sie ist Natur: Mutter Natur. Auf einen Moment gelingt es den Liebenden, "neu" zu werden (106), so leicht zu sein wie das Glück — "Erde, Liebe, Seligkeit" hat Boesch die drei Teile seiner ersten Lyriksammlung überschrieben. Seligkeit bedeutet im genauen Sinne: Erfahrung des Eros in der Natur und in sich selbst. Mit dem traditionellen Begriff von Romantik hat das wenig zu tun. Es wird da nicht gesucht, es wird erfahren. Die Erfahrungen sind so alt wie die Sonne Homers und die Stunde des Pan.

4. Zitat aus einem Brief Hans Boeschs an Hans Wysling vom 8.7.1979, S. 3-7; weitere Zitate aus Boeschs Briefen an Wysling sind im Text mit Datum und Seitenzahl bezeichnet.

Liebe und Schuld

Diese Liebe ist sich keiner Schuld bewußt. Und doch gerät sie mit der Moral in Konflikt. Boos und Eva gehen buchstäblich zugrunde. Um ihrer Liebe die Entfaltung zu gewähren, spricht Eva mit ihrem Mann. Er weist sie zurück, macht sein und des Kindes Recht geltend. Norm kann die Normfreiheit nicht anerkennen. Als Eva zum zweitenmal kommt und Boos sagt, daß sie ein Kind von ihm erwartet, steigt er den Berghang hinauf, irrt barfuß in den Schneefeldern herum, wird von seinem Freund gefunden, ins Spital gebracht, wo er, zwischen Tod und Leben schwebend, im Fiebertraum die Ausweglosigkeit der Situation erkennt. Wenn die Hochzeit nicht sein kann, das ist das älteste analytische Gesetz, gibt es nur den Mord oder den Wahnsinn. Es ist die uralte Dreiheit, mit der Literatur immer wieder zu tun hat — am Ende hat sie *nur* mit ihr zu tun.

Das Ende ist harsch. Eva stirbt, in Gegenwart von Boos, bei der Geburt des Kindes. Boos wird beim Verlassen des Spitals von einem Lastwagen überfahren und verliert beide Beine.

Wir stoßen damit in die geheimsten Zonen des Romans vor. Was bedeutet Evas Tod, was bedeutet der Verlust der Beine? Ist das Strafe für Untreue, Strafe für die Einmischung in eine Ehe? Soll da die Schuld gegenüber dem "geschädigten Dritten", dem Oberzolldirektor gerächt werden? Dann hätten sich die Maßstäbe moralischer Unerbittlichkeit durchgesetzt. Eva und Boos wären im Raster des Gesetzes gefangen und von ihm getötet oder amputiert worden. Dann hätte der Autor das Recht der Rasterwelt anerkannt: Evas Tod, Boos' Fast-Tod wären aufzufassen als gerechte Strafe.

Daß Eva stirbt, Boos seine Beine verliert, weist im Rahmen dieses Werkes indessen auf etwas ganz anderes hin. Gezeigt werden soll, daß wer nicht lieben darf, gestorben ist oder sterben muß (Eva), daß er buchstäblich den Boden unter den Füßen verliert (Boos). Die Aussage ist von äußerster Heiklichkeit, weil sie die Berechtigung der Raster- *und* der Rankenwelt gleichzeitig in Frage stellt: Offenbar möchte Boesch von der Schuld/Strafe-Stringenz wegkommen, juristische, moralische, christlich-alttestamentarische Motive beiseite schieben, um in der Kraft des Eros das zentrale Movens allen Lebens zu *feiern* — oder über seinen Verlust zu *klagen*, wie einst Orpheus geklagt hat.

Die Rücksichtslosigkeit des Eros trifft nicht nur die Geschädigten, sondern vor allem die Liebenden selbst. Boesch rechnet den
"geschädigten Dritten" zu den Toten, die nicht lieben, die beiden
Liebenden zu denen, die nicht leben können:

> Nun gibt es Verständnisschwierigkeiten, wenn ich dann Figuren wie den
> Zolldirektor, die durchaus noch vital sind, zu den Toten zähle, also
> verloren gebe. Ich tue das, weil sie seelisch verholzt, weil sie verknöchert
> sind, ihrer Fossilwerdung im Konventionellen wegen, weil sie gnadenlos
> geworden sind, rein "rational" im üblichen Sinn. Und so verknöchert
> und überlebt war ja auch Boos, bevor Eva kam. Nur Eros erweckt, nur
> Liebe bringt Leben, sie ist lebenserhaltend, menschlich. Schon im
> *Gerüst* war das der zentrale Aspekt.
> [...]
> Eros, vergröbernd gesagt, will Freiheit. Er neigt zum Schrankenlosen,
> Sie haben recht. Er ist der Er-löser. Er zerstört den Panzer, er reisst den
> Aengstlichen, den Ungeschützten heraus, er bricht den Panzer, das
> Gefängnis aus Aengstlichkeit, Vernunft, Konvention, Moral, Pflicht
> auf ("Wir kappen den Helm, und der Page steigt aus der Rüstung",
> *Gerüst*, S. 68). In diesem Augenblick ist Eros rücksichtslos, auch und
> vor allem gegen die Liebenden, nicht nur gegen Dritte, wie Sie sagen.
> Solche "Aufbrüche" im doppelten Sinn des Wortes kennen wir vom
> Eindringen des Prinzen in den Turm: zu Dornröschen, zu Rapunzel; es
> ist auch da bei Danae. Die Defloration ist (auch) eine seelische, das
> Aufsprengen der Schale ist schmerzhaft. Es ist ja die (umgekehrte)
> Vorwegnahme der Geburt, es ist das Eindringen und Ein-nehmen
> dessen, das später "ver-eint" als ein Neues wieder aus-gegeben wird. Es
> ist eine göttliche Vergewaltigung. (2.3.1986, S. 9f.)

Umgekehrt gibt es im Roman Erfahrungen von einer Zärtlichkeit,
die kaum mehr angedeutet werden kann. Die Sprache zieht sich da
ins Imaginär-Rätselhafte zurück, etwa in dem Gedicht "Wir haben
neue Ränder gefunden":

> Wir haben neue Ränder gefunden.
> Eine Beere, drin der Dachs schläft.
> Seen, mit dem Finger zu erfahren.
> Und die Giraffe auf dem Balkon.
> Halme.
>
> Wer misst sie? Wer nennt sie?
> Die Wahrheit ist ohne Sprache. (287)

"Die Giraffe auf dem Balkon" war eine Zeitlang Arbeitstitel des

Romans. "Das Bild", schreibt Boesch dazu, "ist die Zärtlichkeit, das Verletzliche. Giraffen sind zärtlich, gelten als die zärtlichsten Tiere. Es ist eine transparente Zärtlichkeit, keine schnurrende, katzenhafte, eine, so schlank wie Halme." In einer Anmerkung fügt er bei: "Das Zärtliche, Schöne, 'Vergängliche' ist das Göttliche" (8.7.1979; S. 8 f.).

Eros soll, wie in den ältesten Mythen, den *ganzen* Menschen erfassen, die *ganze* Gesellschaft. Was bei Hesiod und Platon ausgesprochen ist, was von Goethe in den *Urworten. Orphisch* als weltschöpferisches Prinzip wieder gefeiert wird, das ist auch für Boesch eine weltdurchwaltende Kraft. Sie ist, als schöpferisches Prinzip, sodann das, was Welt hervorbringt, Welt erneuert — auch das, was Kunst schafft.

Christophorus

Eros ist Seligkeit, Eros ist Schmerz. Er macht leicht und gibt zu tragen. "Schmerz der Liebe" schreibt Boesch im schon zitierten Brief, "die Liebenden tragen daran, Christus trug an seiner unerwiderten Liebe zur Welt. Christophorus [...] trug das Sinnbild der Liebe selbst, trug schwer am Liebenmüssen. Wie alle meine 'Helden' übrigens. Auch Orpheus trägt daran. Er ist gesanggewordene Sehnsucht nach dem 'Ganzen', die Sehnsucht der Dichter" (2.3.1986; S. 12).

Die Christophorus-Gestalt ist in Boeschs Werk zentral. Daß einer den andern liebt und trägt, daß einer ohne des andern Liebe und Hilfe nicht leben kann, ist die entscheidende Einsicht. Zwischen Eros und Agape wird dabei nicht geschieden. Eros und Christus gehören bei Boesch zusammen. Das Christophorus-Bild taucht auch im *Kiosk* immer wieder auf: Hanselmann ist einer, der hilft und trägt; Senta hilft dem gelähmten Mac; Saluz trägt den durchfrorenen Boos von der Alp; das Mädchen Su führt ihn in seinem Rollstuhl spazieren. Überall sind Leute, die lieben und tragen.

Das Motiv erscheint wieder in der Geschichte von Jonas, die Boos erzählt (361 ff.). Jonas treibt im Meer, der Mast ist zerbrochen. Ein Sturm wirft ihn über Bord. Aber dann kommen die Delphine und helfen: "Delphine schubsen ihre Jungen hoch, schubsen Ertrinkende hoch." Oder ist es der Wal, der Jonas ans Land spuckt?

Wo Gefahr ist, wächst das Rettende auch. "Ein Mann, der gefressen und an Land getragen und ausgespuckt wird, ist ein Wunder. Und deshalb ist er gottgefällig." Boesch selbst hat die Geschichte wie folgt kommentiert:

> Das Jonas-Motiv hat mich immer beschäftigt. Ich denke nicht nur, weil einmal jemand sagte, es sei ein Prüfstein für den Glauben schlechthin. Es ist auch ein Wiedergeburts-Motiv. Christus soll es nach Matthäus 12.38 ja selbst angeführt haben. Womit wir bei Christus wären, der mir mit Orpheus nicht wenig verwandt ist, wir wären bei der Wiedergeburt und Hoffnung [...]. (8.7.1979; S. 10)

Erneuerung ist Eva und Boos nicht gegönnt. Gewährt wird sie Su, die an die Stelle Evas tritt und doch wohl das Kind ist, um dessentwillen jene das Leben gelassen hat. Und sie ist da in Martin, der am Schluß als ein neuer Christophorus zurückkehrt.

Was in der Christophorus-Gestalt letztlich angestrebt oder verwirklicht wird, ist das Zusammengehen von Eros und Moral. Das Problem ist komplex und intrikat. Wie soll, was gegeneinander steht, zu einem stützenden Ineinander werden? Dreierlei muß gesehen werden:

1. Wenn die Moral den Eros verdammt und austrocknet, dann verschwindet aus dem Leben die schöpferische Potenz. Die Menschen werden zu Kokons, sie sind "Kadaververwalter" ihrer selbst (232). Sie sind passiv, sind tot.

2. Eros ist Seligkeit und Schmerz. Verabsolutierter Eros tötet, vernichtet, er zerreißt. Es wird hier die Verbindung zum Dionysischen, zu Dionysos Zagreus sichtbar. Der "in weinumrauschter Kelter Gekreuzigte" (2.3.1986; S. 16), der im Ernst lächelt, ist eine Schlüsselfigur.

3. Eros und Moral, ins Absolute getrieben, sind tödlich. Ein Ausgleich scheint nicht möglich zu sein, die Aporie ist unüberwindlich. Boesch vermag den Ausgleich nicht herzustellen, aber er sucht ihn, weil der Ausgleich allein das Leben ermöglicht:

> Eros contra Moral? Wenn das eine die Ranke ist, das andere der Raster, das Gerüst, dann wäre ein Zusammengehen möglich, dann hätte jedes das andere nötig. [...] Der Ausgleich ist Glückssache, in der oben eingeführten Wortregelung: Fügung, Gnade.
> Wir wissen, dass der Kampf dauert. Eros oder Moral? Freiheit und Gebundenheit? Der Kampf wird, solang der Mensch kein Roboter ist, weiterdauern. Die Unvereinbarkeit zwischen Rechnung und Unbe-

rechenbarem ist der Grund, der Anlass der Tragik, jedenfalls der im gesellschaftlichen Rahmen herrschenden Tragik, der Tragik der Beziehung zwischen Pflicht und Zuneigung. Macht und Liebe (oder Phantasie). (2.3.1986; S. 16)

Kunst, so gesehen, hätte die Funktion, das ungeteilte Ganze zu suchen:

Das "Ganze" ist mir auch das Heile. Es ist das "Paradies". Unsere Suche nach Heilung, nach Ueberbrückung und Ausgleich der Gegensätze ist somit immer auch Suche nach dem Paradies. (2.3.1986; S. 6)

Regression und Ausgleich

Die Regression auf den Paradies-Mythos ist uraltes dichterisches Geschehen. Der Autor weiß: Das ursprüngliche Reich des Eros kann höchstens augenblicksweise erfahren werden, es läßt sich aber nicht dauerhaft restituieren. Er kann zwar Momente des Glücks heraufbeschwören, aber er kann sie nicht perpetuieren.

Was Boesch anstrebt, ist nicht der Garten Eden, sondern das Leben im Zeichen des Ausgleichs von Ranke und Raster. Dieses Ziel deckt sich somit nicht mit dem Paradies der Urzeit — so wenig wie sich seinerzeit in Schillers idealistischem Dreitakt der Endzustand der "schönen Seele" mit dem ursprünglichen Griechentum gedeckt hat. Was in der Frühzeit fraglose Einheit war, in der Zwischenzeit aber auseinandergebrochen und damit fragwürdig geworden ist, kann auch bei Boesch nicht mehr bruchlos wiedergeschaffen werden. Erreichen läßt sich höchstens ein spielerisches Gleichgewicht zwischen den Gegenbereichen Gefühl und Ratio. Im *Kiosk* sind die sprachgewaltigsten Stellen zweifellos Zeugnisse von der Realität des Eros: Er soll sich vor der gegenwärtigen Hypertrophie des Rationalen behaupten. Im gesamten aber hat der Roman den maßvollen Ausgleich zum Ziel.

Das Nebeneinander von regressiver Phantasie und Ausgleichsvorstellung zeichnet sich auch in Boeschs Wahl seiner Vorbilder ab. Vorbilder sind zunächst einmal jene Dichter und Dichtungen, die den Mythos archaischer Natur aufleuchten lassen und die Eros gegenwärtig machen, also etwa Ramuz und Thoreau, die Adam-Phantasien des Sturm und Drangs, Salomons *Hohes Lied* und allenfalls Platons *Symposion.* Zu Vorbildern werden aber auch Dichter, bei denen der Mythos verstellt und ins Unzugängliche entrückt wird: Dostojewski, Kafka und Beckett. Auf der Gegenseite stehen die Visionen von Adrien Turel (Adrien, der Vater der Unterwasserstadt, hat seinen Vornamen von ihm); als verwandt sind die Schreckensutopien von Huxley, Orwell und Wiener zu bezeichnen. Dann aber läßt sich Boesch auch von jenen Wiederherstellungsphantasien leiten, wie sie, jeder anders, die Dichter des Idealismus geträumt und erdacht haben. (Hinter dem Wunschgeschehen von Regression und Restitution, von der Wiederherstellung des Paradieses verbirgt sich ja nichts anderes als eben dieser idealistische Dreitakt — Psychoanalyse wird da zur Dichtung).

Unter den zeitgenössischen Autoren steht E.Y. Meyer mit seiner *Rückfahrt* (1977) Boesch am nächsten. Beide Autoren wollen den entfremdeten Menschen an seine ursprünglichen Bedingungen erinnern. Beide stellen der durchrationalisierten Welt den "Garten der Liebe" gegenüber. Sie haben Angst, es möchte die Apparatwelt die schöpferischen und magischen Potenzen verschütten und den Menschen in eine Maschinerie einspannen, die seiner Naturhaftigkeit, seiner Historizität, seiner psychischen Verfassung nicht entspricht und nicht genügt. Sie suchen den lebensmöglichen Ausgleich zwischen Rationalität und Irrationalität. Ziel wäre die Inthronisation einer aufs Ganze gerichteten Vernunft — eine "Neue Aufklärung", wie E.Y. Meyer es nennt: "Eine *Neue Aufklärung,* die uns die Perpetuierung der 'Alten Aufklärung' überwinden hilft, wäre fällig, eine Aufklärung, welche die neuesten Erkenntnisse der Naturwissenschaften berücksichtigt, die nicht auf eine Entzauberung und Entleerung, sondern auf eine innere Einheit des Universums hinweisen."[5] Meyer hat in *Plädoyer* (1982) konkrete Forderungen aufgestellt, die aus diesen Einsichten heraus verwirklicht werden müssen.

Auch Boesch hat seine konkret-gesellschaftlichen Vorstellungen. Die Überorganisation auf allen Lebensgebieten, sagten wir eingangs, ist ihm unerträglich geworden. Es gibt zuviele Gesetze und Verordnungen, es wird auf allen Lebensgebieten zuviel geregelt

---

5. E.Y. Meyers Brief vom 8.1.1980 an Hans Wysling, in: Beatrice von Matt (Hrsg.). *E.Y. Meyer* (Frankfurt: Suhrkamp, 1983), S. 151.

und gesteuert. Es wird zuviel Buch geführt. Der Tertiärsektor bläht sich auf, und er tut es auf Kosten produktiver Arbeit.

Insbesondere gilt es, die Grundgefahr aller Institutionalisierung zu erkennen: "Ich bin überzeugt", schreibt Boesch 1986 in einem Brief, "dass jeder Institutionalisierung die Gefahr der Fossilwerdung innewohnt. Und dass somit das Institutionalisierte letztlich als verhärtetes Gefüge gegen die ihm zugrunde liegende Idee steht, gegen den Eros dieser Idee. Siehe Jesus — Kirche, sozial-humane Ideen — Ideologie der 'Neuen Klasse', liberale Idee — Kapitalismus, etc. Mein grosses Anliegen daher: Lassen wir die Demokratie nicht verhärten!" (9.3.1986; S. 1).

Auf seinem Berufsgebiet, der Verkehrsplanung, hat Boesch eine ganze Reihe von Arbeiten publiziert — *Der Mensch im Stadtverkehr* (1975), *Das Quartier oder Die Suche nach dem verlorenen Paradies* (1980), *Die sinnliche Stadt* (1982) —, die auf die Enthumanisierung unserer Lebensweise aufmerksam machen: Wohnungen und Zimmer, die in ihrer Gradlinigkeit und Durchsichtigkeit nicht mehr warm sind, keine Geborgenheit mehr gewähren; Städte, denen mehr und mehr die "Winkel" fehlen, Plätze und Anlagen, die für sich da sind und nicht nur Durchgangsorte sein wollen. Demgegenüber die Überdimensionierung des Verkehrs und seiner Anlagen: Die Schweiz ist seit den fünfziger Jahren ein Spielzeugland für Verkehrsplaner aller Grade und Gnaden geworden; wir haben das dichteste Autobahnnetz, wir haben den dichtesten Wald von Verkehrstafeln und Signalampeln, und immer finden überflüssige Beamte noch weitere Kreuzungen, die man mit Ampeln versehen könnte. Das führt zur Entmündigung der Menschen, macht sie nervös und krank; immer häufiger mißachten sie die Gebote. In überorganisierten Lebensbereichen schwinden mit der Rücksicht auch Achtung und Liebe. Der Raster tötet die Ranke.

Raster und Ranke — das ist die Ausgleichsvorstellung — sind aber aufeinander angewiesen. Der Raster muß die Ranke stützen, damit sie sich halten und entfalten kann. Sie aber darf nicht ungebührlich wuchern; sie muß ihrem Wachstum bestimmte Grenzen auferlegen, damit auch das andere gedeihen kann. Absolute Freiheit zerstört die Ordnung des Zusammenlebens. Diese Ordnung gälte es immer neu sich einspielen zu lassen.

111

Bibliographie

1. Bücher:

Oleander, der Jüngling. Gedichtzyklus. St. Gallen: Tschudy, 1951.
Pan. Gedichtzyklus. Sins: Borgis, 1955.
Der junge Os. Roman. Zürich: Speer Verlag, 1957, Artemis 1979.
Das Gerüst. Roman. Olten: Walter, 1960.
Die Fliegenfalle. Roman. Zürich: Artemis, 1968.
Ein David. Gedichte. Zürich: Artemis, 1970.
Der Kiosk. Roman. Zürich: Artemis, 1978.
Das Unternehmen Normkopf. Satiren [Ursprünglicher Titel: *Grotesken.*]
(Zürich: Artemis, 1985).
Der Brunnen. Roman [in Arbeit].

2. Aufsätze:

"Der moderne Staat und der Schriftsteller." In: *.Schweizer Monatshefte* 49
(1969), S. 358-371.
"Vaterland im Zeitalter der Nomaden." In: *Neue Zürcher Zeitung*,
2.8.1970.
Der Mensch im Stadtverkehr. Essay. Zürich: Artemis, 1975.
"Maß und Gefühl." In: *Schweizer Buchspiegel*, Dezember 1978.
"Das Quartier oder Die Suche nach dem verlorenen Paradies." In:
Archithese, Architektur-Zeitschrift 10 (1980), Nr. 3, S. 7-10.
"Die wohnliche und funktionstüchtige Stadt." In: *Schweizer Ingenieur und
Architekt* 99 (1981), Nr. 8, S. 133-142.
"Die sinnliche Stadt." In: *Schweizer Monatshefte* 62 (1982), S. 419-430.
"Wandlungen in den Zielvorstellungen der Verkehrsplanung." In: *DISP*
83 (1968), S. 28-33.

3. Verschiedenes:

"Ingenieure." Prämiertes Gedicht in der Ausstellungszeitung *Zürcher
Künstler im Helmhaus*, Zürich 1949 [erste Publikation].
"Mein schönster Ausflug." Prämierte Kurzgeschichte unter dem Pseu-
donym Ernst Kerler. In: *Schweizer Familienfreund*, 1950.
Verschiedene Gedichtzyklen und Gedichte in *Hortulus* 1951-1961,
darunter: "Aglaia", in: *Hortulus* 2 (1952), H. 2, S. 42-47; "Seligkeit", in:
Hortulus 3 (1953), H. 1, S. 6-14.
"O wir eifrigen Narren des Trosts." In: *Politische Rundschau* 1 (1953), S.
26.
"Die Eule." Gedichtzyklus. In: *Siebenmal sieben*. Anthologie. Hrsg. von
Herbert E. Stüssi. Zürich: Fretz & Wasmuth, 1955.

Verschiedene Gedichte. In: *Zürcher Lyrik*. Anthologie. Hrsg. von der Verwaltungsabteilung des Stadtpräsidenten. Zürich: Rascher, 1955, S. 295-300.

"Die Angst vor dem Riesen." Poetischer Aufsatz im Jahresbericht der aargauischen Kulturstiftung PRO ARGOVIA, Aarau, 1958.

"Liebeslieder." In: *Aarauer Neujahrsblätter* 1959, Aarau, S. 3-8.

"Der Rattenfänger", Erster Akt, erste Szene des Oratoriums (Schauspiel, geschrieben ca. 1951). In: *Hortulus* 11 (1961), H. 55/56, S. 129-132.

"Aus dem Leben mit Goliath." In: *Zeichen*. Anthologie. Sieben Aargauer Lyriker. Aarau: Sauerländer, 1962.

"Fairness." Groteske. In: *Texte*. Anthologie. Einsiedeln: Benziger, 1964.

"Das Rathaus zu Neda-B." In: *Schweizer Monatshefte* 46 (1967), S. 1119-1124.

"Traum" [Richtiger Titel: Das Mahl]. In: *Geschichten von der Menschenwürde*. Anthologie. Zürich: Domo, 1968.

"Gespräch zweier Männer in der Nacht." Dialog. In: *Drehpunkt*. Schweizer Literaturzeitschrift 1 (1969), S. 86-88.

"Bordbuch" [Später wieder ursprünglicher Titel: "Im Sternbild des Steinbocks"]. In: *Zukunft*. Anthologie der PRO ARGOVIA. Aarau, 1969.

Menschen im Bau. Ein Band Kurzgeschichten mit Photographien von Kurt Blum. Privatdruck der Firma Walter J. Heller AG, Bauunternehmung, Bern 1970. — Zum Teil auch als Privatdruck der Druckerei Am Speisertor, St. Gallen, 1971.

"Bücher und Geschichten." In: *Jahrbuch 1972 der Zürcher Jugend- und Volksbibliotheken*, Zürich, S. 2-4.

"Butzbacher Autorenbefragung." *Briefe zur Deutschstunde*. Hrsg. von Hans-Joachim Müller. München: Ehrenwirt, 1973, S. 172-175.

Michael Ossar

Das Unbehagen in der Kultur: Switzerland and China in Adolf Muschg's *Baiyun*

> We shall not cease from exploration
> And the end of all our exploring
> Will to be arrive where we started
> And to know the place for the first
> time.
>
> T.S. Eliot

I

Adolf Muschg's novel *Baiyun* (1980), based on a trip to China in 1978, can be read as a part of a continuing project, a strand of a larger tapestry that depicts the confrontation of different (and thus disparate) social systems: the Switzerland and the Japan of *Im Sommer des Hasen* (1965), the Switzerland of the bourgeois establishment and that of the commune sub-culture of *Gegenzauber* (1967), the Switzerland of the *Gymnasiasten* and that of the adults in *Mitgespielt* (1969), the Switzerland perceived by the insider and by the outsider of *Albissers Grund* (1974), the Switzerland of the young German woman in "Besuch in der Schweiz" (1968) and that of her fiancé and his mother. As I have suggested, the common conceit of all these works is a confrontation born of a displacement, either physical or psychological, and the common denominator, the common term in the inequality, is Switzerland. When the displacement is physical, Muschg employs the device of the travel book, as in *Im Sommer des Hasen*; when it is psychological he, like his compatriot Dürrenmatt, inclines toward the murder mystery (or one of its variants) as in *Mitgespielt* and *Albissers Grund*. And sometimes, as in *Baiyun*, he combines the two.

In this essay, I shall concentrate on analyzing *Baiyun* as a travel book, and one of a particularly interesting sort. In his study of western scholarship on the Orient, *Orientalism*, Edward Said makes the obvious point that Europeans who write on the Orient (like all writers on all other parts of the world, one might add) see and interpret their experiences from a particular perspective and carry a particular ideological baggage. The Archimedian point about which the interpretation revolves (the observer's point of reference) determines the path it describes, so that scholarship on the Orient is always to some degree an intentional falsification of its subject, and travel literature even more so. Having proposed this hypothesis, Said seems to unlearn his own lesson when he suggests: "[p]erhaps the most important task of all would be to undertake studies in contemporary alternatives to Orientalism [ethnocentric, biased scholarship on the Orient], to ask how one can study other cultures and peoples from a libertarian, or a nonrepressive and nonmanipulative, perspective."[1] The reader, who has assented to Said's convincing, indeed overwhelming demonstrations of the ubiquity of bias, is compelled to wonder how he or she is to discriminate between the scholarship of a writer with one set of prejudices, one perspective, and that of a writer with another — say between Bernard Lewis and Edward Said.

Muschg's answer (and it is at once an acknowledgement of Said's original point and a rejection of his chimerical hope for a solution) is to expose the Archimedian point, the observer's bias, through a complicated narrative technique so obtrusive and so insistent on calling attention to itself as to seem mannered. This technique, which I shall call the generic perspective of this travel/mystery story, will concern us later on in our analysis. First I would like to look into Muschg's own conception of the travel genre and into some more general theoretical observations by other writers on it before turning to *Baiyun* itself.

1. Edward W. Said. *Orientalism* (New York: Pantheon, 1978), p. 24.

II

In an essay on the character of Swiss literature that appeared in a special issue of the London *Times Literary Supplement*, Muschg outlines a justification for travel quite different from the intention suggested in Said's *Orientalism*:

> Indictment, self-indictment, aesthetic compensation: the list of "typical" behaviour patterns in Swiss writing is incomplete without that of flight. In past centuries, it had been the geographical and economic narrowness of Switzerland that drove its sons into foreign war service.... Today, it is the *cultural* narrowness of the country from which Swiss writers take flight (in their themes but increasingly also literally). However they are never certain whether to describe their absence from their loved/hated little country as an opportunity to live or as an exile.[2]

This position, while no less subjective than that of "Orientalist" scholars, implies an entirely different way of looking at the Orient, and one with a long literary tradition. It sees in the Orient (and particularly China) a more natural society from which depraved and/or exhausted western civilization can learn — perhaps even a society that has given birth to new human beings who have learned to control their aggressive desires for the benefit of their fellow man. Sigmund Freud described the genesis of this idea in *Das Unbehagen in der Kultur*:

> Sie lautet, einen großen Teil der Schuld an unserem Elend trage unsere sogenannte Kultur; wir wären viel glücklicher, wenn wir sie aufgeben und in primitive Verhältnisse zurückfinden würden.... Die vorletzte Veranlassung ergab sich, als man im Fortschritt der Entdeckungs-reisen in Berührung mit primitiven Völkern und Stämmen kam. Bei ungenügender Beobachtung und mißverständlicher Auffassung ihrer Sitten und Gebräuche schienen sie den Europäern ein einfaches, bedürfnisarmes, glückliches Leben zu führen, wie es den kulturell überlegenen Besuchern unerreichbar war.[3]

In similar but more positive terms, Claude Lévi-Strauss speaks of

2. Adolf Muschg. "The trouble with good design." *TLS*, 7 Dec. 1984, p. 1410, col. 2.

3. Sigmund Freud. *Das Unbehagen in der Kultur* (Vienna: Internationaler Psychoanalytischer Verlag, 1937), p. 42.

"that crucial moment in modern thought when, thanks to the great voyages of discovery, a human community which had believed itself to be complete and in its final form suddenly learned... that it was not alone, that it was part of a greater whole, and that, in order to achieve self-knowledge, it must first of all contemplate its unrecognizable image in this mirror."[4] I shall later on have occasion to examine this specular metaphor for Freud's concept in a detailed analysis of the way that *Baiyun* mediates between the two cultures: Switzerland as a representative of western civilization and China as a more natural (because primitive) society.[5]

One of the most interesting theories of travel literature that conform to Lévi-Strauss' notion, and one which deals explicitly with China as an example of an idealized non-western society, was sketched by Susan Sontag in an article called "Model destinations."[6] For this reason, I would like to summarize it in some detail here. Sontag observes that along with the "us good, them bad" tradition of the travel literature examined by Said there developed since about the eighteenth century a rival "us bad, them good" tradition exemplified perhaps most notably by Gulliver's visit to the Houyhnhnms. "Modern travel literature starts," she remarks, "when civilization becomes a critical as well as a self-evident notion — that is, when it is no longer so clear who is civilized and who is not" (Sontag, 699, col. 1). The French *philosophes* took the more daring step of invoking purportedly *real* non-European societies, described as being in some way more rational or more natural than we, in order to underline the evils of western civilization. She notes: "... certain countries...have seemed

4. Claude Lévi-Strauss. *Tristes Tropiques* (New York: Atheneum, 1974), p. 102. Quoted in Percy G. Adams. *Travel Literature and the Evolution of the Novel* (Lexington: University of Kentucky Press, 1983), p. 38.

5. That the Chinese see themselves this way, we learn from Mu in *Baiyun*: "Nach längerer Stille sagte Jules leise: Aber China ist doch gar kein Entwicklungsland. Für Stappung schon, sagte Paul. Für uns auch, sagte Mu auf deutsch." Adolf Muschg. *Baiyun oder die Freundschaftsgesellschaft* (Frankfurt/Main: Suhrkamp, 1980), p. 315. Henceforth cited in the text as "B."

6. Susan Sontag. "Model destinations." *TLS*, 22 June 1984, pp. 669-700.

more susceptible to idealizing than others. China has been a
fantasy kingdom since Marco Polo's visit; and in the eighteenth
century it was widely believed that in China, a land of reason, there
was neither war, debauchery, ignorance, superstition nor
widespread illnesses" (Sontag, 699, cols. 1-2).[7]
Sontag notes that a characteristically modern incitement to
travel in a country is the fact that a revolution has taken place in it:

> The revolution represents itself as a kingdom of virtue, and visitors
> have been ready to believe that behaviour in a revolutionary society
> really has been thus transformed. In the early 1970s many Western
> visitors accepted the solemn assurances of their Chinese hosts that
> there was no theft, no homosexuality, no pre-marital sex in China....
> Sympathetic visitors who cannot even imagine the local hardships
> often have a high standard of revolutionary consciousness; and when,
> for example, the ghastly rigours and lethal zealotry of Chinese
> communism in the time of the Cultural Revolution were somewhat
> abated, starting in the mid-1970s [the time of the *Baiyun*-trip was
> 1978], first-time visitors were known to commiserate with each other
> that they had missed the really good period, when the natives were
> pure, pious, uncorrupted by consumerism. (Sontag, 699, cols. 3-4)

The naiveté described here (which Sontag finds again in Simone de
Beauvoir's "notably ingenuous" *China Day by Day*) we encounter
in modern form in the enthusiasm for revolutionary purity of some
of Muschg's Swiss travellers — Jules, a bookseller, Gallus, a
retired industrialist, Martin, a representative of the Red Cross, and
to some extent Paul, an export specialist. It is an enthusiasm that
plays a central role in the novel and eventually provokes the
psychodrama staged by Kong and Mu: "Vielleicht wollten sie uns
eine Lektion erteilen. Unser Interesse an der Kulturrevolution wird
ihnen nicht entgangen sein" (B, 281).

As wave after wave of literary travellers returned from China
they began to notice that they were not only reporting on the same
form of trip, but on the identical one: "the same tea-growing
commune near Hangchow, the same bicycle factory in Shanghai,
the same 'lane committee' in a Peking neighborhood; the sameness

---

7. We recall Gallus' remark to Bernhard: "Ist dir klar, daß China in den
letzten tausend Jahren seiner Geschichte *nie* einen Angriffskrieg geführt
hat?" (B, 321).

of the trip having not deterred a large number of them from coming back and writing virtually the same book" (Sontag, 699, col. 4). Muschg, however, emphasizes several times, each time with reference to Stappung, that *Baiyun* is not the same book based on the same trip. For example, the narrator reports Gallus' view, "Wir bekämen Dinge zu sehen, die wir ohne Stappungs Hartnäckigkeit nie zu Gesicht bekommen hätten" (B, 58). We shall see that what appeared to be just another example of Sontag's group of intellectuals proves to be significantly more subtle. Through the agency of Stappung's death surface barriers are penetrated and we move toward the center — of Shenyang, of Mu, of Gaby, even of Stappung's body.

The sort of person who writes about what Sontag calls "the trip to the revolution" is, she observes, the sort who gets invited, and this invariably means being part of a group (always known as a "delegation"). In the case of *Baiyun*, the sort of person who got invited was Samuel Rütter, world famous novelist, author of mysteries, a three-volume work, *Schweizer Geschichte*, the *Vaduzer Predigt*, and a story with a significant pun in its title, "Sancho Panza als Ritter." The cicerone of the Grand Tour has been replaced in contemporary travel literature by what Said sees as the native informant who is exploited and intentionally mis-interpreted, what Butor (in a fascinating essay called "Travel and Writing") sees as a guide-interpreter whose function it is to help the traveller read the signs and deal with the unfamiliar codes and culture of the new landscape.[8] Sontag describes the process within the context of the "pilgrimage to the revolution" in a paragraph that very nearly constitutes a summary of the surface plot of *Baiyun*:

> Led from museums to model kindergartens to the birthplace of the country's most famous composer or poet; welcomed and given tea and phoney statistics by dignitaries in factories and communes; shepherded from oversized meal to oversized meal, with time off for shopping sprees in stores reserved for foreigners, the travellers will complete the tightly-scheduled trip having talked with hardly anyone except each other and the only natives they spend time with, upon whom they will base many a generalization: the inveterately amiable guides assigned to the delegation. (Sontag, 700, col. 2)

In *Baiyun*, the narrator makes just such a generalization: "Sie hatte, in Gegenwart der Parteispitzen, ohne die Blitze der Fotografen zu scheuen, ihre braune Kleidjacke ausgezogen und ließ eine rosa, lila und violett geflammte Bluse sehen, Frau Djin zeigte ihre Farben nicht als Flagge, sondern als ihr Recht. So durfte man sich jetzt also geben" (B, 73).

I have tried to indicate by judicious quotation just how easily *Baiyun* adds flesh to the generic skeleton described by Sontag. Her description of the fascination of western intellectuals with a third-world revolution that is taken to be paradigmatic, of the group dynamics of a "delegation," of the various hidden agendas of the various "interpreters" (in the larger sense) of Chinese society — all of these must seem to the reader of *Baiyun* to be a commentary specifically designed for that novel. Yet even more interesting is the way in which Muschg's novel transcends this scheme, and it is to this question that I would now like to turn.

III

That *Baiyun* departs in a very important way from Susan Sontag's model is clear from the first sentence: "Ich hatte versucht, vom Gästehaus ins Zentrum zu laufen, und mich in der Entfernung verschätzt" (B, 9). Society's resistance to the attempt of the psychologist and narrator, Bernhard, to move from the status of guest (the ingenuous bewildered traveller described by Sontag) to its center is expressed in the continual retarding of his forward movement — like K. in Kafka's *Schloß* he feels distances shift and expand in the face of his assault. Bernhard is apparently diverted, whereas the agronomist Stappung's long march leads him to his goal, to the center of Shenyang. Bernhard says of Stappung, one ought not to criticize him: "Auch wenn ihm zuzutrauen war, daß er in seiner abstrakten, doch unaufhaltsamen Neugier einige verbotene Mauern überkletterte oder auf der Hauptstraße, wie ich, aber ohne unterwegs aufzugeben, ins Zentrum der Stadt hineintrabte" (B, 57). But only apparently, for Bernhard *does* penetrate Chinese society to a degree; he ends up in the apartment of a Chinese family. It is a kind of wordless communion that is one of the few instances of unmediated contact with Chinese "civilians" in the novel — exactly the contact whose absence Sontag remarks.

However, even though the encounter itself is *sui generis* within the economy of the novel, its telling is not, for it is one example among many of the temporal and spatial displacement noted above. Bernhard mentions this episode in a letter to his wife that occurs 100 pages after Muschg's description of the original context, the walk in Shenyang. In order to return from this moment of communion to his status as traveller and guest, Bernhard must pass back through barriers that define for him what China is: "Und um in unser Gästehaus zu kommen... muß man einen Wachposten passieren, der auch dann, wenn du in Turnschuhen ankommst, das Gewehr präsentiert. Ich hoffe, du kannst lesen, daß ich in China bin." (B, 110). This motif is given a more drastic formulation on the next page. For Bernhard China stands for a sort of isolation, a kind of Chinese wall that divides the psyche: "Nicht mehr wünschen zu können, daß du mich gern hast, das bedeutet für mich in China sein" (B, 111).

These two formulations of the meaning of the code-word "China" for Bernhard — alienation and isolation — bring us to one of the primary structural principles of the novel — that of *Mittelbarkeit*. By this I mean the complex of instances of displacement and mediation (both physical and narratological) that have the effect of calling the reader's attention to the telling of the tale and to the viewpoint of the tellers. A journey is, as Butor[8] points out, a complicated hermeneutic process involving travel as reading (of the signs and codes of another culture, another landscape), travel as writing (the traveller marks the landscape with the names he bestows, the graves he leaves behind), writing as travel (the writer keeps a diary or he or she writes at a place different from the landscape visited and takes possession of it), and finally reading as travel (the reader is transported beyond his limited horizon and given the benefit of experiences not his own) (Butor, 2 and passim). Indeed, all reading is travel in the sense that all reading offers the reader freedoms and potentialities otherwise

---

8. Michel Butor. "Travel and Writing." *Mosaic*, 8, No. 1 (1974), 1-16. Subsequent citations given in the text as "Butor."

unavailable to him or her in quotidian existence. So we may conclude that books such as *Baiyun* that explicitly take travel as a structuring principle are necessarily a kind of metafiction — that is, fiction that reflects on the circumstances of its own creation, in this case on the expanded, metaphorical notion of travel.

Muschg's first novel, *Im Sommer des Hasen*, provides another example of this technique. Here, not only the theme but also the complicated narrative structure lead us to the notion of self-reflexivity suggested above. The narrator Bischof is the publicity director of a Swiss concern that is celebrating 100 years of Swiss-Japanese relations. (Significantly, at the end of the novel he quits his job just as the narrator of *Baiyun*, the psychoanalyst Bernhard, resolves to do.) The nature of this relationship between Occident and Orient, Switzerland and Japan, is then the crux of all that follows and the axis around which the essays of the six Swiss writers, who have spent the summer travelling in Japan, revolve. The novel grows out of a 300 page report on these essays that the narrator, sitting at a table in the Gasthaus "Zum Falken,"[9] prepares for his boss as he reflects on the earlier meeting with the writers at another, corresponding inn at the Towada Lake in Japan. Muschg employs a variety of techniques that involve mediation and displacement: the two inns separated by thousands of miles, a narrator (he styles himself a man without qualities just as Bernhard remains curiously without contours), the fragmentation of perspective that allows the reader to perceive in turn six different versions of Switzerland as compared to Japan, and, finally, frequent chronological shifts. All of these techniques offer the reader an immense degree of freedom to observe a complex relationship between cultures, but to observe it as does an eye that peers through a pair of eyeglasses but at the same time, in a kind of double vision, sees its own reflection — the specular metaphor we have noted above.

I have referred to the generic insistence in *Baiyun*, the fact that it places itself emphatically within the two genres "travel book" and "mystery" and continually refers to them. If it is metafictional in its capacity as a travel book, so it is as a mystery as well. We can

9. Perhaps this is a metafictional reference to Paul Heyse.

see this best by examining Samuel Rütter's continual attempts to define and thus fictionalize the situation:

> Wenn ich nochmals schreibe... schreibe ich einen Krimi.... Keine allmähliche Verkürzung der Welt aufs Ordentliche. Was weiß man, wenn man den Täter kennt? Haltet den Dieb, schön — und dann? Wohin mit ihm? Lösungen sind Märchen. Solange nichts raus kommt, ist noch alles drin. Ich brauche nur einen Verdacht. Unsicherheit verbreiten, damit sich die Personen bewegen. Ruhe verbreiten, damit man sie sieht. Ein Mord ist die Chance, Überlebende zu ertappen. Alle. Wobei? Beim Überleben. (B, 45)[10]

Of course *Baiyun* is neither a murder mystery (for there is no murder — only "ein Mißverständnis mit tödlichem Ausgang" B, 329), nor a *Krimi* in any conventional sense. For example, what Butor calls the (metaphorical) "second murder" characteristic of the *Krimi*, that of the murderer by the detective, is lacking here (Butor, 3-4). Instead of bringing the killer to justice, Martin says to Gaby, "Es kommt jetzt eher darauf an, daß wir dich aus China heil wieder herausbringen" (B, 301). Paul, indeed, rebels against the metafictionality: "Ich weigere mich nur, in einem Detektivroman mitzuspielen" (B, 128). Of course, Paul *is* playing along, and in fact Samuel's description of his novel in prospect is indeed a description of *Baiyun*, where there are no solutions, where certain riddles (e.g. Martin's reaction to Gaby's letter, the choice of Paul as a victim of the psychodrama, the curious reception accorded the group in the rural commune, the nature of Gaby's relationship with Paul and her attack on him) remain more or less unresolved at the end of the novel.

I have shown that generic metafictionality is one consequence of the mediated structure of *Baiyun*, and I have noted another in the narrative structure: the *Aussparung*, the leaving vacant the space that would be occupied by Bernhard's walk in Shenyang and its displacement by 100 pages toward the center of the novel. In fact, the whole of the journey to China, which is of course an interior journey too, can be seen as a hermeneutic exercise (very much in

10. Later on, Rütter contradicts himself when on p. 253 he says: "Wenn ich die Situation recht verstehe, so geht es hier nicht um Selbsterfahrung, sondern darum zu erfahren, wer Hugo [Stappung] umgebracht hat."

Butor's sense), characterized by a variety of examples of displacement and mediation (for the former implies the latter) that serve to emphasize the difficulty of the interpreter's task. Bernhard writes to his wife: "Von den Chinesen weiß ich jeden Tag weniger" (B, 215). This mediation appears in numerous guises, foremost among them of course the "interpreters," whose complicated function of translation, explanation and obfuscation is underscored at various moments. A notable example is Herr Tung's active role in the attempt to translate and elucidate Mu's official title:

> Und doch schien der gutmütige Herr Tung stärker gefordert als sonst. Er stockte, fragte zurück, er wirkte unbeholfen, manchmal glaubte ich in seinem schwitzenden Gesicht Unmut, ja Spuren von Zorn zu lesen: als enthielte die Rede Mus Zumutungen, die einem Rechtgesinnten schwer über die Lippen kamen, obwohl der Inhalt keine erkennbaren Anhaltspunkte dafür bot — eher im Gegenteil. (B, 143)

Corresponding to Mu's difficulty in explaining his office to the Swiss is the difficulty of his counterpart, Bernhard, in explaining to the Chinese (Kong) his job as a psychologist.[11] In a broader sense, it is clear that *Baiyun* is pervaded by a series of communication structures whose roles as "media" between sender and receiver are emphasized: the letters that Bernhard drafts to his estranged wife, the letter Gaby sends to her estranged husband (who, in refusing to accept it, sends it back wrapped around the poison she had requested), the complex etiquette of the ping-pong game (also a means of communication) that permits Bernhard, Paul and Martin to "court" Samuel, to allow him to lose with dignity to some opponents and to win against others,[12] the retrospective enlightenment provided by temporal displacements of narrative chronology — a kind of cinematic series of flashbacks and flashes

---

11. We later see that Bernhard feels drawn to Mu when he reflects on taking leave of him: "Von einem Menschen, dem man sich nahe gefühlt hat, ohne sicher zu sein, worauf diese Nähe beruht und was sie einschließt, ist schwer Abschied nehmen" (B, 324).

12. "Paul liebt Samuel. Das konnte er anders als beim Tischtennis, von Samuel hartnäckig Ping-Pong genannt, auf dieser kurzen Reise nicht zeigen. Und daß das Zeigen so viel Schwierigkeit machte, schien beiden, wo nicht willkommen, so doch nicht unpassend" (B, 127).

forward,[13] the fact that all the characters are filtered through and interpreted by the narrator's intelligence and that Stappung is presented only in flashbacks or in indirect discourse or in *erlebte Rede*, and the symbolic psychological barriers such as the Great Wall and the restricted area (that Stappung, however, penetrates, as he had penetrated the center of Shenyang).

Perhaps the most remarkable and the most fruitful example of these hermeneutic processes is the role of photography. We are told: "Martin wirkte wie ein Leser vor seinen Bildern" (B, 236). We hear about the photographic habits of each of the characters (not just the tourists but also Mu); we witness the Chinese at a picnic photographing each other, and finally we are allowed to eavesdrop on the delegation and observe their reactions as they "read" their own photos. Here we encounter the specular motif again. Just as on an unofficial level the travellers in China are as much objects of curiosity to the Chinese as the Chinese are to them (the children crowd around Bernhard on his walk; the adults observe Paul and Martin, Bernhard and Samuel playing ping-pong; the people that Martin photographs stare back at him), so on an official level the delegation is under investigation by the Chinese authorities for murder.[14] The magnifying glass of the Chinese detectives has its counterpart in the lenses of the group's cameras, for when the Chinese develop their film as part of the investigation, the Swiss travellers learn that not only has China unsuspected mysteries to reveal; they themselves do as well. The most startling revelation is provided by Stappung, the description of whose putative lack of sensitivity in the eyes of the seven others had occupied so many pages in the first part of the novel:

Stappung hatte Durchsichten, Ausblicke wahrgenommen, die durch das Rahmenartige des Vordergrundes zu Einblicken wurden. Es waren

---

13. For example, the death (an accident resulting from the interaction of a chemical contaminant and an unsuspected disease) is anticipated numerous times: "Krank ist er auch nie gewesen" (B, 27); "ich bringe jemand um" (B, 44); "Daran ist noch keiner gestorben" (B, 60); "es steckt in unserem Atem, Essen, Schlafen schon Gift genug" (B, 65); "biologische Prozesse sind irreversibel. Immer, da kannst du Gift drauf nehmen" (B, 67).

14. We recall that Jules, in turn, had accused the Chinese of the murder.

Einblicke in etwas jeweils genau Bestimmtes, aber nur durch das Bild Bestimmtes: also eigentlich nichts Bestimmtes; wenn man bereit war — und die Bilder ermutigten dazu — dieses Nichts groß zu schreiben. Diese Fotos waren, eins ums andere, Spiele mit ihrem Zentrum, das offenblieb, indem es durch Gleichgültiges besetzt wurde, aber das Gleichgültige notwendig machte. Was der Fotograf im Sucher wirklich gesehen hatte, gaben seine Bilder kaum preis; aber sie standen zu diesem Nicht-Gezeigten, Verschwiegenen in einem genauen Verhältnis.[15] (B, 242)

The phenomenon of vacancy, the *Aussparung* that is described here, furnishes, as we have seen, a homology that constitutes a major structural element of the novel itself. What the narrator says about Stappung's photos applies with equal accuracy to the novel as a whole: "Es war China, unverkennbar; aber in keiner Form war nach dem Eigenartigen gesucht worden: eben so verriet sich der Geist des Landes und verbarg sich zugleich" (B, 242). *Baiyun* is very much a novel in which what is most important is left unsaid. Sometimes its absence is pointed out by the narrator, sometimes not. Two examples will have to suffice. Bernhard interprets for us Paul's and Martin's apparent jealousy (jealousy is a major theme of the novel): "Ich verstand noch etwas. Sie waren nicht nur böse auf mich und Frau Djin. Sie waren bitter über das nahe Ende einer ganzen Geschichte.... Eine Erwartung mit Namen China, die eben noch vor uns gelegen hatte, begann Vergangenheit zu werden" (B, 272). And he comments on Paul's attack on Gaby: "Er schämte sich. Nicht seiner Wut oder Grobheit, das war klar. Aber es hatte während unserer ganzen Reise keine Geschichten aus seinem Leben gegeben.... Es war nicht Gaby, mit der er stritt; und eben dafür zürnte er ihr am meisten" (B, 300). That there is a hole, a vacant spot here that cries out to be filled is obvious. But it is equally obvious that the enigma can only be resolved in retrospect — from the end of the novel. Like Hofmannsthal's "Reitergeschichte" *Baiyun* must be read in the manner of Stanley Fish — each sentence provokes a reinterpretation of all the previous sentences. Where this leads I shall indicate in section IV.

15. On the other hand, Martin remarks of Bernhard's pictures: "Gelbfilter hättest du brauchen können... und manchmal etwas Vordergrund" (B, 238).

IV

In the absolute honesty of her feelings, in her directness, Gaby is akin to Stappung ("Er hat aber doch dauernd Gesichter fotografiert, sagte Paul....er schoß den Leuten ins Gesicht!" [B, 243]), and in a peculiar sense she emerges as the heroine of the book. She is unwilling to suppress or to disguise her feelings. She is a kind of anti-Fritz Zorn, whereas the narrator, who confesses "daß ich aus meiner Kunst, nicht betroffen zu sein, einen Beruf machte, für die Angst vor Entblößung zunftgerechte Gründe fand" (B, 181), often reminds us of Zorn. He says, for example, of his childhood: "Da war es doch besser, gar nicht erst zu leben, sondern sich schon vorher aufs Entrinnen und Entwischen zu verlegen" (B, 180). We suspect that just as Zorn's cancer is the physical correlative of his unshed tears, so Bernhard's back pain is the expression of his anxieties. The security that Bernhard seeks places him on the wrong side of Freud's famous equation that describes the psychological trade-off we make in order to be a part of society: "Der Kulturmensch hat für ein Stück Glücksmöglichkeit ein Stück Sicherheit eingetauscht."[16] Samuel, who had earlier misapprehended Gaby as she had Stappung, says to her: "Nein... der Mensch fängt dort an, wo die Sicherheit aufhört" (B, 313).

I have noted Bernhard's illness and its psychological reflexes. In fact, nearly the entire delegation is beset by illness. It is in Chinese eyes "eine Gruppe von Invaliden oder harmlosen Irren" (B, 53): Martin limps and has the flu; Bernhard has back pains; Gallus has neck and shoulder pains; Stappung has a kidney tumor; Gaby takes Valium; and Jules takes an unspecified medicine.[17] This nexus between the illnesses of civilization and the political organization of society is discussed at length by Freud,[18] and it also appears in *Baiyun* in connection with Jules's enthusiasm for the Cultural Revolution, which Martin traces to his psychological

16. Sigmund Freud. *Das Unbehagen in der Kultur*, p. 86.

17. I discuss the theme of hypochondria in Muschg at length elsewhere, using *Albissers Grund* as an example. Cf. Michael Ossar. "Der eingebildete Kranke bei Adolf Muschg." *Neophilologus*, 66, No. 2 (April 1982), 269-77.

18. Sigmund Freud. *Das Unbehagen in der Kultur*, pp. 32-33, 100-05, 125, and passim.

difficulties: "Was Jules in alkoholisiertem Zustand von sich gebe, möge seine eigene Not sein" (B, 35). The mortally ill Fritz Zorn, too, explicitly makes this connection in his autobiography, *Mars*, [19] an attack on the Switzerland of banks and self-satisfaction more virulent even than Jean Ziegler's famous *Une Suisse au-dessus de tout soupçon*.[20] He refers to the familiar Swiss reaction:

> Der soll doch einmal nach Moskau gehen! Damit bezog man sich auf Andersdenkende und Kritiker unseres schweizerischen Systems. Man wollte damit ausdrücken, daß jeder, der an der Schweiz etwas auszusetzen hatte, nach jenem sagenhaften Moskau gehen sollte, dem Ort, wo sprichwörtlicherweise alles noch viel schlechter war als in der Schweiz.... Es gibt keinen Weg nach Moskau.... Jede Situation, in der man sich befindet, ist die notwendigerweise einzig mögliche.... (Zorn, 168-69)

Muschg discusses this analysis in his forward to *Mars*:

> Der Gedanke müßte unser Menschenbild umwälzen, daß wir an nichts so häufig sterben, wie an unserer Unfähigkeit, mit den Bedingungen der selbstgeschaffenen Zivilisation in Frieden zu leben.... Es genügt freilich nicht, im Krebs einen individuellen Befund des Lebens-Unwillens, einen Akt unbewußter Zurücknahme zu sehen (obwohl der individuelle Therapeut da ansetzen muß, wenn er den tödlichen Prozeß früh genug umkehren will). Der Krebs ist ein Urteil über die Gesellschaft, die Unterdrückung nötig hat und Gefühllosigkeit nötig macht. Der Hinweis auf "Moskau" — den stereotypen Ort, wo es *noch* schlechter zu leben ist — bezeichnet, als Alibi, nur die mangelhafte Präsenz, das Unwirkliche der eigenen Verfassung. (Zorn, 16-17)

If it is true, as Martin (speaking of Jules) suggests, that political systems are intimately related to psychology and to the illnesses it engenders, and if it is true, as Freud suggests, that we suffer the neuroses of our civilization, then it is significant that the lengthiest of the references to the other term of political comparison in *Baiyun* — Switzerland — occurs in Bernhard's attempt to explain to Kong why the Swiss need psychologists and exactly what

19. Fritz Zorn. *Mars*. Mit einem Vorwort von Adolf Muschg. (Frankfurt: Fischer, 1984).

20. Jean Ziegler. *Une Suisse au-dessus de tout soupçon*. (Paris: Editions du Seuil, 1976).

psychologists do. The illnesses he describes are the discontents of civilization:

> Aber der Wunsch, um jeden Preis etwas zu leisten, könne selbst eine Art Krankheit sein, und für diese Art Krankheit wüßten die meisten Ärzte kein Rezept, und sie wollten auch keines wissen, denn Leistung gelte in jedem Fall als etwas Gesundes. Weil die Ärzte denen, die sich trotz ihrer Leistung unwohl befänden, und dieses Unwohlsein könne bis zum Zusammenbruch, ja bis zum Selbstmord gehen, nicht helfen könnten, suchten solche Leute dann Rat bei mir (B, 172).[21]

If we recall the references to Switzerland in the novel (e.g. Samuel and his works, his *Schweizer Geschichte*; Gallus' defensive description of the activities of his chemical firm and his successors there; Bernhard's musing about his patients on seeing the rigors of Anshan), we realize that Switzerland is seen essentially as a surrogate for western capitalist societies in general.[22] Stappung attacks Paul for allegedly failing to notice that Samuel "nie ein gutes Wort gefunden hat für das Land, das ihn ernährt. Daß er die

21. The problems of the "Leistungsgesellschaft" and its ills loom large in recent Swiss literature (and of course in West German literature, e.g. in Martin Walser). Some of the most instructive examples can be found in Rolf Niederhauser's *Das Ende der blossen Vermutung* (Zürich, 1979), pp. 45-46, O.F. Walter's *Die Verwilderung* (Hamburg, 1977), p. 138 and *Wie wird Beton zu Gras* (Hamburg, 1979), pp. 53-54, Silvio Blatter's *Zunehmendes Heimweh* (Frankfurt, 1978), pp. 258-9, Heinrich Wiesner's *Notennot* (Basel, 1973), p. 15 and E.Y. Meyer's *Die Rückfahrt* (Frankfurt, 1977), pp. 392-93.

22. The characterization of Switzerland as the epitome of an arch-capitalistic society is a commonplace in fiction set within Switzerland, from Dürrenmatt and Frisch to writers of "Arbeiterliteratur" such as Werner Schmidli, Heinrich Henkel, Walther Kauer, Kurt Badertscher and Ernst Vollenweider. Among the most significant examples are Otto Steiger's *Portrait eines angesehenen Mannes* (1952), Kurt Guggenheim's *Alles in allem* (1952-55), O.F. Walter's *Die Verwilderung* (1977) and *Wie wird Beton zu Gras* (1979), Rolf Niederhauser's *Das Ende der blossen Vermutung* (1979), Emil Zopfi's *Jede Minute kostet 33 Franken* (Zürich, 1977), Silvio Blatter's *Zunehmendes Heimweh* (1978). Among non-fictional works, Niklaus Meienberg's *Reportagen aus der Schweiz* (Zürich, 1975), Fritz Zorn's *Mars* (1984) and Jean Ziegler's *Une Suisse au-dessus de tout soupçon* (1970) are perhaps the most important for my argument.

freie Wirtschaft in Grund und Boden kritisiert hat, der du selbst deine Stellung verdankst... eine ganz angenehme Stellung, wenn ich nicht irre. Ich verstehe nicht, wie man in der Dritten Welt gute Geschäfte machen und gleichzeitig Rütters Kritik an diesen Geschäften begeistert auflappen kann ..." (B, 99). Samuel's answer is suggested earlier in the novel in a comparison of the new, regimented tenements of Chengdu with the old city. The guide says of the new section "Dort leben die Menschen würdig. — Hier lebten sie offenbar fröhlich, habe Samuel erklärt" (B, 55). Samuel's answer recalls Brecht's parable in his *Geschichten vom Herrn Keuner* of the idealized, pre-lapsarian communist world of East Germany after the war and the capitalist West: "In der Stadt A... liebt man mich; aber in der Stadt B war man zu mir freundlich...."[23]

In his essay, "The trouble with good design," Muschg explains why he sees Switzerland as exemplary of western civilization, why it makes less and less sense to talk in terms of Swiss literature. In an age threatened by the arms race, by destruction of the environment, by overpopulation, by the economic gap between North and South "there is nothing quaint any more about being Swiss." He also remarks: "Switzerland is no longer its own favorite topic. Not only, to quote Keller's *Salander*, because it is 'chez nous comme partout', but, vice versa, because it is 'partout comme chez nous'."[24] In its economic, political, social, and intellectual solutions Switzerland has proved to be, un-accountably, a kind of (oxymoronic) conservative avant-garde. Now that the rest of western Europe (and even post-Maoist China) appears for better or worse to be following its lead, there is less and less reason for a specifically Swiss literature. The protection once sought in smallness has evaporated, an insight confirmed by the more prosaic analysis of the Swiss society and economy by Jonathan Steinberg: "The disappearance of a distinctively Swiss economic structure... [is] worth reflecting on for a moment... In short, the Swiss economy is like any other in its basic structural

23. Bertolt Brecht. *Gesammelte Werke. Prosa I.* Ed. Suhrkamp Verlag in Zusammenarbeit mit Elisabeth Hauptmann (Frankfurt: Suhrkamp, 1967), V, p. 389.

24. Adolf Muschg. "Good design," 1410.

characteristics. The special chapter in Swiss economic history is over... As the gap between the old political forms and the new economic ones yawns, the Swiss seem to feel their national identity crumbling..."[25]

That the eight different reflexes of China and Switzerland yield no "answer" about how we are to view China after the Cultural Revolution and whether it has anything to teach the western world should surprise no one who recalls Samuel's words, "Lösungen sind Märchen" (B, 45). It is a position that Heinz Schafroth has described well:

> Muschgs literarische Werke sind in der Tat nicht als Programme und Betriebsanweisungen zu verstehen. Eher schon als Darstellung von deren Unbrauchbarkeit. Allenfalls *"auch"* — wie Muschg von der Literatur sagt — "als Treuhänder dafür, daß die Utopie, als Vollendung des Möglichen, ihrer Idee nach nicht verloren geht, sondern verfügbar bleibt in Zeichen, die aller anderen Verfügbarkeit entzogen bleiben."[26]

25. Jonathan Steinberg. *Why Switzerland?* (Cambridge: Cambridge University Press, 1978), pp. 158 and 162.

26. Heinz F. Schafroth. "Über das Zunehmen von Aufmerksamkeit in der Sprache: Zur schriftstellerischen Entwicklung Adolf Muschgs." In: *Über Adolf Muschg*. Ed. Judith Ricker-Abderhalden (Frankfurt: Suhrkamp, 1979), p. 32.

Johannes Maassen

Die Stadt am Ende der Zeit
Zur Prosa von Kurt Marti 1970-1985

Am 31. Januar 1986 wurde Kurt Marti 65 Jahre alt. Seine Lyrik ist in breiten Kreisen bekannt und wird von vielen hoch geschätzt. Weniger beachtet inzwischen wurde seine Prosa, über die bisher keine umfassenderen literaturwissenschaftlichen Arbeiten erschienen sind.[1] Diese stiefmütterliche Behandlung setzt umso mehr in Erstaunen, wenn man die große Produktivität des Autors in diesem Bereich, die reiche Verschiedenheit und das im allgemeinen hohe Niveau des Geschriebenen bedenkt. Erstes Anliegen dieses Aufsatzes wird es daher sein, auf die Reichhaltigkeit und Vielseitigkeit dieser Prosa hinzuweisen.

Kurt Marti war bis 1983, als er seinen Abschied nahm, evangelisch-reformierter Pfarrer. Zugleich ist er ein politisch engagierter Autor und in Angelegenheiten der Schweiz ein Mann, der seinem Vaterland zugleich mit Kritik und Sympathie gegenübersteht. Es wird sich zeigen, daß dieser religiöse, politische und gesellschaftliche Einsatz einen einzigen Zielpunkt hat: die Zukunft der Menschheit.

Die Predigt ist eine altbekannte Literaturgattung. Die Jahrhunderte hindurch haben die Prediger mit ihrer Aufgabe gerungen, der Gemeinde das Wort Gottes mit nachhaltiger Wirkung zu verkün-

---

1. Am ausführlichsten bisher Elsbeth Pulver. "Die deutschsprachige Literatur der Schweiz". In: Manfred Gsteiger (Hrsg.). *Die zeitgenössischen Literaturen der Schweiz* (Zürich/München: Kindler, 1974), S. 141-406; "Kurt Marti". In: Heinz Ludwig Arnold (Hrsg.). *Kritisches Lexikon zur deutschsprachigen Gegenwartsliteratur* (*KLG*). Band 3 (München: edition text + kritik, 1980).

digen.[2] Dem Menschen der modernen Zeit gegenüber hat sich die
Aufgabe des Predigers nur erschwert.[3] Das Problem der Sprache,
das mit dem Phänomen Predigt gegeben ist, wurde von ausschlaggebender Bedeutung. Es nimmt nicht wunder, in einer Predigtlehre
den einführenden Abschnitt "Verlegenheiten" unterteilt zu finden
in "I Die Schwierigkeiten mit Gott. II Von Gott reden in einer
sprachlosen Welt. III Sprachlose Kirche. IV Die Schwierigkeiten
mit sich selbst."[4] Ausgehend von seiner doppelten Position als
Pfarrer und Wortkünstler hat Kurt Marti interessante Aspekte
dieses Problems aufgedeckt in dem Essay "Wie entsteht eine
Predigt? Wie entsteht ein Gedicht? Ein Vergleich mit dem Versuch
einer Nutzanwendung."[5] Unterschiede, die sich von der verschiedenen Zielsetzung her von selbst ergeben, können unbesprochen
bleiben. Wohl aber muß auf den Nachdruck hingewiesen werden,
mit dem Marti dasjenige betont, was Lyriker und Prediger verbindet: die Subjektivität. Der Prediger ist anders als der Lyriker an
erster Stelle auf Verständlichkeit aus. Dabei droht ihm aber eine
Gefahr: "Um sich verständlich zu machen, paßt er sich der
Redeweise, die immer auch die Denkweise einer Gesellschaft ist, an,
mitunter so beflissen, daß seine Predigt nur noch sprachliche
Reproduktion eben dieser Gesellschaft ist, womit die Predigt ihre
verändernde Kraft einbüßt" (191). Der Prediger hat sich nur
deshalb entschlossen, Prediger zu sein, "weil er dem von der Bibel

2. Für eine Übersicht vgl. Herbert Wolf. "Predigt". In: Werner
Kohlschmidt und Wolfgang Mohr (Hrsg.). *Reallexikon der deutschen
Literaturgeschichte*, Band 3 (Berlin: de Gruyter, 1977), S. 223-257.
Allgemein zu den Problemen der Homiletik: Wolfgang Trillhaas.
Einführung in die Predigtlehre (Darmstadt: Wissenschaftliche Buchgesell-
schaft, [3]1983).
3. Vgl u.a. Werner Schütz. *Geschichte der christlichen Predigt* (Berlin:
de Gruyter, 1972), S. 221-224 (=Sammlung Göschen Band 7201).
4. Rudolf Bohren. *Predigtlehre* (München: Chr. Kaiser, [3]1974)
(=Einführung in die evangelische Theologie, Band 4).
5. In: *Wort und Gemeinde*. Probleme und Aufgaben der praktischen
Theologie. Eduard Thurneysen zum 80. Geburtstag (Zürich: EVZ, 1968),
S. 183-198. Auch in: Kurt Marti. *Grenzverkehr. Ein Christ im Umgang mit
Kultur, Literatur und Kunst* (Neukirchen-Vluyn: Neukirchener Verlag,
1976), S. 54-73.

bezeugten Wort Gottes zutraut, daß es neue Geschichte, neue Zukunft stiften wird" (186). Das Wort Gottes soll sich in der Subjektivität des Predigers brechen: "Der Prediger als Zeuge wird sich selbst (seine Subjektivität) nicht weniger dezidiert in sein Zeugnis einsetzen, als dies der Lyriker im Gedicht tut" (194). Nur so wird es zu dem so heiß ersehnten Dialog mit dem Zuhörer kommen können.

Nicht neu ist der Satz, daß im Grunde jede Verkündigung politisch ist, weil der Mensch im Grunde kein Individuum sein kann, sondern immer ein Zoon politikon ist.[6] Marti aber fordert nachdrücklich das Recht des Pfarrers, seine politische Meinung auf die Kanzel zu bringen, vorausgesetzt immer, daß diese subjektive Meinung als solche bezeichnet und formuliert wird:

Es sollte doch anzunehmen sein, daß sich der Pfarrer seine politische Meinung als *Christ* zu bilden versucht, in der Verantwortung vor Gottes Wort, das Jesus Christus heißt. Warum soll er nicht bekannt geben, wie er als Christ seinen Glauben in politischen Stellungnahmen und Entscheiden zu realisieren versucht? Seine Hörer sind ja ebenfalls Christen und müssen sich als solche politisch betätigen und entscheiden! Politische Meinungs- und Willensbildung in christlicher Verantwortung ist zu allerletzt eine so einfache oder so selbstverständliche Sache, daß sie jedem Christen ruhig als Privatsache anheimgestellt werden könnte. Darüber muß gesprochen werden. Und dieses Gespräch darf durchaus durch den Pfarrer begonnen und immer neu genährt werden, vom Wort Gottes her, wenn auch subjektiv ungeschützt, aber gerade so zum Gespräch aufrufend, ermunternd, hier und da auch zu ihm provozierend. Nur eine Predigt, die ungeschützt *offen* ist (sowohl formal wie im Sinne subjektiver Aufrichtigkeit sich selber und dem Hörer gegenüber), vermag andere für jenen Dialog zu öffnen, in dessen Verlauf Gottes Wort, d.h. Christus, das Bewußtsein, das Verhalten, schließlich auch das Unbewußte eines Menschen zugleich aktiviert und befriedet, so daß aus Hörern Täter des Wortes (Jakobus 1,22) werden, die als aktive Zeugen des Schalom (= Friede, Heil, Recht, Wohlstand) Gottes mithelfen, die Gesellschaft zu verändern (195f.).

Das längere Zitat lohnt sich, weil daraus implizit Martis

6. Vgl. Hans-Rudolf Müller-Schwefe. *Homiletik.* Band 2: *Die Lehre von der Verkündigung. Das Wort und die Wirklichkeit* (Hamburg: Furche, 1965), S. 245.

Unzufriedenheit mit der bestehenden kirchlichen und theologischen Sprache hervorgeht, auf die er selber die Anfänge seines
literarischen Schaffens zurückführt.[7] Andererseits zeigt es deutlich,
wie sehr seine politische Stellungnahme vom Glauben her
motiviert ist. Als sich 1972 die evangelisch-theologische Fakultät
der Universität Bern Kurt Marti als Ordinarius für Homiletik
wünschte, wurde behördlicherseits seine angeblich zu linke oder
überhaupt linke politische Position als Hindernis für eine
Nomination betrachtet. Über seine politische Position nun hat sich
Marti in dem 1979 erschienenen Band *Warum ich Christ bin*
behutsam nuancierend, aber deutlich ausgesprochen:

> Ich vermute, daß dem christlichen Glauben (an den dreieinigen Gott,
> an den Gekreuzigten) eine demokratisch-sozialistische Praxis mit
> föderalistisch-libertärer Tendenz gesellschaftspolitisch am besten
> entsprechen würde. Gerade deswegen werden mir sozialistische
> "Gerechtigkeit" und "Solidarität" unheimlich, sobald aus ihnen das
> Wasserzeichen des Gekreuzigten getilgt ist. Muß ein solcher
> Sozialismus, für den dann auch Wörter wie "Gnade", "Vergebung",
> "Liebe", "Gott als Liebe" bourgeoise Überbau-Vokabeln sind, nicht
> notwendigerweise einer intoleranten Gesetzlichkeit verfallen, die
> ihrerseits Freiheit abblockt, Ketzer verfolgt, Kreuze aufrichtet und
> sich damit auf säkularisierte Weise doch wieder dem Gottesgötzen der
> Macht und seiner bürokratisch-ideologischen Priesterschaft unter-
> wirft?[8]

Die Sprache eines "Moskowiters" ist das gewiß nicht!

Wie viele illustre Vorgänger (u.a. Herder, Lavater, Schleier-
macher, Barth) hat Marti Predigtsammlungen veröffentlicht, als
erste und umfangreichste davon *Das Markus-Evangelium für die
Gemeinde ausgelegt*, die seiner Gemeinde der Nydeggkirche in
Bern gewidmet ist.[9] Beinahe fünf Jahre lang hat er laut Vorwort
jeden dritten Sonntag dieses Evangelium in der Nydeggkirche

---

7. Vgl. dazu Elsbeth Pulver. "Kurt Marti", *KLG*, S. 1.
8. Walter Jens (Hrsg.). *Warum ich Christ bin* (München: Kindler, 1979).
Darin: Kurt Marti. "Herausforderung zum Leben", S. 239-252 (dtv 1743).
Hier zitiert nach der seitenidentischen Taschenbuchausgabe (München:
Deutscher Taschenbuch Verlag, 1982), S. 251. Man beachte den signifi-
kanten Titel von Martis Beitrag.
9. Basel: Friedrich Reinhardt, 1967 (368 S.!).

fortlaufend ausgelegt. Das Durchpredigen ganzer biblischer Bücher, hier eines Evangeliums, ist in der Reformierten Kirche verbreitet und üblich geworden.[10] Für die Drucklegung wurden die Manuskripte stilistisch überarbeitet. Die Predigten wurden in einigen Filialgemeinden in Berner Mundart gehalten, sie mußten jetzt für Leser lesbar gemacht werden (in Hochdeutsch). Die Crux der Homiletik, daß gedruckte Predigten die wirklich gehaltenen nur annähernd wiedergeben können, meldet sich hier in verstärktem Maße.[11]

In seinem Vorwort betont Marti, daß eine systematische Darstellung des Evangeliums nie beabsichtigt war. "Jede der gebotenen Textauslegungen war und ist der je neue Anlauf und Versuch eines Predigers, durch das evangelische Zeugnis von Jesus Christus diesen selbst genauer, verbindlicher zu hören und hörend zu bezeugen." Er dankt der Gemeinde für ihre Kritik und Zustimmung, ein Beweis, daß es zu einem Gespräch, einem Dialog gekommen ist (7). Die angestrebte Offenheit ist in diesem Fall verwirklicht worden. Das Offenstehen zur Welt zeigt sich auch in den behandelten Themen wie u.a. Antisemitismus (237, 271), Militärdienstverweigerung (260), Emanzipation der Frau (269), Hunger in der Welt (277f.), Unterdrückung in den Kolonien, direkt oder indirekt von schweizerischem Geld unterstützt (292), nationaler Hochmut der Schweizer gegenüber der UNO (295ff.), Kernenergie und das Ende der Welt (Indifferenz mancher Christen, 297f.), Befreiung des Abendmahls "aus der jetzigen Isolierung und Beziehungslosigkeit zur Welt" (312), Unvereinbarkeit von Christentum und Krieg (321f.), der Afrikaner Simon von Cyrene und die Diskriminierung von Schwarzen in Bern, der Schweiz (341). Diese Weltverbundenheit wird zusammengefaßt mit den Worten: "Das Ziel des zu Gott Erhöhten sind nicht ein paar fromme Leute im Himmel. Sein Ziel bleibt die neue Welt, die Herrschaft des brüderlichen Gottes" (367). Vorher war schon bemerkt worden, daß die Kirche bei den meisten als eine Anstalt gelte, die den Gläubigen "ein Plätzlein im Himmel" vermittle. "Deshalb ist die beerdigende Kirche weit mehr gefragt als die

10. Vgl. Herbert Wolf, "Predigt", S. 252.
11. Wolfgang Trillhaas. *Einführung in die Predigtlehre*, S. 2.

136

verkündigende Kirche, die Trost spendende mehr als die für Gottes Herrschaft agitierende" (224).[12]

Der Band *Das Aufgebot zum Frieden* enthält 1968-1969 gehaltene Predigten, die eines der meist abgenützten und mißbrauchten Worte der Gegenwartssprache behandeln.[13] Von der Bibel her gesehen (hier Richter 6, 11-14) kann Friede auf keinen Fall bedeuten, daß alles beim alten bleibt. "Der Friede Gottes ist etwas ganz anderes: er ist Aufgebot zur Unruhe, zur Störung des Unrechts, zur Auflehnung gegen Unterdrückung, ein Aufgebot zum Kampf für Recht und freies Mensch-Sein" (15). Friede ist also ein Tätigkeitswort, eine Aufforderung zur Veränderung der Welt. Die oben im Kontext des Markusevangeliums genannten Themen kommen wieder zur Sprache, manchmal verschärft und zugespitzt. Das ist dann z.B. der Fall, wenn Marti darauf hinweist, daß er als Pfarrer einer Landeskirche Staatsbeamter ist und daß manche seiner Kollegen als Feldprediger tätig sind. Es wird also nicht gesagt werden können, Christen sollten mit Politik nichts zu schaffen haben: "... unsere Kirchen sind bereits politisiert" (77).

Im Vorwort auch hier Dank an die Gemeinde für das Predigtgespräch, das für den Prediger einen befreienden Effekt hat: "... da er nicht mehr das letzte, sondern nur das erste Wort hat, kann und darf er persönlicher, ungeschützter, ja parteiischer reden. Das kommt dem Gespräch sogar zugute ... Auch gedruckt können und wollen diese Predigten kein letztes, sondern ein erstes Wort sein, eine Art Votum, das weiter zu bedenken, zu entwickeln, zu korrigieren und zu besprechen ist" (8).

Der Gott, der sein als Sklaven gehaltenes Volk aus Ägypten

12. Von hier läuft eine direkte Verbindungslinie zu dem 1969 erschienenen Gedichtband *Leichenreden*, der wahrscheinlich Martis meistgelesene Veröffentlichung ist. Die erstarrten, manchmal geradezu verlogenen Formulierungen der Abdankungspredigt werden in diesen Gedichten genial unter Beschuß genommen. Text: Sammlung Luchterhand, Band 235 (9. Auflage 1984!).

13. Kurt Marti. *Das Aufgebot zum Frieden*. Biblische Perspektiven (Basel: Friedrich Reinhardt, 1969).

befreite, ist das Thema der Predigten in *Bundesgenosse Gott.*[14] Er ergreift immer Partei für die Unterdrückten und Entrechteten (32f.). Darum kann Marti es nicht verstehen,

> daß so viele Schweizer, die doch auf die Freiheitskämpfe ihrer eigenen Ahnen überaus stolz sind, für die Freiheitsbestrebungen der farbigen und lateinamerikanischen Völker kein Verständnis haben. Erschütternd auch, daß sich so viele Schweizer mit den Kolonialherren und ihren Wirtschaftsinteressen solidarisieren und den Kampf der Diskriminierten und Unterdrückten mit der Etikette 'kommunistisch' von vornherein zu diffamieren versuchen (34).

Anlaß zu dieser Äußerung war ein Artikel in der Tageszeitung *Der Bund* (Bern) gegen den Beschluß des Weltkirchenrats, einen ersten Betrag von 200.000 Dollar für Opfer des Rassismus an antirassistische Organisationen in verschiedenen Kontinenten auszurichten.

Marti legt es seinen Hörern nahe, sich darüber zu informieren, was in der Welt geschieht. Er weist u.a. auf die Lage der Palästinenser hin, auch auf russische Intellektuelle, "die wegen ihrer Systemkritik in Arbeitslager oder Irrenhäuser gesteckt werden" (105). Information bedeutet Macht, wenn man sich für Wehrlose, Verfolgte und Gefangene einsetzen will (106).

"Die kirchliche Gotteslehre verbietet es geradezu, irgendein festes und klares Wissen von Gott schon für eine sichere und klare Lehre vom wahren Gott auszugeben."[15] Auch Marti versucht in seinen Predigten und nicht weniger in seinen anderen Schriften (Prosa und Lyrik) in immer verstärktem Maße, die alten Gottesvorstellungen aufzubrechen und zu erneuern, denn es könnte sein, so findet er, daß die gegenwärtige Krise auch dadurch verursacht wird, "daß erneute Erfahrungen des traditionell geglaubten Gottes ausbleiben. Was noch erfahren wird, ist weithin die Präsenz der Absenz Gottes" (27). So könnte der Gebrauch des Prädikats "Herr" im Christentum "eventuell Mitursache verschiedener Mißverständnisse und Fehlleistungen im Christentum

---

14. Kurt Marti. *Bundesgenosse Gott.* Versuche zu 2.Mose 1-14 (Basel: Friedrich Reinhardt, 1972).
15. Peter Eicher. *Theologie.* Eine Einführung in das Studium (München: Kösel, 1980), S. 35. Im Zitat ist von der katholischen Kirchenlehre die Rede.

gewesen sein" (45). Ein Gott aber, der sich als Bundesgenosse machtloser Sklaven zu erkennen gab, darf nicht als ein allmächtiger Weltmonarch gesehen werden, den man für alles in der Welt verantwortlich machen kann. Seine Macht ist zuletzt keine andere als diejenige der Liebe (46f.). Marti greift hier einen Gedanken auf, den er seinem Lehrer Karl Barth verdankt: "Der 'Allmächtige', das ist das Chaos, das Übel, das ist der Teufel... Dieser Rauschgedanke der Macht, das ist das Chaos, das Tohuwabohu, das Gott in seiner Schöpfung hinter sich gelassen hat, das er nicht gewollt hat, als er den Himmel und die Erde schuf". Marti ist der Meinung, daß er wohl wesentlich auch deshalb Christ geblieben ist oder erst recht geworden ist, weil er in der Schule der Theologie hat bleiben können, "die heute in ihren inspirativsten Vertretern (neben Barth, Miskotte z.B. auch Dorothee Sölle, Eberhard Jüngel u.a.) den metaphysischen Gottesgötzen mit Entschiedenheit destruiert und Gott christo-logisch, d.h. von Jesus her, unter dem Aspekt der gekreuzigten Liebe, zu verstehen versucht".[16] In einem unlängst erschienenen Interviewband ist das Gespräch mit Kurt Marti auf vielsagende Weise überschrieben: *Im Namen Gottes gegen Gott protestieren*. Es frappieren darin Aussprüche wie dieser: "Gott war in Auschwitz als Jude! Ich glaube wirklich nicht, daß Gott jener Weltenlenker und Weltregierer ist, den wir nun haftbar machen können für das Furchtbare, das wir tun. Ich glaube, der Mensch hat eine ungeheure Freiheit, eine furchtbar gefährliche Freiheit. *Das* ist das eigentliche Rätsel".[17]

Eine Fortsetzung dieses Themas ist der nächste Band *Gottesbefragung*.[18] Marti geht vom bekannten Satz des ersten

---

16. Kurt Marti. "Herausforderung zum Leben", S. 248. Das Barth-Zitat steht ebenfalls auf dieser Seite.

17. "Gespräch mit Kurt Marti: Im Namen Gottes gegen Gott protestie-ren: Über Tod und Auferstehung". In: Karl-Josef Kuschel. *Weil wir uns auf dieser Erde nicht ganz zu Hause fühlen*. 12 Schriftsteller über Religion und Literatur (München/Zürich: Piper, 1985), S. 1-13. Zitat S. 4.

18. Kurt Marti. *Gottesbefragung. Der 1.Johannesbrief* (Stuttgart: Radius, 1982).

Johannesbriefes (1 Joh 4,8) aus: Gott ist die Liebe.[19] "Der
1.Johannesbrief verkündigt Gott als Liebe. Daß dennoch kein
einziges der bisherigen Glaubensbekenntnisse diesen Kronsatz
'Gott ist Liebe' aufgenommen hat, ist bereits Grund genug, sich
mit diesem neutestamentlichen Brief zu befassen" (9). Es ist nicht
möglich, im Rahmen dieses Aufsatzes den Reichtum an Gedanken
in diesem Band (von 178 S.) voll zu entfalten. Hervorgehoben
werden aber muß, daß man es den Predigten, wie Marti selber im
Vorwort vermutet, anmerkt, "daß sie in einer Zeit totaler
Bedrohung, im 'Zeitalter der Angst' (W.H. Auden) und des
Wahnsinns gehalten worden sind. Wie soll man, im Schatten des
Overkill, an den Sieg der Liebe glauben können? Von Predigt zu
Predigt kämpfe ich gegen die eigene Verzweiflung und
Resignation, gegen das 'No Future', das von allen Wänden grüßt,
auch in Bern" (10). Geradezu erschütternd ist die Direktheit, mit
der dieser Pfarrer eigenes Ankämpfen gegen Verzweiflung in die
Predigt einbringt, das eigene (und anderer) Versagen als Christ zur
Diskussion stellt: "Was haben wir denn falsch gemacht, daß es so
weit kommen konnte, daß unser Horizont verstellt ist von
apokalyptischen Vernichtungen? Etwas muß doch falsch sein in
unserem Denken, in unserer Lebensweise, gerade als Christen.
Etwas muß falsch sein auch in der christlichen Verkündigung"
(102).

Interessant und nicht ohne Humor ist die Bemerkung, mit der
Marti sein Vorwort beginnt, es kämen zuweilen in die von ihm
gehaltenen Gottesdienste Leute mit der Erwartung, einen
"Dichter" oder mindestens einen "Schriftsteller" zu hören.
"Etwas enttäuscht zotteln sie wieder ab, begreiflicherweise: sie
haben einen Pfarrer, eine Predigt gehört, keine 'Dichtung', nicht
einmal 'narrative Theologie'" (7). Wo Marti auf das Überarbeiten
der Predigtmanuskripte eingeht, macht er weiter die auf-
schlußreiche Bemerkung: "Es ist eben etwas ganz anderes, ob man
für das Gehört-Werden oder für das Gelesen-Werden schreibt!
Zunächst sind Predigten tatsächlich nicht Literatur, sondern
Oratur" (8).

19. So die Einheitsübersetzung von 1980 statt des geläufigeren "Gott ist
Liebe". Marti legt seinen Texten die Zürcher Bibel zugrunde.

In dem Band *Schöpfungsglaube* sind die Predigten gesammelt, die Kurt Marti 1982-1983 hielt; diejenige vom 24. April 1983 war die Abschiedspredigt.[20] Marti wirft die Frage auf, ob nicht gerade auch das patriarchalische Christentum, nach der Entgötterung der Natur, mit zum geistigen Wegbereiter hemmungsloser Naturausbeutung und Naturzerstörung geworden ist. In der Frau habe der Mann, auch der christliche, gleichfalls eine Anfrage der Natur unterdrückt und bestraft, "nämlich der in uns Menschen selbst vorhandenen, leibseelisch wirkenden". Das rein männliche Gottesbild habe sich hier verhängnisvoll ausgewirkt (11). Bezugnehmend auf das Atom-Denkwort der Kirchlichen Arbeitsgruppe für Atomfragen in Bern, an dem Marti 1981 mitformuliert hatte, betont er, daß es Zeit sei zu erkennen, "daß es in der Natur immer auch um Gottes Sache geht. Es ist Zeit, die Natur heimzuholen in unsere Theologien, in unsere Gebete und Gottesdienste. Die Natur ist weit mehr als bloß erforschbares und nutzbares Objekt. Sie gehört zu uns, wir sind ein Teil von ihr" (12f.).

Ein junger Schweizer verweigert 1972 den Militärdienst.[21] Er kommt zu seinem Beschluß nach der Entdeckung, daß von konservativer und nationalistischer Seite in der Armee ungehindert und unkontrolliert gegen vermeintlich Linksstehende oder Linksstehende agitiert werden kann. Er kann es mit seinem Gewissen nicht vereinbaren, in einer Armee Dienst zu tun, welche ihm politische Meinungen aufdrängen will, die er nicht teilt. Marti, selber kein prinzipieller Armeefeind, der bis dahin niemals einen Dienstverweigerer verteidigt hatte, macht jetzt eine Ausnahme. Er wird versuchen, in diesem Fall Strafmilderung zu erwirken. Als der Angeklagte bei der Behandlung vor dem Divisionsgericht nicht die

20. Kurt Marti. *Schöpfungsglaube. Die Ökologie Gottes* (Stuttgart: Radius, 1983).
21. Für die besondere Position der Armee im Schweizer Staat vgl. auch: Johannes Maassen. "Ein hoffnungsvoller Pessimist: Zur Kurz- und Kürzestprosa Heinrich Wiesners." In: Marianne Burkhard und Gerd Labroisse (Hrsg.). *Zur Literatur der deutschsprachigen Schweiz* (Amsterdam: Rodopi, 1979), S. 231-253, bes. S. 242ff. (=Amsterdamer Beiträge zur neueren Germanistik. Band 9).

Erlaubnis bekommt, von seinen zuvor gemachten Notizen Gebrauch zu machen, weiß Marti zu bewirken, daß das Militärkassationsgericht den Fall zu neuer Behandlung an ein anderes Divisionsgericht überweist. Ohne Erfolg übrigens, denn der junge Mann wird zu den gebräuchlichen sechs Monaten Gefängnis unbedingt (und zum Ausschluß aus der Armee) verurteilt.

Über diesen Fall und über das politische Treiben in Bern und der Schweiz schrieb Marti sein damals vieldiskutiertes Buch *Zum Beispiel Bern 1972. Ein politisches Tagebuch.*[22] Seine Aufzeichnungen betrachtet er als "eine Art politischer Mikroskopie. Kleine Vorgänge in kleinen Verhältnissen durch das Vergrößerungsglas meiner Subjektivität beobachtet und spontan notiert" (55). Das Buch über diese kleinen Begebenheiten wäre für den Outsider und sicher für den Nichtschweizer kaum verständlich gewesen, wenn Marti dem Leser nicht durch zahlreiche Anmerkungen eine adäquate Rezeption ermöglicht hätte. (Im Anhang finden sich des weiteren das Plädoyer von Marti und ein Pressebericht darüber.) Die Position des Autors kann ja schwerlich erfaßt werden, wenn das politische Kräftespiel nicht deutlich wird.[23]

Hin und wieder reflektiert der Autor über das Phänomen Tagebuch.[24] Es ist ihm unbehaglich, daß der Leser glauben könnte, der Verfasser nehme sich selber unverhältnismäßig wichtig. Verführerisch darum der Gedanke, das ganze literarisch zu transformieren. "Nur will mein Tagebuch nicht Literatur, sondern eine Art Dokumentation sein" (114f.). Ein anderer möglicher

---

22. Kurt Marti. *Zum Beispiel Bern 1972. Ein politisches Tagebuch* (Darmstadt/Neuwied: Luchterhand ,1973). Auch als Taschenbuch unter dem Titel *Ein politisches Tagebuch* (Gütersloher Taschenbücher Siebenstern Band 215).

23. Andere politische Publikationen aus diesen Jahren: Konrad Farner/ Kurt Marti. *Dialog Christ–Marxist. Ein Gespräch* (Zürich: Verlagsgenossenschaft Zürich, 1972 [= Text zum Film von Richard Dindo]); Kurt Marti (Hrsg.). *Politische Gottesdienste in der Schweiz* (Basel: Friedrich Reinhardt, 1971), Vorwort Marti S. 7-12.

24. Allgemeine Einführung in diese Gattung: Peter Boerner. *Tagebuch.* (Stuttgart: Metzler, 1969 =SM 85), S. 11ff.

Eindruck wäre, daß sich der Autor ausschließlich mit Politik beschäftigen würde, während er doch auch ein familiäres, berufliches, theologisches, ein erotisches oder literarisches Tagebuch führen könnte. Warum auch nicht ein Nachtbuch mit Träumen? Aber vor lauter Notieren käme man dann nicht mehr zum Leben (123). Ein Vorteil des Tagebuches ist, daß das Erinnerungsvermögen präzisiert und verstärkt wird. Wenn das aber nur partiell geschieht, könnte die Gefahr bestehen, daß man im Rückblick nur das erlebt zu haben glaubt, was im Tagebuch festgehalten wurde. Fundamental dann die Frage: "Kann, wer über Jahre, ja Jahrzehnte hin Tagebuch führt, eine einseitige Selbststilisierung vermeiden?" (155)

Wie in den Predigten fällt auch hier die enge Verflechtung von Politik und Christentum auf. Wiederholt wird über das Verhältnis von Theologie, Kirche und Gesellschaft nachgedacht (u.a. 117ff.). Wenn Hörer des Wortes zu Tätern des Wortes in Martis Auffassung werden, kann das zu folgendem Ausruf führen: "Daß Missionsrat und 'Brot für Brüder' ein verbindliches Wort zum Problem der Waffenausfuhr sagten..., könnte einen geradezu wieder an die Kirche glauben lassen" (165).

Man hat beanstandet, Marti habe auch Nachrichten aus zweiter und dritter Hand aufgenommen, was zu Irrtum und Mißverständnis habe führen können.[25] Es mag sein, daß dadurch der Eindruck einer gewissen Kleinmaßstäblichkeit entsteht. Eher aber sollte man auf ausführliche Gedankengänge hinweisen wie die über den Unterschied zwischen Opposition und Subversion und über die Begriffe "links" und "rechts". Wesentlich auch, was Marti über die Wurzeln seiner politischen Überzeugung schreibt:

Ab und zu träume ich im Schlaf Städte, wie Siena seinerzeit gewesen sein könnte. Oder es ist Bern, doch in noch ungebrochener, heiterer 'Geschmücktheit des Lebens' ... Abbild und Vorschein der himmlischen Stadt und ihres freien kommunitären Lebens... Fast vermute ich, daß die politische Dimension meines Glaubens, meiner Theologie hier ihren Ursprung haben könnte. Hier im Unbewußten und im entsprechenden Bild des neuen Jerusalems der Apokalypse. Es ist doch

25. Elsbeth Pulver. "Politische Aktualitäten, politische Träume: Zum Beispiel Bern 1972." In: *Schweizer Monatshefte*, 53 (1973), S. 347-350, besonders S. 348.

wohl nicht Zufall, daß die letzte, abschließende Vision der Bibel die der *neuen Stadt* (griechisch: 'Polis') ist" (121f.).

Später heißt es: "... immer wieder: Epiphanien, Visionen offener, heiter-belebter Kirchen, gesellig-leuchtender Städte, ungezwungener, herrschafts- und repressionsfreier Kommunitäten — und so weiter. Gibt es auch politisch 'rechte' Träume?" (136) Martis Utopie von der Stadt am Ende der Zeit, sein Traum von einer endgültig befriedeten Menschheit sind, das ist sicher, nicht die eines Mannes, der "von Moskau ferngesteuert" ist (160).

Die Universität Bern ernannte 1977 Kurt Marti zum Ehrendoktor der Theologie, dies wohl auch um ihren Standpunkt in der peinlichen Sache des Lehrstuhls für Homiletik klarzustellen. Als Zeichen seines Dankes widmete er der evangelisch-theologischen Fakultät sein Buch *Zärtlichkeit und Schmerz*.[26] Die hier gesammelten Notizen sind Aphorismen, Prosagedichte, Kürzestgeschichten und insbesondere Gedankengänge und -splitter überwiegend theologischen Gehalts. Der Titel ist eine Umschreibung für die Liebe Gottes. Als dieser aus Liebe seinen Sohn auf die Erde schickte, war das Resultat, daß man ihn als einen Rebellen hinrichtete. Gottes Liebe ist darum eine gekreuzigte Liebe. Seine Perspektive ist diejenige Jesu: von unten her, d.h. aus dem Blickwinkel der Rechtlosen auf dieser Welt (76).[27] Ziel darum seines Ebenbildes, der Mensch: "... zart und genau zu werden: Mehr wird nicht erwartet, mehr will nicht erreicht sein" (105). Das heißt also, das Ziel des Menschen sei es, an Liebe und Gerechtigkeit nach Vermögen zuzunehmen, anders formuliert: "den Menschen, den Dingen zutiefst gerecht zu werden" (116). Jeder übersteigerte Idealismus wird zurückgewiesen mit diesem

26. Kurt Marti. *Zärtlichkeit und Schmerz. Notizen* (Darmstadt/Neuwied: Luchterhand, 1979, =SL 337).
27. Vgl. auch: Kurt Marti. "Kommt das Heil von unten? Gedanken zum Verhältnis von Heiligem Geist und Materialismus." In: Kurt Marti, *Widerspruch für Gott und Menschen. Aufsätze und Notizen* (Freiburg/Heidelberg: F.H. Kerle, 1982), S. 55-76 (=Sammlung Kerle Band 5). Ursprünglich in: Dorothee Sölle und Klaus Schmidt (Hrsg.). *Christentum und Sozialismus. Vom Dialog zum Bündnis* (Stuttgart u.a.: Kohlhammer, 1974), S. 36-48.

Hinweis: "UTOPIE. REALISMUS. Die christliche Utopie meint die Herrschaft der Liebe. Dennoch bleibt diese Utopie in bezug auf unsere Weltzeit realistisch: sie verkündet die Liebe als eine gekreuzigte" (123).

Andere Notizen gewähren einen Einblick in momentane Unsicherheiten, Krisen und Phasen von Denkprozessen dieses belesenen Autors, der sich auf jeder Seite als ein wahrhaftiger poeta doctus erweist: "ENTORDNUNG. Oft laufen mir Überzeugungen wortlos davon. Behaglich und vielversprechend breitet sich der anarchische Reichtum der Unordnung wieder aus" (37). Religion und Erotik werden "ein wildes, doch unzertrennliches Paar" genannt. Eines ohne das andere muß verdorren (65). In Träumen wird Schweben, Fliegen von Marti nie unter dem Aspekt des Entfliehens erlebt. "Im Gegenteil: ich fliege nicht *fort*, fliegend bin ich besser, intensiver *hier*! Religionsgeschichtlich ist Schweben, Fliegen meistens dem 'Himmel' zugeordnet. Nach meiner onirischen Hermeneutik wäre 'Himmel' demnach nicht eskapistisch, auch nicht transmundan zu verstehen, eher als eine Verwandlung, Durchleuchtung dessen, was ist, was auch ich bin" (134).

Das ist ein unverhülltes Bekenntnis zu dem Menschen und seiner Erde. Die letzte Notiz: "WUNSCH. Daß Gott ein Tätigkeitswort werde" (135).

Die offene Form und der fragmentarische Charakter regen den Leser an, die vorgetragenen Gedanken zu erweitern, zu variieren oder auch zu widerlegen, eine gewiß auch vom Autor gewünschte, sogar provozierte Aktivität.

Die Periode November 1980 bis Februar 1983 ist Gegenstand des Tagebuches *Ruhe und Ordnung*.[28] Mehr als sonst vernimmt man jetzt auch Privates: u.a. daß Marti Sohn eines Notars und selber Vater von vier Kindern ist, daß er kindliche Kriegsbegeisterung und anfängliche Verführbarkeit durch den Nazi-Zauber gekannt hat. Man liest über die Pfarrerzeit in Niederlenz 1950-1960 und wie er angesichts der Absurdität der Weltlage den Tag

---

28. Kurt Marti. *Ruhe und Ordnung. Aufzeichnungen und Abschweifungen 1980-1983* (Darmstadt/Neuwied: Luchterhand, 1984 =SL 641).

herbeiwünscht, da er keine Religionsstunden mehr zu erteilen braucht.

Etwas überrascht vielleicht wird der Leser zur Kenntnis nehmen, daß dieser Pfarrer und seine Frau, den Urlaub auf einer griechischen Insel verbringend, wie andere "splitternackt" baden und in der Sonne liegen. "Lichtlust" und "Sonnensabbat" drücken auf ihre Weise ein Bekenntnis zum Leben aus, zum Körper, der man ist (77ff.). Das gilt nicht weniger für die beiden kraß realistisch erzählten sexuell-erotischen Träume. Sexus und Eros verlangen aber nach einer vitalistischen, nicht nach einer moralistischen Beurteilung (194ff.). Wäre dafür nicht auch die "wilde Schönheit des Sexuellen" im Hohenlied anzuführen? (178) Wohl um die religiöse Dimension von Sexus und Eros hervorzuheben, zitiert der Autor mehrmals den wunderschönen Satz des von ihm bewunderten Friedrich Christoph Oetinger (1702-1782): "Das Ende der Werke Gottes ist Leiblichkeit" (u.a. 138).

Marti beschreibt den Einfluß, den Stefan George auf ihn hatte, über den er zu Hölderlin kam. Hesse kommt zur Sprache und auch Max Frisch, dem er mit Respekt gegenübersteht.[29] Dürrenmatt wird erwähnt, mit dem er, gleichaltrig, in derselben Klasse saß und an derselben Universität studierte, dennoch lebenslänglich auf Distanz blieb.[30] Zu Peter Bichsel stellt er sich die Frage, ob dieser nun ein Schriftsteller oder ein Philosoph sei. Interessant und aufschlußreich für Martis eigene Lebenseinstellung ist seine Bemerkung, in Goethe möge er "den insgeheimen Exzentriker und

29. Die Entwicklung der deutschsprachigen Literatur in der Schweiz in diesem Jahrhundert, insbesondere nach dem Zweiten Weltkrieg, wurde von Marti in einem längeren frühen Aufsatz skizziert: *Die Schweiz und ihre Schriftsteller – die Schriftsteller und ihre Schweiz* (Zürich: EVZ, 1966 =Polis 28 Evangelische Zeitbuchreihe).

30. Vgl. aber Kurt Marti. "Ein Brief an Friedrich Dürrenmatt zum 60. Geburtstag." In: Kurt Marti. *Für eine Welt ohne Angst. Berichte, Geschichten, Gedichte* (Hamburg: Lutherisches Verlagshaus, 1981), S. 123-131. Ursprünglich in: *Der kleine Bund* (Bern), Nr. 1 vom 3.1.81. Hier unter dem Titel: "Lieber Fritz! Ein Brief an Friedrich Dürrenmatt." Der Band *Für eine Welt ohne Angst* enthält z.T. schon bekannte Texte und weiter verstreut erschienenes Publizistisches. Er hat ein Nachwort von Arnim Juhre (S. 134-136).

Hedonisten" (84). Es ist eine indirekte Selbstcharakteristik, die sich zusammenführen läßt mit der, welche später unter der Überschrift "Mit Mary Daly im erotischen Album blätternd" versucht wird (181ff.). In Anbetracht des auch hier wiederholt festzustellenden enzyklopädischen Wissens und einer stupenden Belesenheit wundert es weiter nicht zu vernehmen, Marti sei im Laufe der Zeit "Lexikonleser und -lerner" geworden (104).

Der Autor greift einen neuen Begriff auf: "Exterminismus, Trieb zur Ausrottung des Lebens" (106). Schwarzsehend muß er feststellen: "Uns droht eine Verschollenheit, für die es keine Erinnerung, keine Anthologien mehr geben wird" (176). Ist er ein Pessimist? "Weil ich Angst haben muß, hoffe ich. So wenig Angst mit Pessimismus, kann Hoffnung mit Optimismus gleichgesetzt werden. Im Alten Testament schließt Hoffnung die Erwartung zukünftiger Gerichte Gottes oft ein. Im Neuen Testament wurzelt Hoffnung in der Auferweckung eines Ermordeten. In beiden Fällen verbindet sich Realismus mit gespannter Erwartung auf Gott" (233).

In zwei Briefen an und über Gott wird versucht, die anthropomorphisierenden Gottesvorstellungen aufzubrechen, indem die Weiblichkeit Gottes (Göttin, Heilige Geistin) poniert wird. Keinesfalls darf Gott, Schreckbild, ein universeller Computer sein, "in dem alle Daten mitleidlos und für immer gespeichert bleiben" (144f.). Martis Vorstellung ist anders: "Gott ist das verläßliche Dunkel hinter mir, dem die Klarheit entsprang, daß er/sie weltlicher, näher ist, als wirs zu hören bekamen... Das tiefste Gottesrätsel ist seine/ihre Leidenschaft zum Leben, der unser Planet Erde ein im All einzigartiges, privilegiertes Dasein verdankt" (147).

In einem gewissen Rhythmus sind Teile des Textes um einige Zentimeter eingerückt. Der optische Effekt verleiht der Lektüre des Buches einen besonderen Akzent.

Ein direkter thematischer Zusammenhang mit dem Predigten-band *Schöpfungsglaube* klingt im Titel an von Martis bisher letzter Publikation *Tagebuch mit Bäumen*.[31] Es ist nur allzu verständlich,

---

31. Kurt Marti. *Tagebuch mit Bäumen* (Darmstadt/Neuwied: Luchter-hand, 1985).

daß sich in einer Zeit des sauren Regens und der sterbenden Wälder der Autor gerade dem Bereich der Bäume zuwendet. Im Predigtenband stand als letzter Text die Abschiedspredigt vom 24. April 1983. Die Aufzeichnungen beginnen drei Tage später (die letzte ist vom 13. September 1984). Der pensionierte Pfarrer hat mehr Zeit, sich in der Natur umzusehen: es wird über weite Spaziergänge berichtet, auch hat man ein "Hüttchen" in den Bergen. Aus der Privatsphäre vernimmt man u.a. auch, daß ein zweites Enkelkind geboren wird. Aus den Notizen kann man weiter vermuten, daß ein Sohn bildender Künstler ist, ein anderer Pfarrer. An politischen Aktivitäten sind u.a. zu verzeichnen eine Lesung vor der Sozialdemokratischen Partei Wetzikon, eine Podiumsdiskussion in Burgdorf über die Zivildienst-Initiative und eine in Bümpliz mit dem Thema "Schöpfungsglaube und Atomenergie". Nach letzterer stellt sich Marti die Frage, ob es ihm gelungen sei, einen einzigen Zuhörer für ein Ja zur Atom-Initiative (keine neuen Atomkraftwerke mehr) umzustimmen (101).

Die drohende Venichtung der Welt und den möglichen Untergang der Menschheit bedenkend, ein Thema, das Marti obsessiv verfolgt, kommt er zu folgender Erkenntnis: "Ist Gott, weil Schöpfer, nicht in der Schöpfung? Die traditionelle Theologie scheint das anzunehmen. Sinne und Gefühl aber wissen: die Auslöschung des Lebens auf der Erde würde auch Gott töten" (28).

Vereinzelt könnte man den Eindruck haben, daß das Thema "Bäume" etwas forciert zur Sprache gebracht wird. Einmal aber, beim Anblick von Obstbaumstämmen, die er von emporkletterndem Efeu zu befreien hat, findet Marti ein Bild, das sein Gottesverhältnis auf unvergeßliche Weise zum Ausdruck bringt:

> So ungefähr klebe auch ich: gebetslos wuchernd, weder belehr- noch bekehrbar, durchströmt vom Saft des Zweifels, dionysische Triebe treibend — der griechische Weingott trug den Beinamen *Kissos*, Efeu.
> Und keine Hand bisher, kein Scheu- und Schicksal, das mich vom Stamme riß (86).

Eine Mischform aus Wissen und Erfindung ist das Lexikon in

einem Band *Abratzky oder Die kleine Brockhütte.*[32] Die Anspielung
im Titel auf den für seine Lexika berühmten Verlag Brockhaus ist
deutlich, allerdings wird hier noch weniger als ein kleiner
Brockhaus vorgelegt, nämlich eine kleine Brockhütte. Der
Kompilator und Verfasser dieses Bandes bezeichnet sich als
"Lexikonleser und -lerner". Aus seinem Material hat er Artikel
zusammengestellt, komplett mit Angabe von Sekundärliteratur,
nicht anders als in den gängigen Lexika. Nur ist in den seltensten
Fällen mit Sicherheit auszumachen, ob nicht Martis Phantasie
hineingespielt hat. Was ist Tatsache, was Phantasie? Bei allem
Vergnügen, das die Lektüre bereitet, fühlt sich der Leser doch
zugleich fundamental verunsichert. Wenn Wissenschaftlichkeit so
eingängig und überzeugend vorgetäuscht werden kann, woran sich
dann noch halten? Die Methode, die Marti hier anwendet, findet
sich unter dem Stichwort Lexi-Fiction. Sie wird dem elsässischen
Schullehrer, Volkskundler und "Verfasser phantastischer Schriften" Theodor Obermann (1909-1962) zugeschrieben. Gab es
diesen Obermann wirklich, der sein Lexikon von vornherein als
einen Anfang konzipierte, "als Fragment, als immerwährendes
'work in progress', das jeden Leser zur fortführenden Mitarbeit
einlädt"? Um die Frage nach diesem Obermann und seinem
"immerwährenden Lexikon" klären zu können, wird der Leser ein
Lexikon zu Rate ziehen müssen. Damit befindet er sich aber in
einem Teufelskreis. Unter dem Stichwort Fabulistik, "(Lat.
'Erdichtungswissenschaft') Spezialdisziplin der Literaturwissenschaft", ist zu lesen, daß diese Spezialdisziplin einige Jahrzehnte in
großem Ansehen stand. Das habe sie eingebüßt, wird der
Germanist schockiert lesen, nach der Veröffentlichung von Carl
Wabls satirischem Traktat *Die Germanistik als Zweig der
Fabulistik betrachtet (1911).*

Dieses herrliche Bändchen (es faßt auch ganze Romane in
einigen Zeilen zusammen: bestehende, erfundene?) wurde leider zu
wenig beachtet.[33] Der homo ludens in Marti hat offensichtlich
Spielfreude und spielerisches Vermögen der Leser überschätzt.

32. Kurt Marti. *Abratzky oder Die kleine Brockhütte. Lexikon in einem
Band* (Neuwied: Luchterhand, 1971) (=SL 24).
33. Positiv auch: Elsbeth Pulver. "Das Zerredete literarisch gestalten:
Zu vier Neuerscheinungen der schweizerischen Literatur." In: *Schweizer*

Der Anteil der Epik in Martis Werk ist relativ schmal. Darin überwiegt die Kleinform. "Mein Beruf als Pfarrer läßt große Prosaformen nicht zu, Zeit und Kraft dafür fehlen mir. Habe ich nie einen Roman geschrieben..., weil mich der Beruf daran hinderte, oder bin ich im Beruf geblieben, weil ich keinen Roman schreiben *wollte*? Ich vermute das letztere. Meine Vorliebe gehört den kleinen Strukturen... Vor allem verlockt es mich stets wieder, Neues zu versuchen. Literarisch bin ich ein unbeständiger Mensch".[34]

Die frühen *Dorfgeschichten* (1960), zarte Prosagebilde mit einem oft harten Kern, können hier unbehandelt bleiben.[35] Die Neuausgabe von 1983 enthält fünf neue Texte, in denen der "Velofahrer" figuriert.[36] In diesem Radfahrer, der damit rechnet, im motorisierten Verkehr jeden Tag das Leben verlieren zu müssen, erkennt man unschwer den Autor:

> Den Velofahrer wundert es nicht, daß überall wieder zum Krieg gerüstet wird. Täglich erlebt er auf Straßen die große Gewalt kleiner Kriege. Er glaubt Geschosse sehen zu können, welche auf Menschen zielen, die am Straßenrand gehen oder die Straße zu überqueren

---

Monatshefte 51 (1972), S. 762-776. Sie weist darauf hin, daß die Knappheit der Lexikonartikel als eine neue Möglichkeit der literarischen Kurzform Marti habe anziehen müssen (S. 765). Zur Kurz- und Kürzestform in der schweizerischen Literatur vgl. Elsbeth Pulver."Literarische Legitimation der Kurzprosa." In: *Die zeitgenössischen Literaturen der Schweiz*, S. 290-309. Vgl. auch: Johannes Maassen. "Ein hoffnungsvoller Pessimist," S. 231ff.

34. Hans Ester. "Gespräch mit Kurt Marti." In: *Deutsche Bücher* 11 (1981), S. 245-260, Zitat S. 255. Das Gespräch, das im Rahmen eines längeren Briefwechsels geführt wurde, enthält viel Wissenswertes zu Person und Werk von Kurt Marti.

35. Kurt Marti. *Dorfgeschichten* (Gütersloh: Sigbert-Mohn, 1960). Erweiterte Neuausgabe: *Wohnen zeitaus. Geschichten zwischen Dorf und Stadt* (Zürich: Flamberg Verlag, 1965). Eine Geschichte wie "Neapel sehen" fand Aufnahme in Anthologien, u.a. in: Marcel Reich-Ranicki (Hrsg.). *Erfundene Wahrheit: Deutsche Geschichten 1945-1960* (München: Deutscher Taschenbuch Verlag, 1980), S. 456-457 (=dtv 1529).

36. Kurt Marti. *Dorfgeschichten*. Erzählungen (Darmstadt/Neuwied: Luchterhand, 1983 =SL 487).

versuchen. Im Unterschied zu Bäumen sind Menschen aber bewegliche
Ziele und schwerer zu treffen (68).

Waren die Dorfgeschichten durch das Leben als Pfarrer auf dem
Lande inspiriert worden, so war es wohl die Bürgergemeinde in
Bern, welche Marti den Stoff für den Band *Bürgerliche Geschichten*
lieferte.[37] Es werden Vorfälle erzählt, wie sie heute zum
Erfahrungsbereich fast eines jeden gehören, z.b. eine Beraubung
durch Drogenversklavte auf der Straße in "Da steht dann plötzlich
einer. Aus den Erzählungen der Schwestern Lea und Lina Feuz".
Marti versteht es meisterhaft, die Damen die Beraubung einem
Gegenüber (Marti?) so erzählen zu lassen, daß der armselige
Anstand, die heuchlerische bürgerliche Moral und ein latenter
Faschismus immer peinlicher in Erscheinung treten. In "Flörli
Ris" wird eine Frau durch die Anonymität und Kälte einer
indifferenten Gesellschaft in den Tod getrieben. "Während fast
dreißig Jahren, rühmt die Firmenleitung, sei sie eine liebe
Mitarbeiterin, eine gewissenhafte Buchhalterin gewesen, ihr Tod
hinterlasse eine schmerzliche Lücke" (55). Ganz anders aber nicht
weniger eindrucksvoll ist die Geschichte "Charlie Mingus ist tot".
Ein Primaner, der die Schule schwänzt, verbringt in der sensiblen
Seelenverfassung seines Alters einen sonnigen Oktobernachmittag.
Marti läßt ihn im Gehen am Fluß entlang Sprachspiele treiben, die
an die assoziative Technik der Konkreten Lyrik erinnern.

Aus der seelsorgerischen Praxis stammt sicher wohl der Stoff zu
dem Text "Die obere Hälfte von zwei Birken, in ziemlicher
Entfernung". Ein total Gelähmter im Rollstuhl, der nur noch "ja"
sagen kann, bekommt Besuch von einem Pfarrer, auch das wieder,
sicher für diesen, ein alltäglicher Fall. Aus der Perspektive des
Besuchers wird deutlich, wie leicht in einer solchen Situation Trost
vom Glauben her leeres Gerede werden kann. In dem Band "Für
eine Welt ohne Angst" wurde unter dem Titel "... und ihr habt
mich besucht" eine frühere Fassung abgedruckt.[38] Dort spielen

37. Kurt Marti. *Bürgerliche Geschichten* (Darmstadt/Neuwied: Luchterhand, 1983 =SL 461).
38. Kurt Marti. *Für eine Welt ohne Angst*, S. 20-27. Erstmals in: *Wer ist*

auch eine fromme Trösterin und der Gedanke an die
Verantwortung vor dem letzten Gericht eine Rolle in den
Reflexionen des Pfarrers. Ein Vergleich lehrt, wie ungleich stärker,
weil straffer und illusionsloser, der jetzt vorliegende Text wirkt. Es
ist nur natürlich, daß in solchen Erzähltexten mehr Helvetismen
begegnen als in Martis sonstigen Schriften (wo sie selten sind). Sie
sind aber so dosiert, daß sie eher einen besonderen Reiz bilden, als
daß sie die Rezeption erschwerten.

Die Riesin ist laut Untertitel ein Bericht und kein Roman.[39] Nach
einer Party sehen Gäste, wie Egon in einem innigen Liebesspiel
von der Riesenfrau Erna verschlungen wird. Die Ichgestalt, ein
Bibliotheksbeamter, versucht, für diese phantastische Begebenheit
eine Erklärung zu finden. In Gesprächen mit Bekannten wird der
Fall aus tiefenpsychologischer, marxistischer, religionsgeschicht-
licher und mancher anderen Sicht angegangen, ohne jedes
Resultat. Noch am ehesten in die Nähe einer Lösung kommt eine
Tänzerin, die sich zum Vitalismus und Tantrismus bekennt. Die
namenlos bleibende Ichgestalt wendet sich in zwei Briefen an
seinen Freund, Berater und Lektor Paraburi.[40] Er schickt ihm "die
versprochenen Aufzeichnungen. Zum Schluß, nach Mono- und
Dialogen, nach Beschreibung, Bericht, Lyrismen und Dramolett,
nach Ich- und Du- und Er- also auch noch die Briefform..." (113).
Nachdem auf der Handlungsebene ergebnislose Interpretations-
versuche vorgeführt worden waren, wird jetzt also auf der
Erzählerebene der Anschein erweckt, als sei das ganze nicht viel
mehr als ein Spiel in und mit literarischen Formen. Es wurde dem
Autor zum Vorwurf gemacht, daß der mysteriöse Vorfall am

---

mein *Nächster? 70 Autoren antworten auf eine zeitgemäße Frage* (Freiburg
u.a.: Herder, 1977).
  39. Kurt Marti. *Die Riesin. Ein Bericht* (Darmstadt/Neuwied: Luchterhand, 1975). Die Umschlagseite hat allerdings die Bezeichnung "Roman".
Vgl. auch Hans Ester. "Gespräch mit Kurt Marti," S. 255.
  40. Marti veröffentlichte ein schmales, exquisites Bändchen mit experimenteller Prosa: *Paraburi. Eine Sprachtraube* (Bern: Zytglogge, 1972).
Ein Stichwort in *Abratzky* ist "Paraburi. Gipfel im Himalajamassiv, 7910
m. ü.M. 1958 erstmals von Hilt und Kinsley bestiegen". Ist "Paraburi"
eine Chiffre für "höchste ästhetische Instanz"?

Anfang nicht zu einer spannenden Handlung ausgeführt worden sei.[41] Dem Autor kam es aber darauf nicht an: er läßt sich den Alptraum in nichts auflösen. Eine Art Befreiung scheint im Ablauf des Schreibakts aufgetreten zu sein.

Für eine gültige Interpretation darf aber nicht übersehen werden, daß die Leiche von Egon später aus dem Wasser gefischt wird. Dieser Selbstmord hätte vermieden werden können, wenn das Mädchen Rundine auf seine Bitten um etwas Zärtlichkeit eingegangen wäre. Auch sind die Erinnerungen des Ich an eine Jugendliebe wichtig, wo die Rede ist vom "Ungeheuer Zärtlichkeit das mit uns spielte das nach uns schnappte das uns bald sanft bald heftig doch immer lustvoll verschlang..." (35). Mit gebotenem Vorbehalt gegenüber der Privatsphäre des Autors (im Text wird gesehen, daß Egon sich aus Ego + n zusammensetzt!) ließe sich dieser Bericht als literarische Transformation eigener Liebes-erfahrungen, ihrer Wonnen und Gefahren, auffassen. Das läßt sich unterstützen mit einem Hinweis auf Formulierungen auf der Erzählerebene (in den Briefen), die mit denen in den Träumen, Visionen und Utopien verwandt sind: "... bin zurückgekehrt in die Gegenwart, in meinen Körper, habe die Arme ausgestreckt..., glaub' mir: voll Wohlgefühl! Und plötzlich wußte ich wieder: die Wonnen des Körpers sind unermeßlich" (116). Und an anderer Stelle: "Die Wonnen des Körpers sind unermeßlich. Mich erfaßte ein samtener Sog, Euphorie, als würde ich, leicht geworden, schweben statt gehen, als könnte ich fliegen demnächst... Mit leichten, beschwingten Schritten entferne ich mich von Erna, auch jetzt, da ich schreibe. Jedes Wort, jeder Satz trägt mich fort von ihr und die noch vor kurzem so Große bleibt hinter mir zurück, schrumpft ein, wird klein und kleiner" (120).

Dieses Schweben und Fliegen, das Glücksgefühl wie aus den Träumen und Visionen von der Stadt am Ende der Zeit ist wohl ein

41. Martin Gregor-Dellin. "Die Riesin: Roman (sic) von Kurt Marti." Kurzrezension in: *Die Zeit* vom 10.10.1975. Wohl die gediegenste Analyse schrieb: Charles Linsmayer. "Protokoll eines literarischen Exorzismus: Überlegungen zu Kurt Martis neuem Buch *Die Riesin*." In: *Die Tat* vom 10.10.1975. Vgl. auch: Paul Konrad Kurz. "Wenn das Lachen aufhört, haben die Riesen gesiegt: Zum neuen Roman (sic) von Kurt Marti." In: *Orientierung* 39 (1975), S. 178-180.

Ausdruck dafür, daß das Ich einer Gefährdung und Bedrohung entronnen ist und ein Gleichgewicht sich wiederhergestellt hat.

Martis Prosa, so hat sich gezeigt, ist das Produkt eines homo religiosus, der mit beiden Füßen auf dieser Erde steht. Vielförmig wie sie ist, drückt sich in ihr mit wechselndem Akzent das Engagement des Autors für den Menschen und sein Heil aus. In den Predigten tritt Marti hervor als ein Wortgewaltiger, der seine Begabung primär für die Verkündigung des Gottesreiches einsetzt, an dem Tag für Tag gebaut werden muß und das trotz der sich häufenden konträren Zeichen einmal in voller Herrlichkeit kommen wird. Seine theoretischen Bemühungen um die Gattung Predigt lassen keinen Zweifel, daß ihm die heikle Aufgabe des Kerygmas in einer immer stärker säkularisierten, gottlosen Welt peinlich bewußt ist. Das Pädagogische und Didaktische, das aller Homilie und Katechese eigen und ein Wahrzeichen fast aller schweizerischen Literatur ist, bekommt im vorliegenden Fall eine besondere Färbung durch eine intensive Verbindung mit dem politischen Moment, eine Verbindung, die unwillkürlich die Gestalt des Zwingli in Erinnerung ruft. Manchmal behutsam, manchmal aber auch auf schockierende Weise, immer aber eindringlich und mit nachhaltigem Effekt wird dem Hörer (Leser) klar gemacht, daß der christliche Glaube keine freibleibende Angelegenheit ist, sondern daß das Gottesreich, das einmal am Ende der Zeit in voller Glorie erscheinen wird, in hartnäckiger Arbeit, wobei der zwischenmenschliche Bereich von ausschlaggebender Bedeutung ist, vorbereitet werden muß.

Der Tagebuchautor, Essayist und Pamphletist führt Möglichkeiten vor, und zeigt auch die Grenzen, eines christlichen Einsatzes in der harten Realität der Schweizer Gesellschaft in den siebziger und achtziger Jahren. Wie das so oft in der Literatur dieses Landes der Fall ist, entsteht dabei, sicher für den Nichtschweizer, der Eindruck eines Autors, der seinem Land unbarmherzig zu Leibe rückt, nur weil es ihm offensichtlich sosehr am Herzen liegt (als müßte das geliebte Objekt unbedingt ohne Fehl sein). Die Gattung des Tagebuchs erlaubt mehr als jede andere darüber hinaus Einblick in das persönliche Leben des Autors. Besonders da, wo sich Marti auf die Suche nach der gelebten Zeit begibt, u.a. in *Ruhe und Ordnung*, gelingen ihm Seiten, die einen nachhaltigen Eindruck hinterlassen. Charakteristisch für sein Leben und Schaffen ist, daß auch bei allerpersönlichsten Erfahrungen und Erlebnissen das Politische, wie leise auch manchmal angedeutet, eine Rolle spielt. Man könnte zunächst den Eindruck bekommen, daß in den Erzählungen und in dem Bericht (*Die Riesin*) das christliche Moment nur von peripherem Interesse oder ganz ausgespart ist. Bei genauerem Hinsehen aber scheinen durch die vordergründigen human interessierenden Situationen und Fragestellungen christliche Grundpositionen von entscheidender Relevanz durch. Der Vergleich zweier Texte ("Die obere Hälfte von zwei Birken, in ziemlicher Entfernung" und "... und ihr habt mich besucht") lehrte, wie in einer aussichtslosen Situation nicht mehr die Worte zählen, sondern die Tat, das Daseinwollen für den total ohnmächtigen, invaliden Mitmenschen.

In allen Gattungen, in denen sich Kurt Marti zu Wort meldet, ist der Einsatz für den Menschen und sein Heil das tragende Fundament der Bemühungen dieses christlichen Realisten.

Judith Ricker-Abderhalden

Niklaus Meienberg: der Günter Wallraff der deutschen Schweiz?

Wer sich mit der zeitgenössischen, zeitkritischen Literatur der deutschen Schweiz befaßt, stößt unweigerlich und immer wieder auf den Namen Niklaus Meienberg. Er scheint seine Landsleute wie kaum ein anderer herauszufordern, und Verehrer sowie Gegner reagieren auf seine polemisch-dokumentarischen Texte und Filme meist sehr heftig. Für seine Gegner ist er ein Querkopf, ein Nestbeschmutzer, ein Fertigmacher, ein Psychopath, ein Wolf im Schafspelz. Sie bezichtigen ihn der Subversion, der Agitation, der Manipulation. Für seine Verehrer hingegen ist er "ein anerkannter Meister des literarischen Journalismus,"[1] einer der begabtesten Publizisten der Schweiz, ja ein Märtyrer der Wahrheit. Wer ist dieses "enfant terrible der Schweizer Publizistik,"[2] was hat ihm die Attribute "Bürgerschreck"[3] und "angry young man der helvetischen Kultur- und Politlandschaft"[4] eingebracht?

Niklaus Meienberg wurde 1940 in St. Gallen in eine kinderreiche katholische Familie hineingeboren. Nach dem Besuch der Klosterschule St. Gallen machte er das Abitur und studierte ab 1961, nach längeren Aufenthalten in den USA und Kanada, an den Universitäten Fribourg, Zürich und Paris Geschichte. Er schloß sein

1. Urs Hangartner. "Meisterhafte Beispiele aktueller Lyrik." *Luzerner Neueste Nachrichten*, 2. Dezember 1981.
2. Susan Simko. "'Politik, mein Schätzchen.' Niklaus Meienberg als Poet." *Frankfurter Rundschau*, 10. August 1982.
3. Klara Obermüller. "Lasst euch die Wörter nicht nehmen. Niklaus Meienberg: Ein Schweizer zwischen Brecht und Villon." *Weltwoche*, 27. Januar 1982.
4. Simko, *Frankfurter Rundschau*.

Studium mit dem Lizentiat ab und war anschließend etwa vier Jahre lang Korrespondent der *Weltwoche* in Paris, dann fünf Jahre lang freier Mitarbeiter bei der angesehenen Schweizer Zeitung *Tages-Anzeiger*, beim ZDF, beim Schweizer Fernsehen und bei zahlreichen deutschen und schweizerischen Tages- und Wochenzeitungen. 1976 kam es zum berüchtigten *Tages-Anzeiger*-Schreibverbot (das wir später etwas eingehender besprechen werden), das ihm die Veröffentlichung seiner Reportagen in der Schweiz erschwerte. Seine mit Prestige verbundene Anstellung 1982-83 als Pariser *Stern*-Korrespondent, die er allerdings bereits nach einem halben Jahr freiwillig aufgab, verschaffte ihm erneut Zugang zur Schweizer Presse. Er lebt heute abwechselnd in Paris und Zürich und verdient sich wie viele andere Reportagenautoren seinen Lebensunterhalt als freischaffender Schriftsteller. Er ist u.a. mit Max Frisch, Jürg Federspiel und Peter Bichsel befreundet, das Verhältnis zu Otto F. Walter ist jedoch etwas komplizierter, wie allein schon die 1984 von der Zürcher *Wochen Zeitung* veröffentlichte Dokumentation zur sog. "Realismusdebatte" bezeugt, in der Niklaus Meienberg und Otto F. Walter die Hauptkontrahenten waren.[5]

Weiteren Kreisen wurde Niklaus Meienberg erst 1974 bekannt, als er im Luchterhand Verlag sein erstes Buch veröffentlichte, die acht *Reportagen aus der Schweiz*. Dieser Erstling, ein durchschlagender Erfolg, war schon kurz nach der Veröffentlichung vergriffen und erschien inzwischen in mehreren Neuauflagen. In diesem Werk gibt Meienberg Einblick in die Schweizer Gesellschaft, und zwar aus etwas ungewohnter Sicht. Während sich die meisten jüngeren Schweizer Schriftsteller mit der breiten Mittelklasse befassen, zeigt Meienberg mit besonderer Vorliebe die sozialen Verhältnisse der ganz Kleinen und der ganz Großen. Zwei Reportagen z.B. beschreiben die Lebensbedingungen von Spitzensportlern, sozialen Aufsteigern aus dem Arbeitermilieu, während eine andere den Leser mit einem einflußreichen Schweizer Kantonspolitiker bekanntmacht. Bruchstückhaft kommt auch Meienbergs eigene Biographie zum Vorschein, vor allem dort, wo er beschreibt, wie er während eines Aufenthalts in seiner "tödlichen" Heimatstadt St. Gallen den

5. *Unversöhnlichkeit. Dokumentation zur Realismusdebatte Winter 1983/84.* (Zürich: Die Wochen Zeitung, 1984).

Gespenstern seiner Kindheit nachging, sowie dort, wo er seine Erfahrungen als Aushilfslehrer für Geschichte in einem Churer Internat darstellt.

Noch im gleichen Jahr (1974) kam bei Luchterhand Meienbergs Großreportage *Die Erschießung des Landesverräters Ernst S.* heraus, heraus, die er zusammen mit Richard Dindo verfilmte. Der Film, der wie das Buch von der Schweizer Militärjustiz während des Zweiten Weltkriegs handelt, wurde 1976 an der 25. Internationalen Filmwoche Mannheim mit dem Sonderpreis für den sozial engagiertesten Film ausgezeichnet. Meienberg befaßte sich hier zum erstenmal mit einem Thema, das zu einem festen Bestandteil seines Gesamtwerks werden sollte, nämlich mit der Nazifreundlichkeit der Schweizer Großindustriellen.

Seine Erfahrungen als Frankreich-Korrespondent sind in den Sammelband *Das Schmettern des gallischen Hahns. Reportagen aus Frankreich seit 1968* (Luchterhand, 1976) eingegangen. Da erweist sich Meienberg als Kenner des Landes, ob er nun die Pariser Unruhen von 1968, den Heroinhandel in Marseille, einen Streik in der Bretagne, ein Interview mit einem Politiker oder ein Pariser Quartier beschreibt.

Das vierte Buch Meienbergs, sein Lieblingswerk und das erste, das er im Zürcher Limmat Verlag veröffentlichte, hielt sich wochenlang auf den Schweizer Bestseller-Listen. Es handelt sich um die Geschichte des jungen Schweizer Hitler-Attentäters Bavaud, der 1942 in Berlin zum Tode verurteilt wurde. Dieses Buch, *Es ist kalt in Brandenburg. Ein Hitler Attentat* (1980), ist ein Auswuchs des Dokumentarfilms "Es ist kalt in Brandenburg — Hitler töten," den Meienberg 1981 zusammen mit Villi Hermann und Hans Stürm gedreht hatte.

Bereits ein Jahr später erschien der bisher einzige, provozierende und heftig umstrittene Gedichtband *Die Erweiterung der Pupillen beim Eintritt ins Hochgebirge. Poesie 1966-1981* (Limmat Verlag, 1981), der auf der Bestenliste des SWF-Literaturmagazins auftauchte und sich dann wochenlang auf den Zürcher Bestseller-Listen behauptete. Mit wenigen Ausnahmen handelt es sich um aktuelle politische Lyrik, nicht bloß über öffentliche Personen und Ereignisse, sondern auch über private, über Meienbergs Freunde und Feinde. Diese Gedichte, darunter barock anmutende Figurengedichte und Faksimiles, Montagen und Graffiti-Texte,

Parodien und Pamphlete, stammen jedoch nicht alle von Meienberg. Unter den eigenen Kreationen befinden sich Werke von Dante, Villon, Brecht, Heine u.a., und schon der Titel der Sammlung ist ein Plagiat, wenn auch ein eingestandenes. *Vorspiegelung wahrer Tatsachen* (Limmat Verlag, 1983) hingegen ist wiederum ein Sammelband von Reportagen. Er enthält 33 Prosatexte aus den Jahren 1976 bis 1982 über einen sehr breiten Themenkreis. Meienberg schreibt mit gleicher Gewandtheit und Sachkenntnis über Ereignisse und Zustände in der Schweiz, in Frankreich, Amerika, Spanien und der Bundesrepublik. 27 weitere, vorwiegend zwischen 1982 und 1985 in Zeitungen und Magazinen erschienene Reportagen sind im Sammelband *Der wissenschaftliche Spazierstock* (Limmat Verlag, 1985) enthalten, dem siebten Buch innerhalb von kaum zehn Jahren.

Niklaus Meienberg schreibt mit Vorliebe (wenn auch nicht ausschließlich) große und kleine literarische Reportagen. Er wird daher zuweilen "der Günter Wallraff der deutschen Schweiz" genannt.[6] Gewisse Übereinstimmungen sind auch unverkennbar, doch unterscheiden sich die beiden Autoren und ihre Werke in mancher Beziehung grundsätzlich.

Die literarische Reportage, ein relativ junger Genre und eine Zwitterform zwischen Literatur und Journalismus, wurde von der Literaturwissenschaft und der Publizistik bis vor wenigen Jahren arg vernachlässigt. Die heute umfassendste Arbeit zur Theorie und Praxis dieses Genres ist Michael Geislers 428-seitige Abhandlung *Die literarische Reportage in Deutschland.*[7] Er äußert sich darin nicht nur zur Theorie der literarischen Reportage, sondern auch zur Entwicklung des Genres von den ersten Vorläufern im 15. Jahrhundert über Egon Erwin Kisch bis hin zu Günter Wallraff und den DDR-Reportagen. Wie Geisler feststellt, hat vor allem Christian Siegel mit seiner 1973 erschienenen Kisch-Biographie und später mit seinem Metzler-Band *Die Reportage* (1978) die

6. Paul Kretz. "Brisanter Stoff aus der Schweiz bei Luchterhand. Niklaus Meienbergs *Reportagen aus der Schweiz.*" *Luzerner Neueste Nachrichten,* 20. März 1975.

7. Michael Geisler. *Die literarische Reportage in Deutschland. Möglichkeiten und Grenzen eines operativen Genres.* (Königstein/Ts.: Scriptor, 1982).

theoretische Diskussion in Westdeutschland in Gang gesetzt.[8] Bis
dahin war selbst der größte Repräsentant der literarischen
Reportage, Egon Erwin Kisch, weitgehend unbekannt. Dies hat
sich nun in den letzten Jahren grundlegend geändert. Im Januar
1977 verlieh z.b. die Illustrierte *Stern* zum erstenmal den "Egon-
Erwin-Kisch-Preis" für die beste Reportage, 1979 gab Walter
Schmieding im Verlag Kiepenheuer und Witsch eine Sammlung
von Kisch-Reportagen heraus (sie waren jahrelang vergriffen), und
ungefähr zur gleichen Zeit stand *Der rasende Reporter* von Egon
Erwin Kisch auf dem ersten Platz der literarischen Bestseller-Liste
der DDR.[9]

Unter Reportage versteht man im allgemeinen "eine persönlich
gefärbte Darstellung von Ereignissen, Vorgängen, Erlebnissen, im
Unterschied zur Nachricht oder Meldung,"[10] oder, etwas anders
ausgedrückt, "gründlich recherchierte, einfach und anschaulich
dargestellte, immer aber 'gestaltete' Dokumentation." (Geisler, S.
284) Im Unterschied zum traditionellen literarischen Kunstwerk
liegt der Schwerpunkt weniger auf der Form als auf der
vermittelten Information und der Wirkung, die diese beim Leser
erzielt. Namen, Ort und Zeit werden im allgemeinen genannt. Dies
ist umso wichtiger, als es sich bei der literarischen Reportage (mit
Ausnahme der DDR-Reportage) zumeist um eine bewußt
subversive Form handelt: "Sie deckt auf, was im Interesse der
herrschenden Schicht verhängt bleiben soll." (Geisler, S. 7)
Reportagen sind jedoch nicht anonym wie viele Zeitungsberichte,
und gewöhnlich gehen Faktentreue und starkes persönliches
Engagement Hand in Hand. Reportagen sind im allgemeinen nicht
nur länger, sondern auch komplexer als Zeitungs- und
Augenzeugenberichte. Die Produktionsbedingungen sind ebenfalls
anders. Literarische Reportagen entstehen selten unter Zeitdruck,
denn "gute Reportagen lassen sich nicht im Schützengraben

8. Christian Siegel. *Egon Erwin Kisch: Reportage und politischer Journalismus* (Bremen: Sauer, 1973). *Die Reportage* (Stuttgart: Metzler, 1978 =SM 164). Für zusätzliche Information, siehe Geisler, S. 27ff.
9. Egon Erwin Kisch. *Nichts ist erregender als die Wahrheit.* Hrsg. von Walter Schmieding (Köln: Kiepenheuer und Witsch, 1979). Siehe Siegel, S. 16 und 38, Geisler, S. 27.
10. *Grosser Brockhaus*, Bd. 9, S. 685.

schreiben [...] Abstand ist notwendig, Reflexion. [...] Reflexion aber verlangt nach Zeit." (Geisler, S. 4) Man findet die literarischen Reportagen gewöhnlich im Feuilleton, in Wochenendausgaben oder in Zeitschriften, aber auch vereint in Sammelbänden mit oder ohne geschlossene Konzeption. Die Reportagensammlung eignet sich eher dazu, komplexe Wirklichkeitszusammenhänge zu erfassen als die Einzelreportage. Letztere "liefert einen Ausschnitt aus der Wirklichkeit, der, in Verbindung mit anderen, komplementären Segmenten zwar keine Totalität herstellt, wohl aber Überblicke schafft und Zusammenhänge im Kontext hervortreten läßt." (Geisler, S. 104)

Fast alle Verfasser literarischer Reportagen, Egon Erwin Kisch, Günter Wallraff und Niklaus Meienberg miteingeschlossen, sind sog. freie Schriftsteller ohne feste Anstellungsverhältnisse.[11] Sie stehen somit zu den Verlegern und Redakteuren der Zeitungen und Zeitschriften, in denen sie ihre Arbeiten unterbringen wollen, in einem Abhängigkeitsverhältnis, sind also auf deren Wohlwollen angewiesen. Die Zusammenarbeit zwischen Reportagenautor und Zeitung (bzw. Verleger) ist aber nur dann gewährleistet, wenn ihre Optik, ihre publizistische Grundhaltung einigermaßen übereinstimmen. Und das war im Falle Niklaus Meienberg eben bei weitem nicht immer der Fall.

"Ein Schreibverbot vom Verleger einer großen Schweizer Zeitung erhalten zu haben, das zeichnet Niklaus Meienberg vor allen Journalisten seines Landes aus," hieß es in der *Zeit*.[12] Am 15. September 1976 hatte nämlich die Geschäftsleitung des großen Zürcher *Tages-Anzeiger* in einer ungewöhnlichen öffentlichen Erklärung die Zusammenarbeit mit dem Journalisten Niklaus Meienberg gekündigt, und zwar mit der Begründung, "seine Persönlichkeit und seine Art und Weise zu schreiben" seien "mit der publizistischen Grundhaltung der Zeitung endgültig nicht zu vereinbaren." Die im Redaktionsstatut festgelegte publizistische Grundhaltung verlange "Trennung von Information und Kom-

11. Zur sozialen Lage des Reporters, siehe Geisler, S. 15ff., und Christian Siegel, *Die Reportage*.
12. Christoph Neidhard. *"Vorspiegelung wahrer Tatsachen*, von Niklaus Meienberg." *Die Zeit*, 6. Januar 1984.

mentar, Sachlichkeit, Wahrung von Recht und Würde des Einzelnen, Anerkennung des Rechtsstaates Schweiz, kritische Stellung gegenüber extremistischen Haltungen," und da hätten sich in Zusammenhang mit Niklaus Meienberg eben Schwierigkeiten ergeben. Niklaus Meienberg sei "eine eindrückliche, unbequeme, klassenkämpferische Persönlichkeit," auf dessen Mitarbeit die Zeitung hinfort jedoch verzichten werde.[13] Unmittelbarer Anlaß für diese ungewöhnliche öffentliche Erklärung waren zwei Texte. Im einen hatte Meienberg auf die Pressehuldigungen zum 70. Geburtstag des Fürsten von Liechtenstein reagiert, insbesondere auf ein Gespräch, das Golo Mann im Auftrag der *Weltwoche* mit dem Fürsten geführt hatte; im anderen, einer Reportage über Motorrad-Rennen, hatte er einige vulgäre Ausdrücke benutzt. In einem "Plädoyer in eigener Sache" berief er sich auf die Bibel, in der ebenfalls unflätige Worte stünden, auf Gottfried Keller, Kurt Tucholsky, Egon Erwin Kisch und Karl Kraus und stellte dabei fest, daß die letzten drei, wenn sie noch lebten, in der heutigen Schweiz bestimmt arbeitslos wären.[14] Die Sache mit dem Fürsten erklärte er in diesem Text mit charakteristischer Ironie:

Ohne jegliche Rücksicht auf die royalistischen Gefühle meiner schw. Volksgenossen habe ich dort u.a. geschrieben, der bewußte Fürst sei die "letzte ambulante Reliquie der Donaumonarchie," und Golo Mann, welcher Franz Joseph II. höchst brillant interviewte, sei "der letzte freilebende Hofhistoriker." Damit habe ich gleich zwei einheimische Tabus verletzt, mea culpa, nämlich die Ehrfurcht vor Aristokraten und die Ehrfurcht vor Professoren.

Niklaus Meienberg mokierte sich vor allen Dingen über die gemeinsame Trauer, die Golo Mann und der Fürst angesichts des aristokratischen Machtverfalls zeigten.[15] Nachträglich hat Meien-

---

13. *Tages-Anzeiger*, 15. September 1976. Nachgedruckt in: Niklaus Meienberg. *Die Erweiterung der Pupillen beim Eintritt ins Hochgebirge* (Zürich: Limmat Verlag, 1981), S. 134.
14. Niklaus Meienberg."Kurzer Prozeß mit diesem Angeklagten." Selbstdarstellung in Form eines Dialogs. *National-Zeitung*, 9. Oktober 1976. Im folgenden wird dieser Text als "Prozeß" bezeichnet.
15. Korinna Lindner."Niklaus Meienberg: *Vorspiegelung wahrer Tatsachen*." Sender Freies Berlin (Literatur), 17. November 1983.

berg dann noch erfahren (und prompt veröffentlicht), daß die Schwester des Verlegers des *Tages-Anzeigers* mit dem Fürsten befreundet war, nach dem Erscheinen des Artikels allerdings nicht mehr zum Tee ins Schloß eingeladen wurde.

Im Artikel über Motorrad-Rennen hat Meienberg ein weiteres Tabu verletzt, indem er im Text ungebräuchliche, umgangssprachliche Ausdrücke, insbesondere solche aus dem Sexualbereich, benutzte. In seinem "Plädoyer in eigener Sache" sowie dem Autor gegenüber äußerte er sich mehrfach dazu. Er findet z.B., daß auch die Sprache existierende politische und gesellschaftliche Zustände reflektiert, daß sich gesellschaftliche Unterdrückung in der Schweiz gerade auch in der Sprache abspielt. Daraus folgert er, daß der Klassenkampf eben auch "in den Wörtern" stattfinden müsse, und so versucht er, "durch Sprach-Montagen und Collagen die schleichende Unmenschlichkeit der Herrschafts-Sprache darzustellen"[16] und eine gut ausgetüftelte Mischung aus der Nieder- und Hochsprache, aus Hochdeutsch und Helvetismen zu finden. Er versucht das, was ihm die Leute sagen, durch Gegenüberstellung fruchtbar zu machen, indem er verschiedene Sprachniveaus miteinander kontrastiert, z.B. die hochgestochene offizielle Sprache mit derjenigen der untersten Gesellschaftsschichten. Er ist für die Benützung der ganzen Bandbreite und möchte nicht bloß "die Schattierungen grau, dunkelgrau und aschgrau benützen dürfen, sondern auch rot und schwarz und bei wirklich jungfräulichen Zuständen auch mal weiß." ("Prozeß") Meienberg orientiert sich dabei am Alltag. "Grobe Wirklichkeiten kann ich nur grob schildern," meinte er in seinem Plädoyer. Wenn die Wirklichkeit unanständig und obszön ist (und das sei sie im politischen Bereich leider oft), so schreibe er eben unanständig. Jedenfalls strebt er stets eine dem Thema angemessene, lebendige, persönliche Sprache an, eine frische und lesbare Sprache, die beim Lesen Lust erwecken soll.[17] Gerade bei den Deutschschweizern besteht laut Meienberg ja die Gefahr, daß sie, sobald sie ins Schriftdeutsche verfallen, sich "gsunntiget" benehmen (ins sprachliche Sonntagsgewand steigen), weil sie von dieser Sprache keine gesprochene Praxis haben. ("Prozeß")

16. Brief an Judith Ricker-Abderhalden, 2. September 1985.
17. Interview mit Judith Ricker-Abderhalden, St. Gallen, Juli 1984.

Vergleicht man nun Niklaus Meienbergs und Günter Wallraffs Aussagen über ihr Sprachverständnis, so ist sofort ersichtlich, daß sie sich in diesem Punkt grundsätzlich unterscheiden. Günter Wallraff geht es vor allen Dingen darum, eine Sprache zu finden, die allgemeinverständlich ist. Ausschlaggebend ist bei ihm lediglich, ob er mit seinen Texten diejenigen Gesellschaftsschichten (die "ganz unten") erreicht, über die und für die er schreibt, deren Bewußtsein er zu verändern sucht. Er scheut daher nicht davor zurück, banale, simple Sätze zu schreiben. Niklaus Meienberg ist Wallraffs Sprache zu statisch und zu einfallslos, zu grau und zu geglättet, obwohl er sonst, was die Sache anbetrifft, Wallraffs Arbeiten gut findet.[18] Egon Erwin Kisch hingegen, der Meienberg und Wallraff zumindest teilweise als Vorbild diente, tendierte eher auf die Literatursprache hin. Wallraff sagte über Kisch: "Er ist ein grosser Meister der kleinen Form, dabei, meine ich, mehr Stilist [...] Die Form ist für mich dagegen nicht so ausschlaggebend."[19]

Das Schreibverbot gegen Niklaus Meienberg hat großes Aufsehen erregt, in der Schweiz wie im Ausland. Der *Tages-Anzeiger* erhielt Hunderte von Leserbriefen, die gegen die Entscheidung der Geschäftsleitung gerichtet waren. Zahlreiche Zuschriften zum Fall Meienberg wurden auch veröffentlicht, darunter der Kommentar des stellvertretenden Chefredaktors Peter Frey, in dem dieser feststellte, es sei "ein Jammer, daß dieser letzte Freiraum für einen Feuerkopf und ein Löwenherz wie Meienberg" verloren gegangen sei.[20] Kurz darauf gab auch die "Schweizer Autorengruppe Olten" im Namen verschiedener Organisationen von Medienschaffenden eine öffentliche Erklärung zum Publikationsverbot ab. Darin heißt es u.a.: "Wir erkennen in dieser Entscheidung einen Akt verlegerischer Willkür, um so mehr, als er gegen den klaren Willen der Redaktion und ohne Begründung getroffen wurde," der Fall stelle "die Pressefreiheit als bloße Verlegerfreiheit zur Debatte und damit die öffentliche Aufgabe der privatwirtschaftlichen Presse in der Demokratie." ("Prozeß") Am treffendsten hat sich wohl Christoph Kuhn zu

---

18. Brief an Judith Ricker-Abderhalden, 2. September 1985.

19. Ulla Hahn und Michael Töteberg. *Günter Wallraff* (München: Beck, 1979) S. 47 (=Autorenbücher 14).

20. *Tages-Anzeiger*, 15. September 1976.

dieser Affäre geäußert, und zwar ausgerechnet im *Tages-Anzeiger*:

> Wenn es einen gibt hierzulande, auf den das Wort "Zensur" genau
> paßt, dann ist es doch er, für den es in der Schweiz keine einzige
> größere Tageszeitung mehr gibt, die seine unbequemen Texte
> abdrucken würde, obwohl sich wahrscheinlich jeder Redaktor, jeder
> Verleger eingestehen muß, daß er für eine ganze Reihe von Themen
> keinen besseren Journalisten als Niklaus Meienberg finden kann.[21]

Christoph Kuhn gibt allerdings zu, daß sich Meienberg im
Verlaufe der Jahre manchmal "zu Bitterkeiten, Empfindlichkeiten,
Ressentiments, Überreaktionen" verleiten ließ, doch seien dies
keine ausreichenden Gründe für ein Schreibverbot.

Schuld an den Schwierigkeiten mit der Schweizer Presse sind
laut Meienberg nicht seine sog. linksextremen Anschauungen, die
ihm zu Unrecht immer wieder vorgeworfen werden, sondern der in
der Schweiz herrschende "Praliné- und Plätscher-Journalismus"
sowie die "prononciert rechte publizistische Grundhaltung, von
der immer mehr Zeitungen befallen werden, auch wenn die
Redaktoren das noch gar nicht gemerkt haben." ("Prozeß") Er ist
davon überzeugt, daß er im Ausland gar nicht erst ins Gespräch
käme, denn er arbeite mit Methoden und stilistischen Mitteln, die
dort schon seit urdenklichen Zeiten gebräuchlich seien, z.B. in der
Financial Times, im *Nouvel Observateur* und in der *Stampa*. Diesen
"echt liberalen, keineswegs linksextremen Publikationen" fühlt er
sich verpflichtet. ("Prozeß")

Das Schreibverbot beim *Tages-Anzeiger* kam einem Schreibverbot bei den meisten Schweizer Tageszeitungen gleich, da diese
es im allgemeinen nicht wagten, liberaler zu sein als der für liberal
geltende *Tages-Anzeiger*. Und das war wohl "die härteste Strafe für
einen, der das Wort als Waffe betrachtet: kein Forum zu haben,
wo er sich Gehör verschaffen kann." Die Bücher, die Niklaus
Meienberg in den Jahren des Schreibverbots veröffentlichte, waren
ihm nur ein halber Trost, denn er möchte via Zeitung unter die
Leute kommen, "Literatur an der Basis" betreiben.[22]

Die literarische Reportage ist für Niklaus Meienberg eine
literarische Gattung wie jede andere, dies im Gegensatz zu Günter

---

21. Christoph Kuhn "Zensur?" *Tages-Anzeiger*, 4. April 1981.
22. Obermüller, *Weltwoche* (vgl Anm. 3).

Wallraff und dessen Literaturfeindlichkeit. Meienberg beruft sich dabei u.a. auf J.P. Sartre (den er oft zitiert, wie z.B. in *Vorspiegelung wahrer Tatsachen*), insbesondere auf dessen Feststellung, "daß die literarische Reportage eine literarische Form ist, und daß sie eine der bedeutendsten werden kann."[23] Ganz ähnlich wie sein Vorgänger Kisch setzt sich Meienberg für die Anerkennung dieser literarischen Form im deutschen Raum ein (wo sie nach wie vor relativ geringgeschätzt wird), und zwar mit einigem Erfolg, zumindest was seine *Reportagen aus der Schweiz* anbelangt. Otto F. Walter bei Luchterhand hat dieses Werk immerhin in der Abteilung "Belletristik" veröffentlicht, und die *Zeit* hat sie im Sektor "Belletristik" besprochen. Ebenfalls in der *Zeit* hieß es: "Meienberg spätestens hat sie aufgehoben, die typisch deutschsprachige und künstliche Trennung von Literatur und Journalismus."[24] Ganz ähnlich stellte ein Schweizer Kritiker fest, daß die traditionsreiche Großreportage bei Meienberg "zu einem Stück hervorragender Literatur" wird.[25] Es wird ihm zum Verdienst angerechnet, daß er in seinen Werken versucht, die in der Schweiz besonders große Kluft zwischen Realpolitik und Kunst durch realitätsbezogenes Schreiben zu überbrücken.[26] Allerdings leidet er darunter, daß das, was man in Büchern fiktional sagen darf, zensuriert wird, sobald man es in Reportagenform ein wenig konkreter, dokumentarischer darstellt.[27]

Günter Wallraff interessiert es nicht, ob man seine Werke für

23. Zitiert von Meienberg in *Vorspiegelung wahrer Tatsachen* (Zürich: Limmat Verlag, 1983), S. 9. Im folgenden als *Vorspiegelung* bezeichnet.

24. Neidhart, *Die Zeit* (vgl. Anm. 12).

25. Christoph Kuhn. "Aber die Karawane zieht vorbei. Niklaus Meienberg: *Vorspiegelung wahrer Tatsachen.*" *Tages-Anzeiger*, 10. Mai 1983.

26. Beatrice von Matt. "Ein umstrittener Streiter. Niklaus Meienberg: *Vorspiegelung wahrer Tatsachen.*" *Schweizer Monatshefte*, Oktober 1983, S. 854.

27. Niklaus Meienberg in "Vorschlag zur Unversöhnlichkeit. Gespräch zwischen Niklaus Meienberg und Otto F. Walter" in *Vorschlag zur Unversöhnlichkeit*, S. 61 (vgl. Anm. 5). Im folgenden als *Vorschlag* bezeichnet.

Literatur hält oder nicht. Im Gegenteil, er ist eher antiliterarisch eingestellt, denn laut Wallraff ist die vorherrschende Literatur selten mehr als Ablenkungs- oder Freizeitliteratur für relativ privilegierte Schichten und festigt diese noch in ihrem Verhalten.[28] Er betrachtet die literarischen Formen vor allen Dingen als "Verpackungsmaterial von Inhalt" (Hahn/Töteberg, S. 43) und hat die Tendenz, seinen "Erfolg" an den Prozessen zu messen, die man gegen ihn anstrebt, sowie am Mißerfolg in Literaturkreisen: "Ich hätte aber sicher keinen Erfolg, wenn mir die Gesellschaft, so wie sie im Augenblick strukturiert ist, Literaturpreise verleihen und mir applaudieren würde." (Linder, S. 98)

Wie Günter Wallraff erklärt auch Niklaus Meienberg immer wieder, daß er der Wirklichkeit, der Wahrheit verpflichtet ist. Er zitiert Gabriel Garcia Marquez ("In meinen Büchern gibt es keine einzige Begebenheit, die nicht der Wirklichkeit entspricht") und Egon Erwin Kisch ("Nichts ist verblüffender als die einfache Wahrheit, nichts exotischer als unsere Umwelt, nichts ist phantastischer als die Wirklichkeit"). (*Vorspiegelung*, S. 9) Tatsächlich sind Meienbergs Reportagen durchwegs sorgfältig recherchierte Untersuchungen, sodaß bis jetzt nur einmal gegen ihn prozessiert wurde, und zwar erfolglos. Er benutzt sowohl konventionelle journalistische Recherchiermethoden, die ihn immer wieder verlocken, wie auch historische, die er als gelernter Historiker schätzengelernt hat. Er treibt Quellenforschung, geht Fakten nach, befragt Augenzeugen und Beteiligte, studiert Aktenberge, soweit ihm diese zur Verfügung gestellt werden, und zieht dann seine Schlüsse. In den besten Reportagen verdichten sich die vorgefundenen Fakten und Einzelbeobachtungen, und es werden hinter dem Faktischen unversehens "die großen Wahrheiten, den Zustand der Gesellschaft betreffend, sichtbar und erkennbar."[29] Im Gegensatz zu Günter Wallraff, der durch List und raffinierte Verwandlungskünste an geheimgehaltene Information in der westdeutschen Industrie heranzukommen versucht (wie z.B. als türkischer Fremdarbeiter für sein letztes

---

28. Christian Linder. *Schreiben und Leben* (Köln: Kiepenheuer und Witsch, 1974), S. 93-94.

29. Jean Villain. "Verfremdet bis zur Unkenntlichkeit. Niklaus Meienberg: *Reportagen aus der Schweiz*." *Vorwärts* (Basel), 5. Juni 1975.

Werk *Ganz unten*) und wegen Urkundenfälschung und Ausweis-
papiermißbrauch mehrmals in Prozesse verwickelt wurde, kämpft
Meienberg mit offenem Visier. Er versteckt sich auch nie hinter
einem Pseudonym (Wallraff benutzte anfangs den Namen
Wallmann), und bei der Veröffentlichung seiner Texte, sei es nun
in Zeitungen oder Büchern, besteht er stets darauf, daß Personen-
und Firmennamen genannt werden, da laut Meienberg das
Funktionieren der Macht immer nur an ganz präzisen Beispielen
gezeigt werden kann. (*Vorschlag*, S. 62) Hierin stimmen Meienberg
und Wallraff überein, finden doch beide, daß konkrete Orts-, Zeit-
und Personenangaben die Glaubwürdigkeit des Autors und damit
auch die Wirkung der Reportage stärken.

Mit Vorliebe geben Wallraff und Meienberg durch ihre Texte
Einblick in die versteckten Machtstrukturen der kapitalistischen
Gesellschaft. Mit wenigen Ausnahmen (z.B. *13 unerwünschte
Reportagen* über gesellschaftliche Außenseiter oder seine Arbeiten
über die *Bild*-Zeitung in *Der Aufmacher*) handelt es sich bei
Wallraff um Reportagen über die Lohnarbeiterexistenz in
westdeutschen Großbetrieben, wie z.B. in den Kölner Ford-
Werken, bei Siemens, in den Benteler-Werken und bei Thyssen.
Bei Niklaus Meienberg hingegen ist die Spannweite der
journalistischen Arbeiten von der Thematik, der Form und der
Stilistik her bedeutend größer: Er schreibt nicht nur literarische
Reportagen, sondern auch Glossen, Pamphlete, Porträts, autobio-
graphische und kurzgeschichtenähnliche Texte, politische Lyrik,
Reiseberichte, Graffititexte und historische Bilder, je nach dem
Thema, und er ist gleichermaßen versiert in Wirtschaft,
Geschichte, Politik und Kultur. Es scheint jedoch sein
Hauptanliegen zu sein, auf die versteckten und meist unreflek-
tierten Klassengegensätze in der Gesellschaft der Schweiz
aufmerksam zu machen. Ein Zitat von Robert Walser, das
Meienberg im Band *Der wissenschaftliche Spazierstock* auf dem
Umschlag prominent zitiert, ist symptomatisch für seine Sicht:

> Die Großen sind nicht durch sich selbst groß, sondern durch die
> anderen, durch alle die, denen es ein Entzücken bereitet, sie als groß zu
> erklären. Durch vieler Leute Würdelosigkeit entsteht diese eine
> überragende Ehre und Würde. Durch vieler Leute Kleinheit und
> Feigheit entsteht diese auf einem Punkt angehäufte Summe von Größe
> und durch vieler Leute Verzicht auf Macht diese gewaltige Macht.

Ohne Gehorsam ist der Befehlshaber und ohne Diener ist der Herr nicht möglich.

Meienberg, antimilitaristisch und antiautoritär eingestellt, zeigt seinen Lesern eine auf Befehl und Gehorsam, Lohn und Strafe, Verbot und Überwachung aufgebaute Menschengemeinschaft.[30] Sofern es sich um die Schweiz handelt, zeigt er gewöhnlich die "andere" Schweiz, nicht die harmlose, klassenlose, gerechte, als die sie sich so gerne ausgibt. Wie Kisch und Wallraff besteht Meienberg immer wieder darauf, daß er sich dem Objekt seiner Recherchen — hier der Schweiz — als "unbefangener Zeuge" nähert. Damit meint er wohl, daß er nicht, wie man ihm zuweilen vorwirft, "ein fertiges Konzept im Kopf hat und dann nur in die Wirklichkeit hinausgeht, um Füllmaterial zu suchen, um Beweise zu finden für die These, die schon vorfabriziert ist." ("Prozeß") Es ist durchaus möglich, meint er, daß seine ursprüngliche Arbeitshypothese von der Wirklichkeit widerlegt wird.

So ganz unvoreingenommen, wie sich die drei Reportagenautoren zuweilen geben, sind sie jedoch nicht. Kischs Standpunkt, seine Parteilichkeit fürs Proletariat, ist wohlbekannt, ebenso Wallraffs anti-kapitalistische Haltung, die sich schon darin zeigt, daß er sozusagen in allen seinen Reportagen "die Entfremdung, die Ausbeutung, die Unterdrückung" im Arbeits- und Produktionsbereich darzustellen versucht.[31] Meienberg gibt in seinem "Plädoyer" auch selber zu, daß er tatsächlich parteiisch ist, daß er die aufgestöberten Fakten in seiner persönlichen Optik präsentiert, und das sei bisher — da er (noch) kein Kapital und keine Produktionsmittel besitze — eben die Optik der Lohnabhängigen. Als Lohnabhängiger habe er natürlich Interesse daran, die Kapitaleigentümer kennenzulernen. Da entdecke er dann wie ein Archäologe "eine versteckte Schicht, die zwar vorhanden ist, aber die man nicht auf den ersten Blick sieht," die Klassenstruktur der

30. Benedikt Erenz. "Alpenpanorama mit Haifischen. Niklaus Meienbergs Reportagen und Glossen." *Die Zeit*, 6. Dezember 1985.

31. Franz Josef Görtz. "Kunst — das wäre das Allerletzte. Ein Gespräch mit Günter Wallraff," *Dokumentarliteratur*. Hrsg. von H.L. Arnold und Stephan Reinhardt (München: Edition Text + Kritik, 1973), S. 179.

Gesellschaft.[32] Da diese Klassenstruktur in der Schweiz besonders gut versteckt sei, müsse man auch besondere Anstrengungen machen, sie zu finden. Findet er sie, so bringt er sie an die Öffentlichkeit: manchmal verständnisvoll und feinfühlig, meist aber witzig und bissig, oder dann schonungslos und hart. Diplomatie ist im allgemeinen nicht seine Sache, eine Trennung von Privatsphäre und Öffentlichkeit kennt er kaum. Immer wieder führt gerade dies zu bitteren, öffentlich ausgetragenen Fehden, so daß man von ihm sagt, er habe "seine Gabe, sich unbeliebt zu machen, zu einer Kunstform entwickelt," seine Feinde hege und pflege er wie andere ihre liebsten Freunde, und eine Reportage, mit der er sich keine neuen Feinde geschaffen habe, mache ihn mißtrauisch.[33] Er fühlt sich jedoch dazu berechtigt, pointiert und scharf zu schreiben, weil er davon überzeugt ist, daß seine Untersuchungen auf Grund langer Studien fundiert sind, daß er "eine genaue Anschauung von der Sache hat." ("Prozeß")

Ein Werk, das Meienberg besonders gründlich recherchierte und mit dem er auf viele Füße trat, ist die im Luchterhand erschienene und später verfilmte Großreportage *Die Erschießung des Landesverräters Ernst S.* (1974). Sie ist charakteristisch für Meienbergs Arbeitsweise. Er versucht hier wie auch anderswo das zu vermitteln, was nicht in den offiziellen Geschichtsbüchern steht, was verschwiegen wird. In mühsamer Kleinarbeit recherchierte er die Lebensgeschichte des ersten von 17 Schweizern, die im Zweiten Weltkrieg wegen Landesverrats erschossen wurden. Im Verlauf seiner Forschungen kam Meienberg zur Folgerung, daß die von der herrschenden Klasse geprägte Gesellschaft Ernst S. zum Delinquenten gemacht hatte. Niklaus Meienberg und Ernst S. sind in der gleichen Stadt aufgewachsen (St. Gallen), Ernst S. allerdings im untersten Stock, Niklaus Meienberg im mittleren, "und eine Stiege gab es nicht." (*Erschießung*, S. 48) Die Klassengegensätze

---

32. Niklaus Meienberg. *Die Erschießung des Landesverräters Ernst S.* (Darmstadt: Luchterhand, 1977, 2. Ausgabe), S. 108. Im folgenden als *Erschießung* bezeichnet.

33. Karl Markus Michel. "Reportagen eines Querkopfs." *Stern*, 7. Juli 1983; Beatrice von Matt. *Schweizer Monatshefte*, S. 854; Niklaus Schlienger. *"Die Erweiterung der Pupillen beim Eintritt ins Hochgebirge."* Südwestfunk, 17. April 1982.

hatte Meienberg damals nur schwach gespürt und konnte sie erst im Nachhinein analysieren, d.h. "das mörderische St. Gallen" hat er erst entdeckt, als er die Stationen des Lebenswegs von Ernst S. besuchte. (*Erschießung*, S. 48) Diesem ist es laut Meienberg zum Verhängnis geworden, daß er "als Arbeiter die Schweizer Norm der Arbeitswilligkeit nicht erfüllte."[34] Er wollte, wenn auch nur in vorsichtigen Zügen, das Leben genießen, das war jedoch ein Vergehen, wenn man nicht zu den Privilegierten gehörte und kein Geld hatte. (*Erschießung*, S. 47) Schule, Pfarramt, Erziehungsanstalten und Vormundschaftsbehörden versuchten ihn dann auf den "rechten" Weg zu bringen — den Weg in die Schweizer Leistungsgesellschaft. Allerdings machten sie ihn dadurch kaputt.

Meienberg deutet an, daß S. kein Kuriosum, keine Ausnahme war, sondern vielmehr die Regel für das, was einem Proletarier passiert, wenn er sich auflehnt: "Da lehnt sich einer auf, verhält sich ein wenig anders als seine Klassengenossen, und schon schlägt die Gesellschaft mit voller Wucht zu. Sie schlägt nach unten, mit Vorliebe nach ganz unten, auf die Lumpenproletarier". (*Erschießung*, S. 47) Der Fall Ernst S. soll Strukturen sichtbar machen, die teilweise auch heute noch existieren: "Die Institutionen, die S. das Fürchten gelehrt haben, gibt es alle noch. Sie funktionieren meist reibungslos, wenn auch weniger brutal, doch an ihren Mechanismen hat sich nichts geändert". (*Erschießung*, S. 47) Niklaus Meienberg wendet sich mit aller Schärfe gegen die Privilegien des Schweizer Großbürgertums. Er stellt z.B. fest, daß in der Schweiz "keiner von den politisch bedeutenden, demokratiegefährdenden, prominenten Faschisten und Hitler-Freunden" erschossen wurde, daß sich unter den 17 Erschossenen kein einziger Großbürger befand. Nazikollaborateure und -sympathisanten gab es in allen Gesellschaftsschichten, aber "oben nannte man es 'politische Verirrung' [...], unten nannte man es 'Landesverrat' [...], oben wurde pensioniert, unten wurde füsiliert". (*Erschießung*, S. 59) Während Ernst S. für die paar Granaten, die er an die Deutschen verkaufte, um endlich zu etwas Geld zu kommen, zum Tode verurteilt wurde, lieferte der

---

34. Renate Matthaei. "Aufsteiger und Absteiger. Reportagen aus der Schweiz." *Frankfurter Allgemeine Zeitung*, 3. Mai 1975.

"Kanonenfabrikant Bührle, dessen Sympathien für Nazi-Deutschland [...] landesbekannt waren," ungeniert Granaten "im industriellen Ausmaß" ans Dritte Reich. (*Erschießung*, S. 110) "Es ist nicht leicht, die Biographie eines schweizerischen Landesverräters zu erforschen, und noch schwieriger ist es, sie *in der Schweiz* zu publizieren" (*Erschießung*, S. 7). Verschiedentlich beschreibt Meienberg seine Schwierigkeiten, gesellschaftskritische Reportagen in der Schweiz unterzubringen.[35] Reihum hat er z.B. 1974 seine *Reportagen aus der Schweiz* und die Geschichte des Ernst S. allen möglichen Schweizer Verlagshäusern angeboten (Benziger, Huber, Diogenes etc.), aber niemand wollte etwas damit zu tun haben. Ein solches Buch könne man in der Schweiz überhaupt nicht verkaufen, der Titel passe nicht ins Verlagsprogramm, es sei zu wenig literarisch, hieß es allenthalben. Der Benziger Verlag lehnte das Buch über Ernst S. mit der Begründung ab, "die Situation auf dem Büchermarkt sei dem Projekt nicht förderlich" (*Erschießung*, S. 7). Später erfuhr Meienberg dann jedoch, daß der Präsident des Verwaltungsrats ausgerechnet jener Oberst war, der als Ankläger für Ernst S. die Todesstrafe verlangt hatte. Suhrkamp—Schweiz wollte dann die *Reportagen aus der Schweiz* veröffentlichen und gab Meienberg einen Vorschuß, doch eine ähnliche Intervention aus dem Großbürgertum führte dazu, daß die *Reportagen* aus dem Verlagsprogramm Suhrkamp—Schweiz gestrichen wurden. Als nämlich ein Schweizer Mitbesitzer des Suhrkamp Verlags, ein Winterthurer Kunstmäzen, erfuhr, daß für das erste Verlagsprogramm Meienbergs gesellschaftskritische *Reportagen* sowie eine *Geschichte der Schweizer Arbeiterbewegung* geplant waren, brachte er Siegfried Unseld durch einen Telefonanruf dazu, "auf die Publikation des kritischen Programms zu verzichten" (*Erschießung*, S. 7). Der Verleger getraute sich dann nicht mehr, in der Schweiz mit gesellschaftskritischen Werken zu debütieren. Dies hatte dann allerdings zur Folge, daß der ganze Verlag Suhrkamp—Schweiz einging, zumal die drei Schweizer Lektoren gegen dieses Vorgehen protestierten und kündigten. Das Buch gelangte dann an den Luchterhand Verlag zurück, der es

---

35. Siehe auch "Vom Umgang mit Verlegern." *Vorspiegelung*, S. 150-156 (vgl. Anm. 23).

ursprünglich ebenfalls abgelehnt hatte, und wurde dann, noch heiß vom Skandal, sofort gedruckt. Das Manuskript hatte nämlich inzwischen einen Öffentlichkeitswert bekommen und derselbe Text, der im vorigen Jahr noch nicht literarisch genug war, erschien nun im belletristischen Programm des Luchterhand Verlags. (*Vorspiegelung*, S. 156)

Es ist charakteristisch für die Arbeitsweise Niklaus Meienbergs und Günter Wallraffs, daß sie die Reaktion auf ihre Werke ebenso sorgfältig recherchieren wie ihre Reportagen, um sie dann in Vor- und Nachworten, in post-scripta und Erläuterungen schonungslos zu veröffentlichen. Auf diese Weise versucht z.B. Meienberg, die versteckten Repressionsmethoden und Verlogenheiten der Schweizer Gesellschaft aufzudecken. Je länger je deutlicher scheint sich dabei ein ganz bestimmtes Handlungsmuster abzuzeichnen — ob sich das nun einfach so ergeben hat oder ob eine bewußte Absicht dahinter steckt, sei vorläufig einmal dahingestellt: durch eine polemisch-provokative, aber sorgfältig recherchierte Reportage fordert Meienberg seine Leser und Verleger heraus; dies führt jeweils zu öffentlichen Debatten, zu heftigen Reaktionen und Gegenreaktionen, die er dann im nächsten Werk oder in der nächsten Ausgabe mit eigenen Kommentaren an die Öffentlichkeit bringt. "Die Geschichte der Stories" wird so "eine eigene Story, und nicht die schlechteste."[36] In diesen sekundären Reportagen will Niklaus Meienberg wohl aufzeigen, "was dem Journalisten in der Ausübung dessen, was er als seine Pflicht erachtet, passieren kann," denn "erwähnt und interpretiert werden in diesen Passagen die Risiken, die Folgeerscheinungen, mit denen einer konfrontiert wird, der es darauf anlegt, den Leuten wahre, aber unliebsame Tatsachen 'vorzuspiegeln'."[37]

Unliebsame Tatsachen gibt es auch in der Schweiz, obwohl viele Schweizer dies nicht wahrhaben wollen. Wenn Meienberg über sein Land schreibt, und das tut er recht oft, obwohl er zeitweise im Ausland wohnt, so besteht er wie die meisten jüngeren Autoren der deutschen Schweiz darauf, auch die "andere" Schweiz darzustellen, nicht bloß die bekannte harmlose, stabile und heile. Die oft

36. Lothar Baier. "Der fröhliche Kenner. Neue Reportagen von Niklaus Meienberg." *Süddeutsche Zeitung*, 19. August 1983.

37. Christoph Kuhn. *Tages-Anzeiger* (vgl. Anm. 21).

recht heftigen, emotionalen Reaktionen auf Meienbergs Werke
bezeugen, wie hartnäckig ein beachtlicher Teil der Bevölkerung
der Schweiz nach wie vor am Mythos vom Alpenparadies Schweiz
festhält. Ein für die heutige Schweiz eher atypischer (klassen)-
kämpferischer Autor wie Niklaus Meienberg, der unverblümt und
unbekümmert, ja frech und respektlos "die Wahrheit" sagt und
somit Tabus verletzt, der prominente Politiker und Großunter-
nehmer entblößt und in einem Land der Unschuldigen nach
Schuldigen fahndet, der hat es dort nicht leicht.

Die im Zusammenhang mit der Kontroverse um Meienbergs
Schreibverbot verschiedentlich erwähnte, jeweils auf gut versteckte
Zensurmechanismen in der Schweizer Presse zurückgeführte
Klimaverschlechterung bei den Medien trägt wohl dazu bei, daß
ein freigeistiger Schriftsteller wie Meienberg in der Schweiz sofort
auf recht starken Widerstand stößt, auf stärkeren Widerstand
jedenfalls, als er im Ausland stoßen würde. Otto F. Walter und
Niklaus Meienberg stellten mit Bedauern fest, daß das, was als
Literatur auftritt, vom schweizerischen Bildungsbürgertum trotz
härtester Formulierungen durchaus toleriert wird, während es mit
dem Freiraum der Schriftsteller aus ist, sobald ihre Texte nicht
mehr rein fiktional-literarisch, sondern ein wenig konkreter und
dokumentarischer sind (*Vorschlag zur Unversöhnlichkeit*, S. 61).
Die Tatsache, daß 1986 im Zürcher Diogenes Verlag endlich doch
noch ein Buch von Niklaus Meienberg erschien (*Heimsuchungen.
Ein ausschweifendes Lesebuch*), ist vielleicht ein Hinweis darauf,
daß die Schweiz bereits wieder etwas offener und konfliktbereiter
ist. Es ist zu hoffen, daß Beatrice von Matts Wunsch in Erfüllung
geht, daß man "die zur Institution gewordene Person Niklaus
Meienberg aus dem Gestrüpp politisch ideologischer und
moralischer Für und Wider" herauslöst und ihn als ernstzu-
nehmenden Schriftsteller liest.[38]

---

38. Beatrice von Matt. *Schweizer Monatshefte* S. 856 (vgl. Anm. 26).

Robert Acker

Swiss-German Literature: Can It Be Defined?
An Afterword

Contemporary Swiss-German literature seems to be suffering an unpleasant bifurcated fate outside of its country of origin. On the one hand, a great many Germanists remain blithly ignorant of most of the writers from this country, even though Swiss works are often published in large West German houses and are frequently reviewed in major German-language newspapers and magazines. One needs only to consult any major literary history that has appeared in the last few years in either East or West Germany to confirm this fact: there is practically no mention of Switzerland or its authors, except of course for Frisch and Dürrenmatt.[1] In addition, one usually searches in vain in the secondary literature for detailed scholarly articles on even the most prolific of these authors. On the other hand, when Swiss-German authors are discussed at all in anthologies or literary histories they are usually considered to be from West Germany. A curious example of this latter situation can be found in a 1984 literary history which treats German-language literature from 1945-1980.[2] This book has separate chapters devoted to the literatures of Austria and the GDR. Swiss-German and West German literatures, however, are lumped together in a single chapter, and only six Swiss authors are given cursory mention

---

1. Among the many examples one could mention: Wolfgang Beutin et al. *Deutsche Literaturgeschichte von den Anfängen bis zur Gegenwart.* 2nd. ed. (Stuttgart: Metzler, 1984), or *Kurze Geschichte der deutschen Literatur.* Ed. Kurt Böttcher and Hans Jürgen Geerdts (Berlin: Volk und Wissen, 1983).

2. *Geschichte der deutschen Literatur vom 18. Jahrhundert bis zur Gegenwart.* III/2. Ed. Viktor Žmegač (Königstein/Ts.: Athenäum, 1984).

besides Frisch and Dürrenmatt (Peter Bichsel, Hermann Burger, Urs Jaeggi, Kurt Marti, Adolf Muschg and Urs Widmer).[3]

Our purpose in this volume has thus been to correct these trends in some small way by providing detailed analyses of the works of selected contemporary Swiss-German authors. Our intention was never to be inclusive — such a formidable undertaking would require a multi-volume work and a large number of scholarly experts which, quite frankly, does not yet exist. The essays concentrate on prose since this is the predominant and most flourishing genre, but we do not wish to imply that poetry and drama are non-existent. We have chosen the year 1970 as a starting point because many critics feel that this year marks a watershed of sorts. It was around this time that a large number of authors made their debut, and the following years have brought an astonishing richness and variety to the literary scene. It is our hope that the contributions in this volume will engender a livelier interest and a deeper appreciation for Swiss-German literature and that they will serve as a springboard for further studies on a wider scale.

Central to all of these essays has been the question about the nature of Swiss-German literature. Long a subject of debate within the Swiss borders, this issue has found little interest among Germanists as a whole, in spite of the fact that intense controversies have been raging for over a decade on the nature of GDR literature and Austrian literature.[4] It appears that many still consider

3. The most notable exceptions to this great dearth of information on Swiss-German letters are Elsbeth Pulver's monumental essay "Die deutschsprachige Literatur der Schweiz seit 1945" in *Die zeitgenössischen Literaturen der Schweiz*. Ed. Manfred Gsteiger (Zurich: Kindler, 1974), pp. 143-405, and the ongoing reference work, *Kritisches Lexikon zur deutschsprachigen Gegenwartsliteratur*, ed. Heinz Ludwig Arnold, which is including an increasing number of essays on Swiss authors in each supplement.

4. See for example the special issue of *Modern Austrian Literature*, Vol. 17, 3/4 (1984), which is devoted to the question of Austrian literature and which also contains a lengthy reference bibliography on the topic. Particularly interesting for our purposes is Alfred Barthofer's essay "Der *stille Anschluss* oder Was österreichische Literatur *nicht* ist," pp. 129-147. Barthofer demonstrates how Austrian literature often suffered a fate

Switzerland to be just an unimportant cultural appendage to Germany which does not need to be taken seriously. We hope to correct this misconception and at the same time to widen the debate on the plurality of German-language literature to include Switzerland. We feel that the nature of Swiss-German literature is an extremely important topic, particularly in light of its recent renaissance.

Those who have examined this issue in the past tend to fall into two camps. Earlier scholars usually believed that Swiss-German literature exhibited unique characteristics which distinguished it from German or Austrian literature. Although it is not within the parameters of this brief afterword to offer a detailed overview of the various pronouncements on this topic, suffice is to say that such views usually concentrated on a perceived provincial mentality, conservatism, realism, didacticism, and linguistic regionalism. Such general characteristics, of course, do not hold up well over long periods of time, and they would be difficult to apply to many contemporary writers. More recent scholars tend to take an opposite stance and see Swiss-German literature as being totally integrated in the larger amalgam of German-language literature or indeed even world literature. Rolf Kieser, for example, writes in 1983 that "Deutsch-schweizerische Literatur heute ist in ihren besten Erscheinungsformen integraler Teil des hervorragendsten deutschen Schrifttums innerhalb der Weltliteratur."[5] Walter Hinck, too, believes that "Kunst und Kultur lassen sich in Staatsgrenzen nicht einmauern, die geistige 'Heimat' bildet einen umfassenderen Zusammenhang."[6] He makes the case for a Goethian "Welt-

---

similar to that of Swiss-German literature. Also of interest is the section "Vier deutsche Literaturen?" in volume 10 of *Kontroversen, alte und neue: Akten des VII. Internationalen Germanisten-Kongresses Göttingen 1985.* Ed. Albrecht Schöne (Tübingen: Niemeyer, 1986).

5. Rolf Kieser. "Schweizer Literatur nach 1945: Versuch eines Portraits." *Text & Kontext* 11 (1983), p. 220. Although Kieser denies the existence of any unique properties for Swiss-German literature, he devotes a lengthy essay to discussing this very literature.

6. Walter Hinck. "Haben wir heute vier deutsche Literaturen oder *eine*? Plädoyer in einer Streifrage." In: Hinck. *Germanistik als Literaturkritik* (Frankfurt/M.: Suhrkamp, 1983), p. 310. Future page references will be given in the text.

literatur," (p. 311) although as an afterthought he admits that there are some "geschichtlich bedingte Differenzierungen" (p. 312) within the various German-language literatures. Dieter Fringeli, although somewhat ambiguous in his stance (he wants to find some common features), seems to feel, by quoting Beat Brechbühl, that " 'Typisch Schweizerisches' zu finden fällt schwer."[7] Adolf Muschg also adopts an ambiguous stance. In one article[8] Muschg sees a typical pattern of "travel literature" in contemporary Swiss-German letters but at the same time denies the existence of this literature as a separate entity. All of these recent remarks are no doubt motivated by the profound desire to avoid any trace of local patriotism, nationalism, chauvinism, provincialism, or narcissism. While such intentions are certainly noble, they do not account for the fact that Switzerland has its own unique historical and cultural development which is bound to effect its literature in some way. Mass communication and easy travel have not reduced all of Western society to an amorphous mass as some would have us believe.

The papers contained in this volume would suggest that there is a third alternative in our search for a definition of the nature of Swiss-German literature.While admitting the difficulty, if not impossibility, of establishing eternally valid norms for all of this literature, there is a middle-ground approach endeavoring to determine characteristics which many works of a given time frame share in common. This approach does not deny that there may be similarities between Swiss works and other German-language works, but it tries to account for communalities which might result from the historical/political/social matrix that constitutes Switzerland.[9] These common characteristics are best found in the thematic

7. Dieter Fringeli. *Von Spitteler zu Muschg* (Basel: Friedrich Reinhardt, 1975), p.9.

8. Adolf Muschg. "The Trouble with Good Design." *Times Literary Supplement*, 7 Dec. 1984, p. 1410.

9. This approach is similar in some respects to that developed by Paul Michael Lützeler in his essay "Die österreichische Gegenwartsliteratur im Spannungsfeld zwischen Deutschsprachigkeit und nationaler Autonomie." In: *Für und wider eine österreichische Literatur*. Ed. Kurt Bartsch (Königstein/Ts.: Athenäum, 1982), pp. 100-115.

concerns of the authors.[10] Other criteria, such as the use of distinctive genre forms (e.g. the short story, the essay, the epic) or the incorporation of linguistic Helvetisms, just do not provide enough overriding evidence to make a convincing argument.

To this end, I would tentatively propose that the following thematic areas are the most prevalent in Swiss-German literature since 1970:

1. Committed Literature. This type of literature exposes a host of political and social ills, both from a contemporary and an historical perspective. Pat solutions are not generally provided but important issues are raised for the reader to consider. Into this category fall the works of Niklaus Meienberg, which are discussed by Judith Ricker-Abderhalden, the prose of Kurt Marti, which is handled by Johannes Maassen, and the work of Silvio Blatter which is treated by Hans Ester. Other authors who can be included here are Reto Hänny, Urs Jaeggi, Walther Kauer and Otto F. Walter.[11]

2. Travel Literature. Beginning well before 1970, but yet continuing with renewed vigor into this period, this type of literature takes the protagonist and the reader on a journey to a distant land, or, more recently, on a journey within the borders of Switzerland. In both cases the author provides insights into the nature of Swiss society. Adolf Muschg's *Baiyun*, which Michael Ossar analyzes, as well as some of the works by Gerald Späth, which are described by Todd Hanlin, fit into this category. To this list one could add some of the works by Jürg Federspiel, Urs Widmer and Franz Böni.[12]

---

10. Gerald Fetz also concludes that thematic concerns are the most viable in discussing the properties of Austrian literature. See his essay "The Work of Thomas Bernhard: 'Austrian Literature?' " In: *Modern Austrian Literature*, Vol. 17, 3/4 (1984), pp. 171-192.

11. For a further discussion of this category and of Walter in particular see my article "Otto F. Walter's *Die Verwilderung*: Swiss *Engagement* in the 70's." *University of Dayton Review*, 16, No. 3 (Winter 1983-84), 33-38, as well as my paper "The Theme of Social Unrest in Contemporary Swiss-German Prose" read at the Conference of the Rocky Mountain Modern Language Association in 1982 in Denver.

12. See also my paper "The New Alps: The World of Franz Böni" read

3. New Subjectivity. These authors concentrate on searching for their own individual identities and on exploring their personal and familial history. Such self-reflexive works are not totally inward-directed, but usually contain powerful statements about the contemporary Swiss experience. Here we can include two groups which Elsbeth Pulver mentions in her essay: women writers and those authors who discuss death and dying.[13] In particular one could point to such writers as Walter Vogt, Hugo Loetscher, Gertrud Leutenegger and Erica Pedretti.

4. Distopias. Here we find authors who create negative utopias in order to debunk popular myths or to deconstruct false images. A prime example would be Hans Boesch's *Der Kiosk* which was scrutinized by Hans Wysling. Other authors in this group are E.Y. Meyer, Franz Böni and Beat Sterchi.

None of these categories are mutually exclusive and frequently a literary work can overlap into more than one. The categories have been presented as separate entities to provide clarity and to distill major trends. One could quibble about the exact definition of any category or whether they could be condensed or expanded. This is not as important as the fact that definite thematic directions and concerns can be established for contemporary Swiss-German literature and that these directions can be used as a concrete basis for analyzing the nature of this literature. This classification can no doubt be further refined and honed, but I believe that it can serve as a starting point for additional discussion on this issue.

Common to all four categories is the effort to define the Swiss experience and the Swiss attitude towards life, to examine, in other words, what constitutes the Swiss national identity in all its manifold complexity, variety and contradictions.[14] The socially

---

at the conference of the German Studies Association in Washington, D.C. in 1984.

13. For a further discussion of Swiss-German women writers see: Marianne Burkhard. "Gauging Existential Space: The Emergence of Women Writers in Switzerland." *World Literature Today* 55 (1981), pp. 607-612.

14. In this regard see also my essay "A Search for a National Identity in Contemporary Swiss-German Prose" which was read at the convention of the Midwest Modern Language Association in 1984 in Bloomington.

committed authors criticize aspects of their country which they find wanting and in need of improvement, those authors who take their characters on trips do so in order to discover more about themselves and their native country, the more inwardly directed authors explore on a personal level the historical and cultural milieu which has contributed to their personal development, and the writers of anti-utopias try to dispell the firmly ingrained but empty clichees of the tourist brochures. This common search for the nature of the Swiss "Heimat" should not be misunderstood as the simplistic attempt to establish or promulgate patriotic or nationalistic values in the face of an increasing hostile outside world but rather as the attempt, as Dennis Mueller puts it, to overcome the various obstacles which stand in the way of perceiving or developing a realistic, self-critical and feasible national consciousness.

The idea that Swiss-German literature is seeking to define the Swiss experience and is searching for the Swiss identity is not particularly new or particularly radical. Several critics in the past few years have been saying much the same thing. Already in 1977 Anton Krättli indicated that a common characteristic for many Swiss-German authors was their "leap into unexplored territory in their own country."[15] In 1981 Klara Obermüller discussed the "Suche nach der eigenen Identität und der eigenen Wahrheit,"[16] and in 1986 Manfred Gsteiger spoke about the "Suche nach Heimat als eine Form des Kampfes gegen die Entpersönlichung."[17] This search for identity that these quotations discuss is also related to the often mentioned and well documented trend towards regionalism in much of this literature.[18] Several authors set their stories in very

15. Anton Krättli. "Letter from Switzerland." *Dimension*, Vol 10, 1/2 (1977), p. 26.

16. Klara Obermüller. "Die Literatur der Gegenwart in der Schweiz." In: *Deutsche Gegenwartsliteratur*. Ed. Manfred Durzak (Stuttgart: Reclam, 1981), p. 624.

17. Manfred Gsteiger. "Nationales Selbstverständnis in den Literaturen der Schweiz." *Schweizer Monatshefte* 67 (1986), p. 505.

18. See, for example, Hugo Loetscher. "A Swiss writer in and beyond Switzerland." In: Loetscher. *How Many Languages Does Man Need?*. Ed. Tamara S. Evans (New York: CUNY Graduate School, 1982), p. 18; Anton Krättli. "Entdeckungsreisen in die Schweiz." In: Krättli. *Ein*

specific yet out-of-the-way locales and prefer to describe small and somewhat isolated regions in Switzerland. The microcosm, which assumes increased credibility because of the author's intimate knowledge of it, is of course meant to be paradigmatic for the macrocosm of all Swiss society. Thus it would seem that the frequently quoted and just as frequently disputed essays by Karl Schmid (*Unbehagen im Kleinstaat*, 1963) and Paul Nizon (*Diskurs in der Enge*, 1970) do contain at least a kernel of truth: present day authors are dissatisfied with the situation in their small country and set out in one way or another to demythologize its image. To do so they not only embark on journeys, as Nizon suggests, but they also stay at home to subject their local environs to painstaking analysis.

One could perhaps trivialize the above findings by claiming that the themes and categories listed are common to much of world literature, and of course on a superficial level this observation would be correct. There are many instances in the history of other literatures where such themes have already occured. What makes the present situation so unique is the high concentration of a limited number of thematic concerns in one literature as well as the apparent common purpose for practically all of the works involved. One of our major humanitarian endeavors is the synthesis of knowledge and the determination of important communalities and differences. To simply relegate all of literature to a mere world-wide description of the "human condition" is to abandon our purpose as literary historians, to refuse to search for or recognize factual evidence, and to deny our powers of discrimination.

As mentioned before, all of this does not imply that Swiss-German literature is somehow a free-floating autonomous entity. Nothing could be farther from the truth. Swiss authors do not live in a vacuum. They are aware of what is happening in other national literatures, particularly in the other German-language areas outside of their borders. Moreover, they are of necessity partially oriented

---

gefährliches Individuum: Aufsätze zur Literatur der siebziger Jahre und zur Frage nach der literarischen Gegenwart (Aarau: Sauerländer, 1982), pp. 107-113; and Manfred Gsteiger. "Individuality, Interrelations and Self-images in Swiss Literature." In: *Modern Swiss Literature: Unity and Diversity*. Ed. John L. Flood (New York: St. Martin's Press, 1985), particularly pp. 17-18.

to these other German areas both for readership and for publishing houses. It is thus quite natural that there will be some cross-fertilization and some similarities between Swiss-German literature and West German, Austrian, and even East German literatures. The reader acquainted with contemporary literary developments in these other countries will immediately note some parallels to the Swiss scene. But the literature produced in the German-speaking area of Switzerland is not a slavish imitation of literature written elsewhere, nor does it represent a strict adherence to the literary trend-setters in other countries. It results from the singular experiences and perspectives of its Swiss authors. It has its own character, flavor, particularity and goals.

In order to account for the similarities and differences between Swiss-German and the other German-language literatures, the interdisciplinary approach suggested by Marianne Burkhard seems most appropriate.[19] According to this method one compares all these literatures in order to establish common concerns and delineate notable dissimilarities. At the same time one tries to account for the political, social, historical and cultural components which make each individual literature unique. Such a procedure would insure that Swiss-German literature is not viewed as an isolated phenomenon and would also avoid the past error of blurring all distinctions between countries. Finally, it might go a long way in helping explain why this literature not only appeals to the native population but also is admired and appreciated well beyond Switzerland itself.[20]

19. This approach was proposed by Marianne Burkhard in her paper "The Multiple Swiss Experience: A Case for an Interdisciplinary Approach to Swiss-German Literature" which was read at the conference of the Midwest Modern Language Association in 1981 in Minneapolis. She puts this approach into practice in her article "Diskurs in der Enge: Ein Beitrag zur Phänomenologie der Schweizer Literatur." In: *Kontroversen, alte und neue*, 10, pp. 52-62.

20. This study was supported in part by a University of Montana Research Grant. I would also like to express my gratitude to the staff of the Sterling Library at Yale University and to Anna-Elisabeth Bruckhaus of the Universitätsbibliothek Tübingen for their help in obtaining materials for this article.

AMSTERDAMER BEITRÄGE ZUR NEUEREN GERMANISTIK

herausgegeben von GERD LABROISSE

Band 1 — 1972   Hfl. 40,—
Horst Steinmetz: Aufklärung und Tragödie. Lessings Tragödien vor dem Hintergrund des Trauerspielmodells der Aufklärung. **Ferdinand van Ingen:** Tugend bei Lessing. Bemerkungen zu *Miss Sara Sampson*. **Gerd Labroisse:** Zum Gestaltungsprinzip von Lessings *Miß Sara Sampson*. **Klaus F. Gille:** Das astrologische Motiv in Schillers *Wallenstein*. **Luc Lamberechts:** Zur Struktur von Büchners *Woyzeck*. Mit einer Darstellung des dramaturgischen Verhältnisses Büchner — Brecht. **Alexander von Bormann:** "Wohltönend, aber dumm"? Die Stimme der Kultur im Widerstand. **Sjaak Onderdelinden:** Fiktion und Dokument. Zum Dokumentarischen Drama. **Kees Houtman:** Notizen zu Horváths *Gebrauchsanweisung*.

Band 2 — 1973   Hfl. 40,—
Manfred E. Keune: Das Amerikabild in Theodor Fontanes Romanwerk. **Joris Duytschaever:** Eine Pionierleistung des Expressionismus: Alfred Döblins Erzählung *Die Ermordung einer Butterblume*. **Walter Schönau:** In medias res: Zur Aktualisierung des unvermittelten Anfangs moderner Erzähltexte. **Ferdinand van Ingen:** Max Frischs *Homo faber* zwischen Technik und Mythologie. **Harold D. Dickerson, Jr.:** Sixty-Six Voices from Germany: A Thematic Approach. **Erwin Koller:** Beobachtungen eines *Zauberberg*-Lesers zu Thomas Bernhards Roman *Frost*. **Dieter Hensing:** Die Position von Peter Weiss in den Jahren 1947-1965 und der Prosatext *Der Schatten des Körpers des Kutschers*. **Gerd Labroisse:** Bild und Funktion Westdeutschlands in Anna Seghers' Romanen *Die Entscheidung* und *Das Vertrauen*. **Ingeborg Goessl:** Der Engel und die Grenzsituation. Studie zu einer Leitfigur H. E. Nossacks.

Band 3 — 1974: REZEPTION — INTERPRETATION. Beiträge zur Methodendiskussion   Hfl. 40,—
Elrud Kunne-Ibsch: Rezeptionsforschung: Konstanten und Varianten eines literaturwissenschaftlichen Konzepts in Theorie und Praxis. **Horst Steinmetz:** Rezeption und Interpretation. Versuch einer Abgrenzung. **Ferdinand van Ingen:** Die Revolte des Lesers oder Rezeption versus Interpretation. Zu Fragen der Interpretation und der Rezeptionsästhetik.

Gerd Labroisse: Überlegungen zu einem Interpretations-Modell. **Edmund Licher:** Kommunikationstheoretische Aspekte der Analyse einiger Gedichte Bertolt Brechts.

Band 4 — 1975   Hfl. 40,—
Roland Duhamel: Schnitzler und Nietzsche. **Marianne Burkhard:** Hofmannsthals *Reitergeschichte* — ein Gegenstück zum Chandosbrief. **Elke Emrich:** Heinrich Manns Roman *Lidice*: eine verschlüsselte Demaskierung faschistischer Strukturen. **G. Richard Dimler, S.J.**: Simplicius Simplicissimus and Oskar Matzerath as Alienated Heroes: Comparison and Contrast. **Carl O. Enderstein:** Zahnsymbolik und ihre Bedeutung in Günter Grass' Werken. **Gerd Labroisse:** Überlegungen zur Interpretationsproblematik von DDR-Literatur an Hand von Plenzdorfs *Die neuen Leiden des jungen W.* **Hans Ester:** 'Ah, les beaux esprits se rencontrent' —Zur Bedeutung eines Satzes in Fontanes *Irrungen, Wirrungen*.

Band 5 — 1976   Hfl. 60,—
Reinhard Hennig: Grabbes *Napoleon* und Venturinis *Chronik von 1815*. Ein Vergleich. **Leif Ludwig Albertsen:** Was Strittmatters *Katzgraben* will und nicht will. Bemerkungen zur Ästhetik des Dramas im sozialistischen Realismus. **Rainer Sell:** Kasper und Moritat: Form und Perspektive in den Dramen von Peter Weiss.
Texte und Textbehandlung in Bernd Alois Zimmermans Lingual *Requiem für einen jungen Dichter*: **Gerd Labroisse:** Einleitung. **Elisabeth J. Bik:** Zur Textbehandlung im Lingual. **Kees Mercks:** Die Majakowskij-Texte im *Requiem*. **Marinus von Hattum:** Der Pound-Text im *Requiem*. **Elisabeth J. Bik:** Die Textstruktur: I) Erläuterungen zur Textstruktur. II) Textstruktur **(Beilagebogen)**.

Band 6 — 1977: ZUR DEUTSCHEN EXILLITERATUR IN DEN NIEDERLANDEN 1933-1940. Hrsg. von Hans Würzner   Vergriffen
Hans Würzner: Zur Exilforschung in den Niederlanden. **David Luschnat:** "Amsterdam, April 1933". **David Ruben:** Luschnats Erlebnis. **Elisabeth Augustin:** Eine Grenzüberschreitung und kein Heimweh. **Gerd Roloff:** Irmgard Keun — Vorläufiges zu Leben und Werk. **Joris Duytschaever:** Zur Asylpraxis in Holland und Belgien: Der Fall Hans Bendgens-Henner (1892-1942). **Ludwig Kunz:** Propheten, Philosophen, Parteigründer —eine Erinnerung an Richard Oehring und seinen Kreis. **Hans Keilson:** Gedichte. **Thomas A. Kamla:** Die Sprache der Verbannung. Bemerkungen zu dem Exilschriftsteller Konrad Merz. **Konrad Merz über sich selbst. Konrad Merz:** 'Kolonne Käse' (aus "Generation ohne Väter"). **Carlos Tindemans:** Transit — Exiltheater und Rezeption in Antwerpen 1933-1940. **Cor de Back:** Die Zeitschrift *Het Fundament* und die deutsche Exilliteratur. **Hans Würzner:** Menno ter Braak als Kritiker der deutschen Emigrantenliteratur. — *Kleine Beiträge*.

Band 7 — 1978: ZUR LITERATUR UND LITERATURWISSENSCHAFT DER DDR. Hrsg. von Gerd Labroisse   Hfl. 60,—
Gerd Labroisse: DDR-Literatur als literaturwissenschaftliches Problem. **Jos Hoogeveen:** Prolegomena zu einer funktionsgerechten Betrachtung von DDR-Literatur. **Adolf Endler:** DDR-Lyrik Mitte der Siebziger. Fragment einer Rezension. **Gregor Laschen:** Das Gedicht als Wahrheit der Geschichte. Überlegungen zum Verhältnis von Geschichte und Gedicht im Werk Erich Arendts. **Ton Naaijkens:** Maskenmundiges Sprechen — Zu Erich Arendts Metaphern in *Ägäis*. **Sigfrid Hoefert:** Die Faust-Problematik in Volker Brauns *Hinze und Kunze*: Zur Erbeaneignung in der DDR. **Gerhard Kluge:** Plenzdorfs neuer Werther — ein Schelm? **I.A. und J.J. White:** Wahrheit und Lüge in Jurek Beckers Roman *Jakob der Lügner*. **Werner Krogmann:** Moralischer Realismus — ein Versuch über Christa Wolf. **Johannes Maassen:** Der Preis der Macht. Zu Günter Kunerts Fortsetzung von Georg Christoph Lichtenbergs *Ausführlicher Erklärung* der Kupferstiche *Industry and Idleness* (*Fleiß und Faulheit*) von William Hogarth. **Gregor Laschen:** Von der Richtung der Märchen. Zwei Notate zum Werk Franz Fühmanns.

Band 8 — 1979: GRUNDFRAGEN DER TEXTWISSENSCHAFT. Linguistische und literaturwissenschaftliche Aspekte. Hrsg. von Wolfgang Frier und Gerd Labroisse   Hfl. 60,—
Wolfgang Frier: Linguistische Aspekte des Textsortenproblems. **Werner Kallmeyer:** Kritische Momente. Zur Konversationsanalyse von Interaktionsstörungen. **Roland Harweg:** Inhaltsentwurf, Erzählung, Inhaltswiedergabe. **Werner Abraham:** Zur literarischen Analysediskussion. Kritisches und Konstruktives anhand dreier Kafka-Erzählungen. **Ursula Oomen:** Modelle der linguistischen Poetik. **Jos Hoogeveen:** Text und Kontext. Die Infragestellung eines problematischen Verhältnisses. **Jens F. Ihwe:** Sprachphilosophie, Literaturwissenschaft und Ethik: Anregungen zur Diskussion des Fiktionsbegriffs. **Elrud Ibsch:** Das Thema als ästhetische Kategorie. **Siegfried J. Schmidt:** "Bekämpfen Sie das häßliche Laster der Interpretation!/ Bekämpfen Sie das noch häßlichere Laster der richtigen Interpretation!" (Hans Magnus Enzensberger). **Gerd Labroisse:** Interpretation als Entwurf.

Band 9 — 1979: ZUR LITERATUR DER DEUTSCHSPRACHIGEN SCHWEIZ. Hrsg. von Marianne Burkhard und Gerd Labroisse   vergriffen
Ernst Halter: Auf der Suche nach Solidarität: die Moderne. **Irmengard Rauch:** First-Language Syntax in the New High German of Swiss Authors. **Hans Poser:** *Spiegel, das Kätzchen* — Bürgerliche Welt im Spiegel des Märchens. **Wolfgang Wittkowski:** Erfüllung im Entsagen. Keller: *Der Landvogt vom Greifensee*. **Manfred R. Jacobson:** *Jürg Jenatsch:* The

Narration of History. **Sjaak Onderdelinden:** "Er äußerte sich mit behutsamen Worten: '...'". Zur Erzähltechnik Conrad Ferdinand Meyers. **Marianne Burkhard:** Blick in die Tiefe: Spittelers Epos *Prometheus und Epimetheus.* **Madeleine Rietra:** Rezeption und Interpretation von Robert Walsers Roman *Der Gehülfe.* **Rolf Kieser:** Jakob Schaffner. **Cegienas de Groot:** Bildnis, Selbstbildnis und Identität in Max Frischs Romanen *Stiller, Homo faber* und *Mein Name sei Gantenbein.* Ein Vergleich. **Luc Lamberechts:** Das Groteske und das Absurde in Dürrenmatts Dramen. **Johannes Maassen:** Ein hoffnungsvoller Pessimist. Zur Kurz- und Kürzestprosa Heinrich Wiesners. **Rainer Sell:** Stagnation und Aufbruch in Bichsels *Milchmann-* und *Kindergeschichten.*

Band 10 — 1980: GESTALTET UND GESTALTEND. FRAUEN IN DER DEUTSCHEN LITERATUR. Hrsg. von Marianne Burkhard   Hfl. 70,—
Ruth B. Bottigheimer: The Transformed Queen: A Search for the Origins of Negative Female Archetypes in Grimms' Fairy Tales. **Ruth P. Dawson:** The Feminist Manifesto of Theodor Gottlieb von Hippel (1741-96). **Susan L. Cocalis:** Der Vormund will Vormund sein: Zur Problematik der weiblichen Unmündigkeit im 18. Jahrhundert. **Lilian Hoverland:** Heinrich von Kleist and Luce Irigaray: Visions of the Feminine. **Elke Frederiksen:** Die Frau als Autorin zur Zeit der Romantik: Anfänge einer weiblichen literarischen Tradition.**Gertrud Bauer Pickar:** Annette von Droste-Hülshoff's "Reich der goldnen Phantasie". **Kay Goodman:** The Impact of Rahel Varnhagen on Women in the Nineteenth Century. **Dagmar C.G. Lorenz:** Weibliche Rollenmodelle bei Autoren des "Jungen Deutschland" und des "Biedermeier". **Cegienas de Groot:** Das Bild der Frau in Gottfried Kellers Prosa. **Alexander von Bormann:** Glücksanspruch und Glücksverzicht. Zu einigen Frauengestalten Fontanes. **Richard L. Johnson:** Men's Power over Women in Gabriele Reuter's *Aus guter Familie.* **Ruth-Ellen Boetcher Joeres:** The Ambiguous World of Hedwig Dohm. **Ritta Jo Horsley:** Ingeborg Bachmann's "Ein Schritt nach Gomorrha": A Feminist Appreciation and Critique. **Mona Knapp:** Zwischen den Fronten: Zur Entwicklung der Frauengestalten in Erzähltexten von Gabriele Wohmann. **Jeanette Clausen:** The Difficulty of Saying 'I' as Theme and Narrative Technique in the Works of Christa Wolf.

Band 11/12 — 1981: DDR-ROMAN UND LITERATURGESELLSCHAFT. Hrsg. von Jos Hoogeveen und Gerd Labroisse   Hfl. 100,—
Heinrich Küntzel: Von *Abschied* bis *Atemnot.* Über die Poetik des Romans, insbesondere des Bildungs- und Entwicklungsromans, in der DDR. **Karl-Heinz Hartmann:** Die Darstellung der antifaschistischen Opposition in der frühen DDR-Prosa. **Jay Rosellini:** Zur Funktionsbestimmung des historischen Romans in der DDR-Literatur. **Jochen Staadt:**

Zur Entwicklung des Schriftstellers Karl-Heinz Jakobs — am Beispiel der Darstellung von Karrieren und Jugendlichen. **Horst Domdey:** Probleme mit der Vergangenheitsbewältigung. Beobachtungen an zwei Romanen von Karl-Heinz Jakobs, *Beschreibung eines Sommers* und *Wilhelmsburg*. **Marleen Parigger** und **Stef Pinxt:** Zur Unterhaltungsfunktion von Literatur. Der Zusammenhang von ästhetischer Theoriebildung und ideologischen Prämissen. **Jos Hoogeveen:** Satire als Rezeptionskategorie. Hermann Kants *Aula* in der Diskussion zwischen Ost und West. **Patricia Herminghouse:** Die Wiederentdeckung der Romantik: Zur Funktion der Dichterfiguren in der neueren DDR-Literatur. **Bernhard Greiner:** "Sentimentaler Stoff und fantastische Form". Zur Erneuerung frühromantischer Tradition im Roman der DDR (Christa Wolf, Fritz Rudolf Fries, Johannes Bobrowski). **Margret Eifler:** Erik Neutsch: Die Rezeption seines Romanwerkes. **Marieluise de Waijer-Wilke:** Günter Kunerts Roman *Im Namen der Hüte* — untersucht im Werk- und Kommunikationszusammenhang. **Manfred Jäger:** Bemerkungen zu Brigitte Reimanns *Franziska Linkerhand*. **Ingeborg Nordmann:** Die halbierte Geschichtsfähigkeit der Frau. Zu Irmtraud Morgners Roman *Leben und Abenteuer der Trobadora Beatriz nach Zeugnissen ihrer Spielfrau Laura*. **Gerd Labroisse:** Überlegungen zu Dieter Nolls Roman *Kippenberg*.

Band 13 — 1981: PRAGMATIK. THEORIE UND PRAXIS. Hrsg. von Wolfgang Frier   Hfl. 100,—
Klaus-Peter Lange: Über Referenzzeichen (bisher bekannt unter den Namen "Pronomen" und "Artikel"). **Gijsbertha F. Bos:** Kommunikation und Syntax. **Wolfgang Frier:** Zur linguistischen Beschreibung von Frage-Antwort-Zusammenhängen. **Stef Pinxt:** Zur Theorie des linguistischen Interaktionismus. **Manfred Beetz:** Komplimentierverhalten im Barock. Aspekte linguistischer Pragmatik an einem literaturhistorischen Gegenstandsbereich. **Dietrich Boueke/Wolfgang Klein:** Alltagsgespräche von Kindern als "Interaktionsspiele". **Hans Hannappel/Hartmut Melenk:** Pragmatik der Wertbegriffe. **Paul-Ludwig Völzing:** Metakommunikation und Argumentation. Oder: die Kunst, einen Drachen zu finden. **Werner Holly:** Der doppelte Boden in Verhören. Sprachliche Strategien von Verhörenden. **Werner Nothdurft:** "Ich komme nicht zu Wort". Austausch-Eigenschaften als Ausschluß-Mechanismen des Patienten in Krankenhaus-Visiten. **Michael Giesecke-Kornelia Rappe:** Rekonstruktionen von Bedeutungszuschreibungen mithilfe der Normalformanalyse. **Konrad Ehlich:** Zur Analyse der Textart "Exzerpt". **Gerd Antos:** Formulieren als sprachliches Handeln. Ein Plädoyer für eine produktionsorientierte Textpragmatik. **Christoph Sauer/Ans van Berkel:** Diskursanalyse und die Fremdsprachenlehr/lernsituation. **Karl Sornig:** Pragmadidaktische Ansätze im Fremdsprachenunterricht. Oder: Threshold Levels Reconsidered.

Band 14 — 1982: STUDIEN ZUR ÖSTERREICHISCHEN ERZÄHLLI-
TERATUR DER GEGENWART. Hrsg. von Herbert Zeman   Hfl. 60,—
Klaus Weissenberger: Sprache als Wirklichkeitsgestaltung. Franz Tumlers
Transparenz der epischen Fiktion von *Ein Schloß in Österreich* bis *Pia
Faller.* **Joseph P. Strelka:** Humorist des Absurden: Der Erzähler Peter
Marginter. **Ferdinand van Ingen:** Denk-Übungen. Zum Prosawerk Tho-
mas Bernhards. **Gudrun B. Mauch:** Thomas Bernhards Roman *Korrektur.*
Zum autobiographisch fundierten Pessimismus Thomas Bernhards. **Peter
Pütz:** Kontinuität und Wandlung in Peter Handkes Prosa. **Zsusza Széll:**
Langsame Heimkehr — wohin? **Edda Zimmermann:** DER FERNE
KLANG — Ein Klang der Ferne. Zu Gert Jonkes neueren Texten.
Alexander von Bormann: "Es ist, als wenn etwas wäre." Überlegungen zu
Peter Roseis Prosa. **Ingrid Cella:** 'Das Rätsel Weib' und die Literatur.
Feminismus, feministische Ästhetik und die Neue Frauenliteratur in
Österreich. **Waltraut Schwarz:** Barbara Frischmuth — Rebellion und
Rückkehr. **Wolfgang Neuber:** Fremderfahrungen. Von den kleinen Herr-
scherfiguren der Väter. **Werner M. Bauer:** Exempel und Realität. Überle-
gungen zum biographischen Roman in der österreichischen Gegenwarts-
literatur. **Hans Heinz Hahnl:** Als Autor in Österreich. **Peter Marginter:**
Zur Situation des österreichischen Schriftstellers.

Band 15 — 1982: SCHWERPUNKTE DER LITERATURWISSENSCHAFT
AUSSERHALB DES DEUTSCHEN SPRACHRAUMS. Hrsg. von Elrud
Ibsch   Hfl. 70,—
Jonathan Culler: Issues in American Critical Debate. **Cairns Craig:**
Critical Theory in Britain. **Mieke Bal:** Structuralism, History and the
Semiotics of the Subject. Recent developments in French literary theory.
Pieter de Meijer: Tradition and Innovation in Italien Literary Theory.
Holger Siegel: Literatur, Ästhetik, Erkenntnis. Entwicklungsetappen der
sowjetischen Literaturwissenschaft. **Henryk Markiewicz:** Traditionen und
Gegenwart der polnischen Literaturwissenschaft. **Herta Schmid:** Die
'semantische Geste' als Schlüsselbegriff des Prager literaturwissenschaftlichen Strukturalismus. **Dmitri Segal:** Israeli Contributions to Literary
Theory. **Ulla Musarra-Schrøder:** Tendenzen und Methoden der skandi-
navischen Literaturwissenschaft. Ein Forschungsbericht. **Hendrik van
Gorp:** Literaturwissenschaft in den Niederlanden und Flandern 1970-
1980. **Elrud Ibsch:** Leserrollen, Bedeutungstypen und literarische Kommunikation.

Band 16 — 1983: STUDIEN ZUR DRAMATIK IN DER BUNDESREPU-
BLIK DEUTSCHLAND. Hrsg. von Gerhard Kluge   Hfl. 70,—
I. Das neue Drama im Licht der Tradition: **Bernd Anton:** Ein bayerischer
Dichter — Zum Theater Martin Sperrs. **Hans-Peter Bayerdörfer:** Raum-

proportionen. Versuch einer gattungsgeschichtlichen Spurensicherung in der Dramatik von Botho Strauß. **Gerhard Kluge:** Werkimmanente Poetik in zwei Stücken von Tankred Dorst und Martin Walser oder Wie man das Spiel nach Brecht spielt. **Hans Poser:** Martin Sperr: *Bayrische Trilogie* — Die Bundesrepublik im Spiegel des Volksstücks. **Sabine Schroeder-Krassnow:** Hochhuths *Stellvertreter* und das klassische Drama. II. Einzeluntersuchungen: **Wolfgang Böth:** Anpassung und Widerstand. Zum Prozeß der Bewußtwerdung Alois Grübels in Martin Walsers *Eiche und Angora.* **Klaus Bohnen:** 'Raum-Höllen' der bürgerlichen Welt. "Gefühlsrealismus" in der Theater- und Filmproduktion Rainer Werner Fassbinders. **Anat Feinberg:** Erwin Sylvanus and the Theatre of the Holocaust. **Dieter Hensing:** Tankred Dorst: Von der geschlossenen zur offenen Figurenkonzeption. **Manfred Kux:** Peter Weiss' *Hölderlin* — ein dramatischer Versuch, Hölderlin politisch zu verstehen. **Sjaak Onderdelinden:** Die theatralische Wut des Rolf Hochhuth. Zur Dramaturgie von *Juristen* und *Ärztinnen.* **Jürgen H. Petersen:** Franz Xaver Kroetz: Von der Tragödie der Unfreiheit zum Lehrstück für Werktätige. **Therese Poser:** Siegfried Lenz: *Zeit der Schuldlosen* und *Das Gesicht.* Zur Problematik des Parabelstücks. **Ulrike Weinhold:** Die Absurdität Wolfgang Hildesheimers.

Band 17 — 1983: LITERATURPSYCHOLOGISCHE STUDIEN UND ANALYSEN. Hrsg. von Walter Schönau   Hfl. 80,—
Studien: **Peter von Matt:** Die Herausforderung der Literaturwissenschaft durch die Psychoanalyse. Eine Skizze. **Wolf Wucherpfennig:** Dilettantisches Reduzieren? Für eine sozialpsychologische Literaturerklärung. **Walter Schönau:** Erdichtete Träume. Zu ihrer Produktion, Interpretation und Rezeption.
Analysen: **Rose Rosenkötter:** Kindheitskonflikte und Reifungserleben im Märchen. **Irmgard Roebling:** Liebe und Variationen. Zu einer biographischen Konstante in Storms Prosawerk. **Jan U.** Terpstra: Die Motivik des Visionären und Märchenhaften in Storms Novelle *Ein Bekenntnis* als archetypischer Ausdruck des Unbewußten. **Johannes Cremerius:** Schuld und Sühne ohne Ende. Hermann Hesses psychotherapeutische Erfahrungen. **Peter Dettmering:** Aspekte der Spaltung in der Dichtung Kafkas. **Oskar Sahlberg:** Gottfried Benns Psychotherapie bei Hitler. **Frederick Wyatt:** Der frühe Werfel bleibt. Seine Beiträge zu der expressionistischen Gedichtsammlung *Der Kondor.* **Carl Pietzcker:** Brechts Verhältnis zur Psychoanalyse. **Bernhard Greiner:** 'Sujet barré' und Sprache des Begehrens: Die Autorschaft 'Anna Seghers'. — Auswahlbibliographie zur Literaturpsychologie..

Band 18 — 1984: AUFSÄTZE ZU LITERATUR UND KUNST DER JAHRHUNDERTWENDE. Hrsg. von Gerhard Kluge   Hfl. 90,—
Theo Meyer: Nietzsches Kunstauffassung. Jürg Mathes: Das Lied bei Nietzsche. Lothar Köhn: "Land, das ich ersehne". Hermann Hesse um die Jahrhundertwende. Gerhard Kluge: Die Gebärde als Formprinzip in der Lyrik des deutschen Jugendstils. Bemerkungen zu einigen Gedichten. Willem-Jan Pantus: Heinrich Vogelers Gedichtband *DIR* als Gesamtkunstwerk des Jugendstils. Hans de Leeuwe: Schauspielkunst um die Jahrhundertwende — ein Essayband von Alfred Kerr. Ulrike Weinhold: Die Renaissancefrau des Fin de siècle. Untersuchungen zum Frauenbild der Jahrhundertwende am Beispiel von R.M. Rilkes *Die weiße Fürstin* und H. v. Hofmannsthals *Die Frau im Fenster*. Johanna Bossinade: "Wenn es aber ... bei mir anders wäre". Die Frage der Geschlechterbeziehungen in Arthur Schnitzlers *Reigen*. Helga Schiffer: Experiment und Ethik in Arthur Schnitzlers *Paracelsus*. Jaak De Vos: Trakls *Romanze zur Nacht*. Struktur und Stil. Hans Ester: Das poetische Echo des Anglo-Burenkrieges 1899-1902.

Band 19 — 1984: LUTHER-BILDER IM 20. JAHRHUNDERT. Symposion an der Freien Universität Amsterdam. In Verbindung mit Cornelis Augustijn und Ulrich Gäbler hrsg. von Ferdinand van Ingen und Gerd Labroisse   Hfl. 60,—
Dieter Hensing: Der Bilder eigner Geist. Das schwierige Verhältnis der Lutherbilder zu ihrem Gegenstand. Hartmut Laufhütte: Martin Luther in der deutschen Literatur des 19. und 20. Jahrhunderts. Alexander von Bormann: Luther im Nationalsozialismus: Die Versöhnung von Wotan und Christus. Elrud Ibsch: Nietzsches Luther-Bild. Ferdinand van Ingen: Die Erasmus-Luther-Konstellation bei Stefan Zweig und Thomas Mann. Gerhard Kluge: Luther in Thomas Manns *Doktor Faustus*. Johannes Maassen: Dunkler Sohn. Luther im katholischen Schrifttum 1910-1960 (*Hochland*, Reinhold Schneider, Theodor Haecker, Elisabeth Langgässer). Eberhard Mannack: Luther — ein 'geistiger Ahnherr Hitlers'? Ulrich Gäbler: Drei Typen theologischer Lutherdeutung um 1920: Ernst Troeltsch, Reinhold Seeberg, Karl Holl. Gottfried Maron: Das katholische Lutherbild im Wandel. Sjaak Onderdelinden: Das Luther-Bild Dieter Fortes. Überlegungen zu *Martin Luther & Thomas Münzer oder Die Einführung der Buchhaltung*. Cornelis Augustijn: Das marxistische Luther-Bild 1983. Gerd Labroisse: Der neue Luther in der DDR. Luther-Gestaltungen bei Claus Hammel, Stefan Heym, Helga Schütz und Bernd Schremmer.

Band 20 — 1985/1986: DER MODERNE DEUTSCHE SCHELMEN-ROMAN. INTERPRETATIONEN. Hrsg. von Gerhart Hoffmeister
Hfl. 70,—

Gerhart Hoffmeister: Einleitung. Jürgen Jacobs: Bildungsroman und Pikaroroman. Versuch einer Abgrenzung. Helmut Koopmann: Pikaro in der Romantik? Eine Spurensuche. Gerhard Kluge: Heinrich Heines Fragment *Aus den Memoiren des Herren von Schnabelewopski* und das Problem des Schelmischen. Hans Wagener: Die Renaissance des Schelms im modernen Drama. Ursula R. Mahlendorf: Schelm und Verbrecher: Döblins *Berlin Alexanderplatz.* Laurence A. Rickels: *Die Blechtrommel* zwischen Schelmen- und Bildungsroman. Thomas Sebastian: *Felix Krull*: Pikareske Parodie des Bildungsromans. Manfred Kremer: A.V. Thelens Roman *Die Insel des zweiten Gesichts.* Adaption einer alten Form? Erhard Friedrichsmeyer: Die utopischen Schelme Heinrich Bölls. Ferdinand van Ingen: Der Pikaro als Apostel der Lust. Zu Gerhard Zwerenz' *Casanova oder der Kleine Herr in Krieg und Frieden.* Nancy Lukens: Schelm im Ghetto — Jurek Beckers Roman *Jakob der Lügner.* Frederick Alfred Lubich: Bernward Vespers *Die Reise* — Der Untergang des modernen Pikaro. — Bibliographie.

Band 21 — 1986: SEHNSUCHTSANGST. Zur österreichischen Literatur der Gegenwart. Colloquium an der Universität von Amsterdam. Hrsg. von Alexander von Bormann

Dieter Hensing: Von den Schwierigkeiten und Möglichkeiten, H.C. Artmann zu lesen. Ulrich Janetzki: "es gibt nichts was zu erreichen wäre ausser dem tod". Über Konrad Bayer. Christa Bürger: Schreiben als Lebensnotwendigkeit. Zu den autobiographischen Fragmenten Thomas Bernhards. Horst Albert Glaser: Die Krankheit zum Tode oder der Wille zum Leben. Überlegungen zu Thomas Bernhards Autobiographie. Madeleine Rietra: Thomas Bernhards *Über allen Gipfeln ist Ruh* — eine fröhliche Literatursatire? Peter Pabisch: Zum Abklang der Diastole in der Dialektwelle: Die Lyriker Bernhard C. Bünker und Ossi Sölderer. Wolfgang Kaempfer: Im Sprachraum. Über Helmut Eisendle. Sigrid Schmid-Bortenschlager: Sozialgeschichte als Literatur. Zu Wolfgang Georg Fischer. Heinz F. Schafroth: Mythos und großer Raum in der österreichischen Gegenwartsliteratur. Über Marianne Fritz und Klaus Hoffer. Joachim von der Thüsen: Die Stimme hinter der Wand. Über Marlen Haushofer. Alexander von Bormann: Der Schatten der Worte. Gert Jonkes sprachliche Mystik. Zu seiner Erzählung *Erwachen zum großen Schlafkrieg.* Wolfgang Hemel: Die Frechheit, Kunst zu machen. Marie-Thérèse Kerschbauer — Bilder einer Dichterin. Germinal Čivikov: "Als sei das andere / gleich gesagt / anders". Marginalien zur Sprachskepsis und Sprachkritik in den Gedichten von Alfred Kolleritsch. Werner Abraham: Friederike Mayröckers poetische Syntax. Ferdinand van Ingen / Dick van

Stekelenburg: Gerhard Roths perspektivische Blicke. Am Beispiel des Romans *Winterreise*. **Eric Vos:** Wiener Konkretismus: eine Gruppe und ihr Stil.

Band 22 — 1987: BLICK AUF DIE SCHWEIZ. Zur Frage der Eigenständigkeit der Schweizer Literatur seit 1970. Hrsg. von Robert Acker und Marianne Burkhard   Hfl. 55,—

Elsbeth Pulver: Als es noch Grenzen gab: Zur Literatur der deutschen Schweiz seit 1970. **Dennis Mueller:** Overcoming the Obstacles: Contemporary Swiss-German Writers and their Country. **Hans Ester:** Heimat und Identität im Werk Silvio Blatters. **Todd C. Hanlin:** Individuality and Tradition in the Works of Gerold Späth. **Hans Wysling:** "Die Suche nach dem verlorenen Paradies". Zu Hans Boeschs Roman *Der Kiosk*. **Michael Ossar:** Das Unbehagen in der Kultur: Switzerland and China in Adolf Muschg's *Baiyun*. **Johannes Maassen:** Die Stadt am Ende der Zeit. Zur Prosa von Kurt Marti 1970-1985. **Judith Ricker-Abderhalden:** Niklaus Meienberg: der Günter Wallraff der deutschen Schweiz? **Robert Acker:** Swiss-German Literature: Can It Be Defined?

Band 23 — 1987: REZEPTIONSFORSCHUNG ZWISCHEN HERMENEUTIK UND EMPIRIK. Hrsg. von Elrud Ibsch und Dick H. Schram
                                                                 Hfl. 75,—

Elrud Ibsch: Hermeneutik und Empirik im Universitätsbetrieb. **Siegfried J. Schmidt:** Text — Rezeption — Interpretation. **Jürgen Kriz:** Dimensionen des Verstehens. Verstehensprozesse zwischen Subjektivität und Objektivität. **Norbert Groeben:** Verstehen, Erklären, Bewerten in einer empirischen Literaturwissenschaft. **Lothar Bredella:** Das Verstehen und Interpretieren literarischer Texte: Erziehung zur Objektivität oder zur Kreativität? **Horst Steinmetz:** Literaturwissenschaftliche Interpretation? **Gerd Labroisse:** Interpretation als Diskurs. Überlegungen zur Verwissenschaftlichung literatur-interpretativer Aussagen. **Uwe Japp:** Argument und Beispiel in der Literaturwissenschaft. **Dick H. Schram:** Funktion und Relevanz der Literatur und der Literaturwissenschaft unter hermeneutischer und empirischer Perspektive. **Douwe Fokkema:** Versuche zur Erklärung literarischer Evolution. **Els Andringa:** Rezeption und Situation. Zur Subjektivität literarischen Verstehens.